公共政策入門

Introduction to Public Policy: A Microeconomic Approach | ミクロ経済学的アプローチ | 伊藤隆敏
Takatoshi Ito

日本評論社

はしがき

　本書を書くことになった直接のきっかけは、『経済セミナー』の連載です。それも、似たような連載を2シリーズ行っています。第1回目は、2003年4月号から2004年3月号まででしたが（「経済学は役に立つか」全12回）、このときは、さまざまな理由で連載終了後に、本にする、という作業を完了できませんでした。2回目の連載は、2015年10/11月号から2016年8/9月号まででしたが（「公共政策入門　経済学的アプローチ」全6回）、このときは、最初から本としてまとめることを強く意識して、連載を続けました。公共政策を意識した経済学ということで、公共政策課題を取り上げることで、ほかの教科書とは差別化を図る、という方針を貫きました。

　本書を書き進めるにあたり、もうひとつ気をつけたことがあります。それは、数値例を多く使うことです。一般的な教科書では、特定化していない一般の関数形（たとえば、$y = f(x)$）に最小限の仮定（たとえば凹関数）を置いて定理を証明していくようです。これでは関数の性質を微分や偏微分記号で表し、「アルファベットやギリシャ文字」（$x, y, p, w, \alpha, \beta$ など）があふれる教科書になります。しかし多くの読者は、記号アレルギー、ギリシャ文字嫌悪感を持つようです。このことに気がついたのは、最近のことです。頭の良いひとは、経済学の論理を、ときには図を使って、きちんと説明すれば、方程式やギリシャ文字がなくても理解できるのです。できるだけ多くの人に経済学的思考を理解してもらいたい教育者として、数値例から入って、しだいに一般化していく、という手法を本書で試してみました。徹底的に分かりやすく書いたつもりです。成功していると良いのですが。

　このような「公共政策問題を考えるための分かりやすい経済学」教科書を書こうと思いたった理由ですが、5つあります。

　第1は、自分自身で政策決定の場に関わることが多くなって理解したのですが、政策現場で必要とされる経済学は、高度な最先端の経済学ではなく、基本

的な(ときには初歩の、ときには中級の)経済学だということです。しかも、経済学者としては、政策を決める人たちに説得的に説明できなくてはいけない、ということでした。政策現場では、往々にして、実際に決定権を持つ人が、十分に経済学を体系的に学んできていないことが多いのです。簡単な例を使って、経済学の論理を説明する、ということは非常に重要なのです。この体験を経てから、難しいことを分かりやすく説明することの重要性を常に考えるようになりました。

　第2に、マスコミ対応です。年齢とともに、テレビや新聞で、経済問題について解説したり、インタヴューを受ける機会が、年々増えてきました。視聴者や読者は必ずしも経済学の訓練を受けている人とは限りません。しかし、経済問題、経済政策は容赦なく、人々の暮らしに影響してきます。経済学者には、正しいことの本質的な部分を、手短かに説明するコミュニケーション力が求められるようになります。経済学の主流の教科書では、かならず仮定を明らかにした上で、論理を組み立て、結論を導くわけですが、仮定にもどって、長々と説明するわけには行きません。マスコミでは、あらゆる場合を想定した一般例を説明する時間はなく、数値例を使って分かりやすく説明することが求められることがあります。このマスコミ対応を繰り返すうちに、伝えることの重要性を強く認識するようになりました。

　第3に、2004年から14年まで、東京大学公共政策大学院の設立準備やカリキュラムづくり、さらに多くの科目の教育、そして副院長、院長という行政、に関わってきました。公共政策大学院には、法学政治学研究科と経済学研究科の先生方の一部も兼任で参加しているのですが、経済学部・研究科向けの授業をそのまま公共政策大学院でも行うと、これは、経済政策コース以外の学生から不評でした。「専門職大学院」は、どの専攻の学生にも、経済学、国際・国内政治、法律の基礎知識は勉強してもらう、という趣旨で作られています。また、グループワークも重視しています。学問的な訓練や関心が異なる学生が何人か集まって一つの課題に取り組む、という「ケース・スタディ」という科目も必修です。国際関係論に興味のある学生に、経済の初歩を教えるという必要も出てきます。たとえば、「アジア通貨危機」というケース・スタディでは、国際関係、国際金融、アジア地域研究、開発経済などさまざまな専門を勉強してき

た学生が集まります。このグループを指導するためには、国際収支表の説明、為替レート決定理論の初歩、外国為替市場への介入と中央銀行のバランスシートに与える影響などを、分かりやすく説明することが求められます。このケース・スタディという科目の指導で、(頭は良いけれど、経済学訓練を受けていない)法律、政治系の学生に経済学をやさしく教えることの重要性を認識しました。それまでに私もいろいろな経験をしていたので、ケース・スタディを教えることはそれほど苦にはなりませんでした。

第4に、2015年から、コロンビア大学の国際関係・公共政策大学院に移籍して教育・研究に携わっています。東大での経験は非常に役に立っています。ただ、アメリカの大学には、日本にはない雰囲気があります。それは、学生は大切な顧客である、という意識です。大学は利益目的の商売ではありません。しかし、アメリカの大学授業料は、非常に高価格ですから(2017年度で年間600万円超)、学生も授業料に見合った知的付加価値を求めてきます。いっぽう、先生方も、非常に間接的ではありますが、高額授業料が、自分の給与を支えている、という意識があります。教えるということは、理解してもらってこそ価値がある、という意識は、専門職大学院(公共政策大学院、ビジネス・スクール、ロー・スクールなど)で、とくに強いように思います。経済学研究科の博士課程とはちがって、専門職大学院では、学生による授業評価(teaching evaluation)もかなり業績評価(ひいては昇進や昇給)に影響します。難しいことを、どのようにしたら分かりやすく教えられるのか、が重要なのです。

最後に、個人的なことになりますが、私の子供たち(いまは皆、成人しています)から、ときどき経済学や経済事象についての質問を受けることがありました。どうやら、そのときの私の説明が悪かったらしく、子供たちの経済学への興味が発展することはありませんでした。今思うに、もっと数値例をつかって「分かりやすく」説明することが求められていたようです。期待にこたえられませんでした。本書は、(プライバシーの観点から名前は出しませんが)私の子供たちに捧げます。

ということで、この年齢になって、分かりやすく、経済学の初歩理論と応用分析を解説してみよう、という動機が強まったのでした。連載とそれをまとめた本書がその結実です。

大学に籍を置く、経済学者にはいろいろな仕事が課されます。研究、教育、学務（入試、学内運営など）、社会貢献（政府の審議会委員など）がおおきな分類です。中には、研究者には向いているけれども教育者には向いていない人もいれば、その逆もいます。研究も教育もしたいけれども、学務に忙殺されて、研究も進まず、教育も手抜きになってしまう人もいます。私は幸い、好きな研究を存分にさせてもらえる環境を与えられてきました。世界的に認知されている専門雑誌に載せた論文の数は（日本人経済学者としては）多いです。ただ、これまでは、大学院での教育はしてきましたが、学部レベルの教育はほとんどしたことはありませんでしたし、「分かりやすく書く」ということはほとんどしたことがありませんでした。

　しかし、この連載を始めてから、自分の記憶が戻ってきたことがあります。それは、私のキャリア（職歴）のはじめは、ミクロ経済学の研究者・教育者だったということです。アメリカの大学院（博士課程）に入り、2年目から3年間連続で、大学院1年生用の「ミクロ経済学」のティーチング・アシスタント（TA）をしていました。アメリカの経済学の大学院には、必ずしも数学を勉強してきたわけではない学生も入ってきます。したがって、ミクロ経済学のTAの仕事の半分は数学的用具（微分、線形代数、集合論など）をやさしく教える、という仕事が入っていました。また、練習問題を作るのも仕事のうちでした。練習問題は、理解の度合いを測るために、定理の証明、というよりも、特定の関数形を使った計算問題が多かったです。一度だけですが、情報の経済学について、学部学生に教える機会もありました。これらは、40年前のことです。さらに、最初の就職先であるミネソタ大学では、学部学生を教えることもあり、中級のミクロもマクロも教えました。そこではふんだんに数値例を宿題に課していました。数値例の問題を作る（解く）という作業は、私は嫌いではありませんでした。

　『経済セミナー』の連載と本書の企画を進めてくださり、丁寧な編集作業もしてくださった、日本評論社の斎藤博氏に深く感謝をいたします。また、連載と本書の執筆のなかで非常に重要な部分である、データの収集・加工及び作図・作表はすべて、アシスタントの馬場路子さんが担当してくれました。さらに、連載時や本書の製作のなかの重要な締め切りを守るよう注意喚起もしてく

はしがき

れました。彼女の貢献なくしては、本書の完成はなかったと思います。ここに記して感謝いたします。

 2017年初夏

伊藤隆敏
（太平洋上飛行中の機内にて）

目　次

はしがき　iii

序　章　公共政策の経済学的アプローチとはなにか ─── 1

第1章　余剰分析：需要・供給・市場 ─── 11

  1　ケース(1)なぜ、バターは不足するのか　11
  2　供給曲線　13
  3　需要曲線　19
  4　市場均衡　25
  5　安定性　28
    コラム●ワルラスの競売人（Walrasian auctionner）　29
    5.1　供給曲線と需要曲線のシフト　30
    5.2　余剰分析　33
  6　応用分析　34
    6.1　従価税　34
  7　ケース(2)コメの減反　35
  付論　最大化・最小化と微分　41

第2章　消費者行動の理論：効用（満足度）最大化の方法は？ ─── 59

  1　消費者の効用　61
  2　効用関数（utility function）　63
  3　無差別曲線（indifference curve）　64
    3.1　コブ・ダグラス型　64
    3.2　完全補完財　66
    3.3　完全代替財　67
    3.4　限界効用が一定である財　67

4　予算制約式　68
　5　効用最大化　77
　　5.1　数値例(1)コブ・ダグラス型　77
　　5.2　数値例(2)完全補完財型　80
　　5.3　数値例(3)完全代替財型　82
　　5.4　一般形　84
　6　コブ・ダグラス型効用関数の特徴　85
　　コラム●コブ・ダグラス型効用関数とドン・キホーテ　89
　　コラム●コブ・ダグラス型効用関数と飲酒節制　89
　7　年金支給額のインフレ調整はどうあるべきか　90
　8　需要関数　93
　9　代替効果と所得効果　95
　10　年金支給額のインフレ調整はどうあるべきか（その2）　101
　11　劣等財、ギッフェン財　102
　　コラム●劣等財　106
　12　需要の価格弾力性、所得弾力性　107
　付論　生産者の利潤最大化　110

第3章　厚生経済学：市場均衡は最適な資源配分を実現するか？ ── 119

　1　部分均衡から一般均衡へ　119
　2　「パレート最適」（資源配分の効率性）　120
　　2.1　資源配分（resource allocation）とは？　120
　　コラム●ユートピアでは、経済学は不必要　121
　　2.2　無差別曲線（indifference curve）　122
　　2.3　交換経済　123
　　コラム●数学注　125
　　2.4　エッジワースのボックス図（Edgeworth box diagram）　126
　　2.5　パレート最適（Pareto Optimum）　128
　　2.6　契約曲線　130
　　2.7　競争均衡（Competitive Equilibrium）　131
　　2.8　厚生経済学の第1定理　132
　　コラム●配分か、分配か　134
　3　利己的な仮定　136
　4　公平性（衡平性）　138

4.1 「不公平」をどう考えるか　138
　4.2 平等は公平とは限らない　141
　4.3 無知のベール（veil of ignorance）　142
　4.4 厚生経済学の第2定理　143
　4.5 無羨望の条件（no envy condition）　145

第4章　市場の失敗(1)外部性：公害はなぜ発生するのか？ ──── 147

1 イントロダクション　147
2 市場の失敗　149
3 外部性　152
　3.1 騒音　152
　3.2 理論と現実のギャップ　154
　3.3 モデル(1)数値例　155
　3.4 モデル(2)ボックス図　158
　3.5 モデル(3)余剰分析　162
　　コラム●外部性（数式による説明）　168
4 金銭的外部性　170
　4.1 私鉄モデル　170
　4.2 上下分離方式　172
　4.3 PPP　173
　4.4 インフラ輸出　174
5 まとめ　175

第5章　市場の失敗(2)公共財：地球温暖化は防げるか？ ──── 177

1 公共財の性質　177
2 問題提起　178
3 公共財の最適供給　181
　3.1 橋を架ける問題　181
　3.2 ただ乗り（フリー・ライダー）問題　183
　3.3 封印競争入札の理論　185
　3.4 真の需要曲線を申告させるメカニズムはあるか　189
4 理論と現実のギャップ　192
　4.1 費用便益分析　192

4.2　数値例　193
　4.3　ケース1：「国道468号線、圏央道(海老名〜厚木)」の費用便益分析　195
　4.4　公共財の過大供給　196
　4.5　ケース2：本州四国連絡橋　197
5　政治メカニズムと財政ルール　198
　5.1　経済財政諮問会議での指摘　198
　5.2　政府の失敗　200
6　地球温暖化問題の理論モデル　201
　6.1　地球温暖化問題　201
　6.2　分析の枠組み　202
　6.3　ケース1：規制、課税なし　203
　6.4　ケース2：炭素税　205
　6.5　ケース3：排出量直接規制　205
　6.6　ケース4：直接規制プラス排出権取引　207
7　まとめ　209

第6章　市場の失敗(3)不確実性：公正な保険とは？　──── 213

1　イントロダクション　213
2　不確実性と期待効用　215
　2.1　不確実性　215
　2.2　効用関数　216
　2.3　「くじ」と賞金の期待値　217
　2.4　期待効用仮説　218
　2.5　リスク回避　220
　2.6　リスク・プレミアム　223
　2.7　投資は債券か株か　224
　2.8　リスクの程度の増大　225
　2.9　保険のしくみ　227
　2.10　次節以降に解説する概念　230
3　自動車保険のリスク細分化　231
4　クリーム・スキミング　233
5　モラル・ハザード　235
6　中古車市場　237
7　情報の非対称性の克服　243

目次

8 大学入試 244
  8.1 人的資本のモデル 245
  8.2 シグナリング理論 248

第7章 ゲーム理論：結託と裏切りはどのように起きるか？ ───── 255

1 イントロダクション 255
2 利得行列 257
  2.1 数学の行列からゲーム論の利得行列へ 257
  2.2 戦略（手）と利得行列 259
3 戦略の選択 260
  3.1 相手の戦略が分からないときに自分の戦略を選択できるか？ 260
  3.2 支配的戦略（dominant strategy） 261
  3.3 「じゃんけん」というゲーム 262
  3.4 ナッシュ均衡とパレート最適のやさしい説明 262
  3.5 数値例 264
  3.6 先出しじゃんけん 266
  3.7 パレート最適 267
4 囚人のジレンマとその応用 268
  4.1 囚人のジレンマ 268
  4.2 課徴金減免制度 270
5 独占、複占、寡占 272
  5.1 独占者利益 272
  5.2 複占 275
  5.3 談合（カルテル）の経済学的帰結 279
  5.4 自由な参入のケース 279
6 協力が社会的に望ましい場合 280
7 繰り返しゲーム 282

索引 283

序 章
公共政策の経済学的アプローチとはなにか

はじめに

　まず、想定する読者と、前提とする知識のレベルについてお話したいと思います。本書は、経済学という道具を使って現実問題を考えてみたい、という意欲をもつ大学生、大学院生、社会人全員に読んでもらいたい、と思っています。

　想定読者の第１のカテゴリーは、大学で「経済学」の授業を履修したけれど、いきなり記号がつまった数式が出てきたりして、ちっとも分からなかった。でも、まだ興味はある、もう一度挑戦して、「経済学」とはなにかを理解したい、という学生さんたちです。分からない、というのは、それは教え方が悪いのでしょう。本書では数値例を使って初歩から説明します。

　第２のカテゴリーは、経済学の授業内容や、「モデル」をどのように解くのかはそれなりに理解できたし、「Ａ（優）」も取った。でも教科書の内容は面白くないし、役に立ちそうもない。大学で学んだ「経済学」が新聞の経済記事とどのように関連しているのか、分からない。このように感じる人たちです。この人たちは経済の分析道具は理解したのに、その道具を使うとどのように現実問題を解析できるのか、という訓練を受けていないのです。ここでは、現実問題を取り上げて、みなさんの興味をかきたてます。面白い経済学を目指します。初歩的な分析の説明は飛ばし読みして、応用分析のところから読んでください。

　第３のカテゴリーは、社会人の方々です。大学は法学部で、経済学の授業は取らなかった（取ったかもしれないが忘れた）。ところが、日常業務で、経済学の用語がどんどん出てくる。もう少しすると、経済問題について意見を求められたり、レポートを書いたりする立場になる。いまさら実は経済学は分から

ないのです、なんて同僚に言えない。なんとか、手っ取り早く、役に立つ経済学を勉強したい、という社会人の方々です。**はい、役に立つ経済学を、こっそり（？）教えます。**

　本書では、キーワードには、英語の訳を（カッコ内）でつけることにします。理由は、経済学の最先端の論文は英語で発表されており、専門用語は英語で定義されているからです。国際的にインパクトのある論文は英語で書かれています。国際会議も、現在では欧州でもアジアでも英語が基本です。いくら日本語で論理を理解していても、正確な英語（単語、文法）を使わなくては、国際会議では戦えません。

公共政策とは

　「公共政策」（public policy）という言葉を、聞いたことがあるでしょうか。政策（policy）というからには、財政政策や、環境政策などという政策のあり方を論じる分析、あるいは政策提言を考える学問分野、という印象を持つ読者が多いかもしれません。一方、公共（public）という言葉の響きから、私的（private）利益を追求する市場（market）まかせでは解決できないような課題、たとえば所得不平等の問題や貧困の問題を考えて、政府（government）の役割を分析することである、という印象を持つ読者も多いかもしれません。さらに、国際関係（international relations）の現実を考えつつ、国益（national interest）を代表してさまざまな交渉にあたる政府、いわゆる外交（diplomacy）に近いという印象を持つ読者もいることでしょう。また、政策の実現には、立法や予算の獲得が必要になりますから、法律の知識や、国会（立法府（legislature））と政府（行政府（executive office））の関係などの制度論が必要になる、と考える官僚の方々もいるかもしれません。

　実際のところ、このような印象はすべて正しいといえます。「公共政策」とは、政府を重要な意思決定主体として考えることを共通項として、分析方法には、経済学的、法学的、政治学的分析など多くの方法があるといえます。とても幅広い学問・実践分野です。分析方法には、多くのアプローチがあります。既に述べたように、経済学、法学、政治学の基礎知識は必須です。しかし、おもに、「文科系」の学問と考えがちですが、「環境政策」、「エネルギー政策」、

「公共交通システム」、「科学技術政策」、「都市（計画）」、「医療・介護政策」などは、あきらかに「理科系」の知識も必要となります。

　公共政策は、たんに政府の政策の記述ではありません。あるべき姿についての考え方が入っています。つまり、公共の利益（国益、社会的厚生（social welfare））を高めるために、政策はどうあるべきか、という「規範的（normative）な考え方」（いわゆる「べき論」）を根底に持っています。しかし、文章を書くときには、どこまでが事実の記述で、どこまでが既に表明されている他人の意見か、どこからが自分の意見で、政府はこうしたほうがよいと考える（べき論）か、ということを明確に区別することが重要です。

　最近、といってもここ10年から15年程度の話ですが、「公共政策」が、分野として確立することになってきたのには、理由があります。第1に、政策決定に科学的知見や実証的な証拠（evidence）を生かそうという傾向が、先進国（advanced countries）でも途上国（developing countries）でも増してきたことが挙げられます。伝統的には——具体的にいえば20年以上前は——政策決定といえば、政治家の利益誘導（汚職一歩手前）であるとか、官僚の天下りを見据えた民間との癒着、で説明できることのほうが多かったといえるでしょう。そこには、学問的な分析には乗らないようなことが多かったといえます。最近は、利益誘導は、世論の指弾を受けます。国民全体の利益を考えて、日本経済の足を引っ張らないようにするためにはどうしたらよいか考えることが多くなりました。そのためには、科学的知見、統計データに基づいた議論が必要になるのです。第2に、グローバリゼーション（globalization）の進展のなかで、日本の政治家も官僚も国際交渉に巻き込まれる、あるいは積極的に国際的リーダーシップをとる、という頻度が増しています。これまで、国内のことだけを考えていれば良かったという官庁や部署の人（domestic を和風略語として、ドメの人たちといいます）が、突然国際的な交渉の矢面に立つことも珍しくありません。国際交渉では、国際的に通用するロジックや交渉術が必要になります。経済学的分析、思考形態は、国際交渉に大変に役に立ちます。第3に、教育制度的にも、2004年に公共政策大学院という専門職大学院の設置が認められるようになり、学問的な分野でいうと、経済学、法学、政治学の分野にまたがる大学院が制度化されたことで、「公共政策」の認知度を高めたと思われます。

私はもともと経済学者として職業人生を出発させましたが、いろいろな経緯から、職業人生の後半は、公共政策の政策形成・決定の場に関わってきました。経済学者の「公共政策」への考え方も分かるし、政策決定に携わる人たちの「公共政策」への思いも分かる、そのような気がしています。さらに、東京大学における「公共政策大学院」(Graduate School of Public Policy, 略してGraSPP)の設立時から10年間、そこで研究・教育を行いました。さらに最後の4年間は、副院長・院長として、大学内での「公共政策」の位置づけや、予算拡大という学内行政にも努力いたしました。さらに、東大での公共政策大学院の使命は、国際的な学生交換を進めて、大学院としての国際的なプレゼンスを高めることが必要と考えて、海外で先行していた公共政策大学院とも積極的に交流することを目指しました。その結果、私が院長任期を全うするころには、海外6大学とダブル・ディグリー（提携2大学に1年間ずつ在籍して、2年間で2校から修士号を取得する）協定を結び、さらに数校と短期の学生交換の協定を結ぶまでに成長させることができました。なお、ダブル・ディグリー制度を持っているのは、東大の部局のなかでは、公共政策大学院のみです。

　ちなみに、私は、東大の公共政策大学院院長を辞したあとは、2015年1月コロンビア大学国際関係公共政策大学院（School of International and Public Affairs, Columbia University）の教授として赴任いたしました。アメリカの大学では夏休みの3ヶ月は給与もでませんし、大学の外でなにをしていてもよいのです。（あるいは、研究費をとってきて、自分の夏の給与にすることもできます。）私は、夏の3ヶ月はできるだけ日本で過ごして、日本の経済政策についての研究を継続するとともに、政策研究大学院大学（National Graduate Institute for Policy Studies, 略してGRIPS）で、集中講義を持つことにしました。というわけで、相変わらず「公共政策」とのお付き合いが続いています。

経済学的アプローチとは

　本書では、以上で説明した、そもそも「公共政策」とはなにか、を念頭におきつつ、公共政策における典型的な課題とはなにか、「公共政策」に対する経済学的アプローチとはなにか、課題の発見能力と解決能力とはなにか、というテーマを考えていくことにします。とくに、私は経済学者ですので、「経済学

序章　公共政策の経済学的アプローチとはなにか

表1　国内主要公共政策大学院一覧

東京大学公共政策大学院（GraSPP）http://www.pp.u-tokyo.ac.jp/
東北大学公共政策大学院　http://www.publicpolicy.law.tohoku.ac.jp/
早稲田大学公共経営大学院　http://www.waseda.jp/fpse/gspm/
明治大学公共政策大学院「ガバナンス研究科」http://www.meiji.ac.jp/mugs2/
北海道大学公共政策大学院　http://www.hops.hokudai.ac.jp/
一橋大学国際・公共政策大学院（IPP）http://www.ipp.hit-u.ac.jp/
政策研究大学院大学（GRIPS）http://www.grips.ac.jp

的アプローチ」が主な分析道具になることは、最初にお断りしておきます。多少の手前ミソなバイアスを許していただけるならば、おおよそ公共政策の課題を論ずるときに、経済学的側面（費用対効果、財源の確保、政策変更によるインセンティブの変化と家計・企業の行動変化、など）を無視した議論は間違いを起こす可能性が高い、といえます。経済学的アプローチの重要性が、（カリキュラム作りの過程で）東大の公共政策大学院のなかの法学・政治学系の先生方からも積極的に支持されたのは、（経済学部と法学部は仲が悪いと聞いていたので）私にとっては、新鮮な驚きでした。

　最近、日本でも2004年以降、公共政策大学院という専門職大学院が次々と設立されています（表1）。アメリカでも School of Public Policy, あるいは、School of Government というような行政大学院がいくつかあります（表2）。このような専門職大学院では、経済学を、政策形成にいかに「役に立つか」という観点から教えています。同じ修士課程でも、経済学研究科では、将来学者を目指す院生に、いかに早く学問の先端分野にたどり着くかという観点から、理論モデルを中心に教えています。ここでは経済を生き物として勉強するというよりは、経済を分析する高度な道具の開発に努めている基礎科学である、と思えばよいでしょう。必ずしも、すぐに「役に立つ」わけではないが、ひょっとすると学問を大きく前進させることになる基礎研究です。一方、公共政策大学院（の経済政策コース）では、将来、中央官庁、地方自治体、国際機関、NGOなどへの就職を希望する人が「即戦力」になる経済政策の考え方を学んでいます。そこでは、生きた経済の分析にすぐに「役に立つ」道具やその使い

表2　アメリカの国際関係・公共政策系の主要大学院

ハーバード大学ケネディ・スクール　　https://www.hks.harvard.edu/ John F. Kennedy School of Government, Harvard University
コロンビア大学国際関係・公共政策大学院　　https://sipa.columbia.edu/ School of International and Public Affairs, Columbia University
プリンストン大学ウッドロー・ウイルソン・スクール　　http://wws.princeton.edu/ Woodrow Wilson School, Princeton University
カリフォルニア大学・サン・ディエゴ校、グローバル政策戦略大学院　　http://gps.ucsd.edu/ School of Global Policy & Strategy（GPS）, UC San Diego （旧名、School of International Relations and Pacific Studies（IR/PS））
カリフォルニア大学、ロサンジェルス校、ラスキン・スクール http://luskin.ucla.edu/public-policy/ UCLA Luskin School of Public Affairs
ジョンズホプキンス大学ポール・H・ニッツェ高等国際関係大学院　　http://www.sais-jhu.edu/ Paul H. Nitze School of Advanced International Studies（SAIS）

方を教えています。(そうしていない公共政策大学院が存在するならば、それは問題です。)実際に、現実の経済問題を考える場合には、多くの場合、それほど高度なモデルを駆使する必要がなく、ごく基本的な知識で十分な場合が多いのです。

応用経済学と実証経済学

公共政策への経済学的アプローチに必要なスキルは、「応用経済学（applied economics）」あるいは「実証経済学（empirical economics）」という分野になりますが、これは、通常、学部レベルで学ぶミクロ経済学やマクロ経済学と本質的に違うわけではありません。「応用」というのは、基本的な分析道具（ミクロ経済学、マクロ経済学）を使って、現実の問題を考える、ということです。現実的な制度的・政治的制約要因がどのように市場で決まる取引高に影響を与えるのか、ということを考えます。あるいは、ある一定の税収を上げる必要があるときに、どのような税金を課したほうがよいのかを分析することも財政政策の応用分野です。輸出入であるとか、考えている課題に応じて、分析にとって重要な要素を入れて分析することになります。本書では、分析をするのに必要な分析道具（analytical tool）を紹介しながら、どのように「応用」するの

かを説明します。

　経済学者からみると、公共政策は経済政策よりも広い概念です。政策の目的について経済以外の要素も考えなくてはならない、と考えることもできます。政策提言でも法律的、政治的な制約を考えて、経済学的にはベストと考えられる政策ではなく、セカンド・ベストを考える必要がある、という場面もあります。政策決定の現場で、理想論を掲げる経済学者（経済通官僚）にたいして政治家や（守旧的）官僚からよく言われる言葉があります。それは、「白地に絵を描けるわけではない。既存の制度や政治状況を考えて実現可能な案を出してくれ」という意見です。このようなこともある、ということは念頭におきつつ議論することも、公共政策では必要になることがあります。

　たとえば、日本にとってどのような年金制度が良いのか、という議論をするときには、まったく年金制度がない世界での制度設計では済まされません。日本には既に、共済年金、厚生年金、国民年金、という制度が存在して、年金給付を受けている人、何十年も保険料を払い込んでいる人たちがいます。どのように改革するか、の議論をするときには、既存の年金制度に加入している人たちの利害損得を考えて議論する必要があります。

　一方で、経済学では、ベストな結果とはどういうことか、ファースト・ベストをどう導くのか、ベストとはどういうことか、ということを理解することが重要です。なにがベストなのかが分からなければ、現状を出発点とするときに、改革の方向を間違えることがあるからです。さらに将来、途上国などでのまっさらな白地に絵を描くような制度作りに関わるようになるときには、日本がこうしてきたから、日本ではこうだから、という説明では不十分です。理論的に、どのような観点からベストなのか、ということを説得的に説明する必要があります。

なぜミクロ経済学的アプローチなのか

　ここで、公共政策への経済学的アプローチを説明します。これは、いまの例でいうと「理想論」の部類に入ります。政治経済学や政治の制約については、「ケース・スタディー」で考えることにしましょう。まずは、経済学的アプローチの基本を押さえることが重要です。

経済学にはミクロ経済学（microeconomics）とマクロ経済学（macroeconomics）という大分類があります。大雑把にいうと、ミクロ経済学とは、個別の企業の生産行動や家計の消費行動の法則性を導きだすことで、市場（market）でどのように価格（prices）や取引数量（quantity）が決まるかを研究する経済学です。マクロ経済学とは、経済全体の経済活動のレベルを表す集計量（aggregate）の分析です。国内総生産（GDP）、成長率（growth rate）、消費者物価（consumer price）、インフレ率（inflation rate）、失業率（unemployment rate）、利子率（interest rate）などは、マクロ経済学の基本的な概念です。

　もう少し詳しくミクロ経済学を説明しましょう。基本的なミクロ・モデルでは、企業（firm）は利潤を最大化（profit maximization）させるように行動します。消費者（consumer）は効用（満足度）を最大化（utility maximization）させるように行動します。企業は生産技術を持っています。生産に必要な原材料を購入します。さらに原材料を加工するのに必要な労働者（worker、決してlaborerとは訳さないでください）を雇用（employ）します。こうしてできた生産物（products）を市場にもっていって売ろうとするのです。どれくらい利益を出すかは、原材料価格、労働者に払う賃金（wage）、そして生産物の販売価格によって決まります。

　企業は生産物の販売価格が上がれば、より多くのものを生産しますし、家計は賃金が上がれば、より多くの時間働きたいと思う、というように、経済環境が変わったときに、行動を変化させるインセンティブ（incentive）が重要な概念になります。

　経済主体（生産者、消費者、政府、銀行など）がどのように商品やサービスを生産・販売（＝供給（supply））する意欲を持つのか、あるいは購入・消費（＝需要（demand））する意欲をもつのかがまず重要な出発点になります。価格が高ければ生産意欲は高まります。価格が低ければ消費意欲が高まります。もちろん、企業が売りたい数量を売りたい価格で全て売れるわけではありません。家計にとっては、買いたい価格で、買いたい数量をすべて買えるわけではありません。

　ミクロ分析のうち、「完全競争（perfect competition）」と呼ばれるモデルで

序章　公共政策の経済学的アプローチとはなにか

は、個々の企業や個々の家計は、市場全体からみるととても小さな存在なので、価格を決める力は持っていない、と考えます。企業は、市場で取引されている価格はこれくらいですよ、という情報に基づいて生産計画を立てます。価格が変われば、希望生産量も変わります。この価格と希望生産量の関係を供給関数（supply function）と呼びます。

家計は、市場で取引されている価格はこれくらいですよ、という情報に基づいて消費計画を立てます。価格が変われば、希望消費量も変わります。この価格と希望消費量の関係を需要関数（demand function）と呼びます。供給と需要がちょうど一致するような価格であるときに、これを均衡価格（equilibrium price）と呼びます。これがミクロ経済学が考える市場メカニズムの基本です。

一方、マクロ経済学の焦点は、経済成長の分析と、景気循環の分析、そして、政策論としては、金融政策、財政政策が主になります。経済成長はどのようにして決まるか、政策により成長を加速することができるかが、ひとつの流れです。もう一つの重要な流れが、景気循環の振幅の抑制です。需要不足による不況時には、資本設備の稼働率が落ちて、失業率も高くなります。これは取り返しのつかない生産要素（資本と労働）の不活用ということになります。金融政策、財政政策はおもに、景気循環の振幅の幅を抑える（counter-cyclical）ように用いられます。

このように、ミクロ経済学とマクロ経済学では、分析対象とする経済現象、政策を考えるアプローチが異なりますが、経済状態（資源配分）を改善して、人々の満足度を高めようという原点は変わりません。本書では、ミクロ経済学のアプローチを解説していきます。

本書は、ミクロ経済学の入門書ではありますが、数多くあるミクロ経済学の教科書とは、すこし異なる内容と構成になっています。2つの特徴があります。第1に、説明はなるべくやさしいところからはじめます。とくに、理論の説明でも数値例を多く使います。記号がいっぱい出てくる数学的な思考の負担をできるだけ軽減して、親近感をもってもらいたいと思います。第2に、理論を学ぶと、公共政策の問題をどのように考えることができるのか、という「応用力」をつけてもらいたいと思います。現実に議論されている課題（新聞記事など）をとりあげて、それを考えるうえで必要な経済理論を説明していきます。

第1章

余剰分析
需要・供給・市場

1　ケース(1)なぜ、バターは不足するのか

　本書では、実践的な課題に興味を持ってもらうために、身近な「ケース」を随時織り交ぜていくことにします。ただし、事実（fact）を述べて、分析の方法とヒントは提示しますが、課題の完全な解明や、課題の解決方法（政策提言）には踏み込みません。読者自ら、考えてみてください。そして、このような課題がとても面白い、と考える読者は、「公共政策大学院」向きです。

　第一のケースは、「バター不足」です。ここ1〜2年、バター不足が続いています。近くのスーパーでも、一人一個に購入制限をかけているところがあります。そもそも棚に並んでないこともあります。バター不足はいまに始まったことではなく、2014年のクリスマスシーズンにも起きましたし、2008年にも同様のことがありました。モノがあふれている日本で、なぜバターだけが不足するのか。なぜ、レタスやチーズは不足しないで、バターだけなのか。

　品薄でモノの値段が高騰することはあっても、品物自体が棚から消えたり、購入数量に制限が加えられたりするのは、いまの日本では滅多にないことです。国内産で足りなければ、商社が輸入すれば良いと思うのではないでしょうか。こんなに長期間バター不足がつづくのは、何かおかしいと思いませんか。

　政府も手をこまねいているわけではありません。「農林水産省は27日、品薄への懸念が出ているバターを10月末までに1万トン追加輸入すると正式発表した。」（「日本経済新聞」2015年5月28日）そして第一ラウンドの輸入入札を6

月に行いました。

　ところが、この緊急輸入がくせものなのです。なぜ民間の業者が必要に応じて自由に輸入できないのでしょうか。それはバターが、コメ、小麦、大麦、生糸とともに「国家管理貿易品」に指定されていることによります。バターの輸入は独立行政法人の「農畜産業振興機構」（以下、「機構」と略）が事実上、独占しています。

　今回の1万トンの輸入については同「機構」が買い付けの入札とそれを「機構」が国内に売り渡す入札が行われます（**図1**はバターの国内生産量と輸入量です）。商社などの海外で買い付けをする業者と国内でバターを販売する乳業メーカーなどが、すでに売買に合意していても、両社揃って、「機構」に申請書を提出して認めてもらう必要があります。輸入が認められると内外価格差（関税）を「機構」に納めなくてはなりません。「機構」は入札を実施するだけで、輸入価格の約4倍にもなる国内価格との差額（関税相当分）を収入として得ることになります。通常の輸入の関税は、関税収入として国庫に入りますが、バターについては、農水省の外郭団体（天下り団体）である「機構」の収入となります。

　では、なぜ、そもそもバターは「国家貿易」なのでしょうか。それは国内産のバターを保護するためと考えられますが、少し複雑です。バターの原料は、乳牛から搾られた生乳（せいにゅう）です。この生乳から、飲用牛乳、脱脂粉乳、バター、チーズなどが作られます。バター生産の問題は、原料の生乳生産にかかっています。

　生乳の生産は、実は「指定生乳生産者団体制度」で（作りすぎないように）管理されています。日本を10地域に分け、毎月、事実上の生産量上限を決めています。しかし、このような地域ごとに生産量を決める方法では、需要の増減に応じて、一番コストの低い酪農農家が生産を伸ばして、一番コストの高い酪農農家が市場から撤退する、という力は働きません。さらに、酪農農家は原則、生乳を指定団体に全量売ることが義務づけられています。指定団体は乳業メーカーと交渉したうえで、飲用乳、脱脂粉乳・バター用、チーズ用など用途別に異なる価格で売り渡します。しかし、酪農農家に支払われる生乳売り渡し代金は、平均価格が支払われます。個々の酪農農家は品質やブランドで工夫して販

図1　バターの国内生産量・輸入量

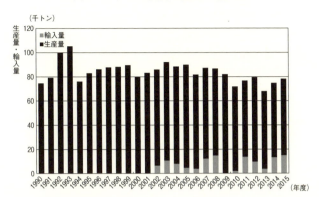

出所：　農畜産業振興機構

売価格を引き上げることはできません。

　生乳の単位あたり生産平均コストは、酪農農家の生産規模（飼養頭数）によって大きく違います。頭数が多いほうが、生産コストは下がります。規模の経済（scale economy）が働くからです。

　さて、このように事実や制度を記述しました。「公共政策」の課題は、はたして、このような制度が、消費者、努力する生産者の利益につながっているのか、という分析になります。この分析のためには、ミクロ経済学の分析用具が必要になります。これを、つぎの節以降で詳しく説明します。

2　供給曲線

　ミクロ経済学の初歩的な分析用具である需要曲線と供給曲線の本質を簡単に説明して、この道具を使って、どのような応用分析ができるのかを説明していきます。

ミクロ経済学既習の方は「6　応用分析」に進んでください
（供給曲線を生産関数から導出することができますし、需要関数は効用関数から導出することができます。この計算は、次章で説明します。）

まず、供給曲線を説明します。ここでは、コメの取引をする市場を考えましょう。低めの価格 P_1 が市場で成立する（であろうと考えられる）価格であるとしましょう。このとき、この価格で生産してもよい、という生産者は、立地がよく、大規模生産できる生産者のみであるとします。図2において生産者1は、価格が P_1 以上ならば（Q_1）の数量を生産・販売（＝供給）する用意がある、と考えます。つまり生産者1にとって、P_1 は、ぎりぎり Q_1 を追加的に生産するコスト（＝限界費用）をカバーする価格なのです。つぎに、価格が P_2 まであがるとどうでしょうか。もう少し条件の悪い田んぼで生産している生産者2が、それならば、生産しても良い、と言い出します。

生産者2は、価格が P_2 よりも高ければ（Q_2）の数量を供給する用意がある、と考えます。価格が P_2 のとき、市場では生産者1と生産者2が生産しているので、市場への総供給量は（Q_1+Q_2）となります。以下同様に、生産者 k は価格が P_k よりも高ければ、（Q_k）を生産するものとします。したがって、価格が P_k のとき市場への総供給量は（$Q_1+\cdots+Q_k$）です。このようにして考えていくと、個別供給曲線を（水平方向へ）合計したものが、市場供給曲線となります。市場供給曲線は、図2のようになります。

供給曲線導出の説明であきらかなように、供給曲線の位置（縦軸との切片、傾き）は、生産技術の進歩などで変化します（より収量の多い品種が導入されれば、同じ価格でもより多くの数量を供給できる）。あるいは、大豆や麦の価格が上がれば、コメの価格が同じでもコメ作りを止めて、大豆や麦の栽培に切り替えるかもしれません。同じ土地を使って作ることのできる作物価格は、コメの供給曲線の位置に影響をあたえるのです。この供給曲線は、あくまでも他の事情（生産技術、他の作物の価格、天候要因など）が一定とした場合に描くことができる曲線なのです。

さて、このように、生産者によって供給してもよいと考える価格が異なる、ということはどのように考えればよいのでしょうか。ここで、個別生産者の供給量は、この価格ならば、ここまで供給してもよい、ものです。逆にいうと、この供給量を生産して市場に持ち込むからには、これだけの価格づけは欲しい（これを「留保価格」reservation price とよぶことがあります）というものです。市場に持ち込んだ結果これよりも高い価格で売れれば、「ラッキー」です。

図2 供給曲線の導出

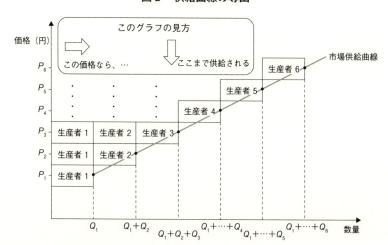

　これを、「超過利潤」とよぶこともあります。市場で決まる均衡価格と、この留保価格の価格差（図でいうと垂直方向の差）です。後ほどの分析で使用する、生産者「余剰」という概念につながります。つまり生産者「余剰」とは、売り渡してもよいと考える価格、つまり「留保価格」よりも高く売れるという「ラッキー度」（あるいは超過利潤）を表していると考えてください。
　生産者によってこの留保価格が異なるのは、直感的に分かるように、生産者により生産コストが異なるから、と考えられます。これについては次章で詳しく説明します。
　ここまでは、ひとつ重要な単純化の仮定を入れて説明していました。上の例では、各生産者の供給は、ある価格以上ならば、一定量を供給、そのある一定価格が生産者ごとに異なる、という例を描いてきました。
　しかし、一般的には、個別の生産者も価格が高ければもう少し供給量を増やしても良い、と考えているでしょう。つまり、図2でかいたように、個別の生産者の供給量が一定なのではなく、価格があがれば供給量を増やすという意味で、個別供給曲線が右上がりの曲線になっていると考えるのが一般的です。

数式展開

数式を使うと、一般的に、供給関数を $Q^s = S(P)$ と書くのが慣わしです。S は関数を表しています。供給関数の説明では、P に応じて Q^s が決まる、という説明をしたので、数式に書くとこのようになることは、分かりやすいと思います。ところが、これをグラフに描くときには Q^s を横軸、P を縦軸にとるのが、慣わしです。数学的には、横軸に数式の右辺の変数、縦軸に左辺の変数をとることが慣例です。この需要・供給関数の図に関しては縦軸、横軸が数式の意味とは逆になりますが、慣習として理解してください。また S の関数形は、生産技術、他の作物の価格、天候などによって変化します。S が一次関数の場合は、

$$Q^s = \alpha_s + \beta_s P$$

と書くことができます。ただし、$\beta_s > 0$ です。つまり、価格が上がれば、供給量も上がるという供給曲線の基本的な性質を表しています。$\alpha_s > 0$ の場合は、価格がゼロでも供給する数量がある、ということになります。生産者が努力せずに市場に持ち込むことができるような場合を除き、ありえないでしょう。むしろ価格がある程度高くないと、生産は割にあわない、と考えているような生産者の場合は、$\alpha_s \leq 0$（ただし、$Q^s \geq 0$ の領域だけを考える）が現実的な仮定です。

しかし、生産技術、他の作物の価格、天候などが変化すると、α_s も β_s も変化します。

数値例

ここでは、$\alpha_s = 0, \beta_s = \frac{1}{2}$ を仮定します。

$$Q^s = \frac{1}{2} P$$

となります。これが、供給曲線です。これを図に描くときには、P が縦軸ですから、P と Q を右辺と左辺いれかえるようにして、

$$P = 2Q^s$$

となります。

ここで数学的には同じである二本の式をわざわざ書いたのには意味があります。もう一度繰り返します。供給関数というときには、Q^S が左辺に来ます。しかし、供給関数の作図というときには、P が左辺の変数になるように式を変換します。作図された供給関数の読み方は、ある価格が市場で決まるとどれくらい供給量があるか、という関係ですから、縦軸上の数値（価格）が決まると、横軸上の数値（供給量）が決まる、と考えます。繰り返しになりますが、数学的な関数の読み方（横軸上の数値が決まると、縦軸上の数値が決まる）とは逆です。

さて、図2よりも、もう少し現実的な個別供給曲線と、総供給曲線の関係を数値例を使って表現します。3人の供給者がいて、それぞれの個別供給曲線 S_1, S_2, S_3 はつぎのように定義されるとしましょう。

$$S_1 = P - 10, \text{ if } 10 < P$$
$$ = 0, \quad \text{ if } P \leq 10$$
$$S_2 = \frac{1}{2}P - 10, \text{ if } P > 20$$
$$ = 0, \quad \text{ if } P \leq 20$$
$$S_3 = \frac{1}{3}P - 10, \text{ if } P > 30$$
$$ = 0 \quad \text{ if } P \leq 30$$

この個別供給曲線は、それぞれの生産者の「限界費用」（あと少し生産量を増やすときに追加的に必要になる費用）を表しています。なぜなら、価格が上昇するときにどれくらい追加的に供給量を増やすかといえば、その追加的な供給量を生産するのにかかる追加的な費用だからです。

つぎに市場供給曲線（総供給曲線とよばれることもあります）を求めます。市場供給曲線は、個別供給曲線を合計したものですから、数式ではつぎのように表わされます。

$$Q^S = S_1 + S_2 + S_3$$
$$= P - 10, \text{ if } 10 < P \leq 20$$
$$= \frac{3}{2}P - 20, \text{ if } 20 < P \leq 30$$
$$= \frac{11}{6}P - 30, \text{ if } 30 < P$$

つぎに、3本の個別供給曲線と市場供給曲線を、図2のような縦軸がP、横軸が生産量（Q）の平面に図示してみましょう。つまり、Pが左辺にくるように書き直すと、

生産者1の個別供給関数は、
$$S_1 = 0, \text{ if } P \leq 10$$
$$P = 10 + S_1, \text{ if } 10 < P$$

生産者2の個別供給曲線は、
$$S_2 = 0, \text{ if } P \leq 20$$
$$P = 20 + 2S_2, \text{ if } 20 < P$$

生産者3の個別供給曲線は、
$$S_3 = 0, \text{ if } P \leq 30$$
$$P = 30 + 3S_3, \text{ if } 30 < P$$

市場供給曲線を書くと
$$P = 10 + Q^S, \quad if\ 10 < P \leq 20$$
$$P = \frac{40}{3} + \frac{2}{3}Q^S, \quad \text{if } 20 < P \leq 30$$
$$P = \frac{180}{11} + \frac{6}{11}Q^S, \quad \text{if } 30 < P$$

これらの線を書き込むと、**図3**になります。個別供給曲線を水平方向に合計したものが、市場供給曲線になることが分かると思います。

個別供給曲線から市場供給曲線が定義されること、そして、Pを縦軸、Qを横軸とする図上では、これは、個別供給曲線を水平方向に合計した点が市場供給曲線になる、ということが理解できれば、この数値例の目的は達せられたことになります。

第1章 余剰分析：需要・供給・市場

図3 市場供給曲線の導出

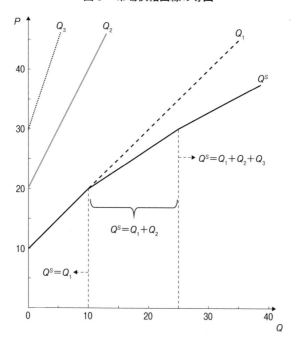

3 需要曲線

つぎに需要曲線を考えます。コメへの需要を考えてみましょう。コメの消費量はそれほど個人差がなく、A氏は Q_A、B氏は Q_B という一定量を消費したいと考えているとしましょう。いっぽう、米飯をどれくらい好きなのか、コメの価格が高ければ、パンで代替できるのか、などの「好み」は大きく異なっているとします。消費者をコメを好む程度が高い順に並べてみましょう。

消費者Aは、価格が P_A またはそれ以下ならば数量（Q_A）のコメを購入・消費します。つまり、P_A は、消費者Aが「支払ってもよいと考える最高価格」（willingness to pay）です。もし、市場価格かそれ以下の価格で購入することができるようになれば、それは「ラッキー」です。消費者Bは、価格が P_B 以下ならば数量（Q_B）を購入・消費します。コメを好む順に並んでいるの

で、消費者 B が払ってもよいと考える最高価格 P_B は P_A よりも低いとしましょう。価格が P_B のときには、市場では Q_A+Q_B の総需要量があります。以下、A, B, C, D…としだいに、消費者が並んでいます。例えば、消費者 D が支払ってもよいと考える最高価格は P_D でその価格では A, B, C, D の需要合計は、$Q_A+\cdots+Q_D$ です。

　では、このような「支払ってもよいと考える最高価格」は、コメ（を購入することで）増加する満足度（限界効用）を金額表示したもの、と考えることができます。実は、このような金額表示が可能であるというのが、この分析の重要な仮定となっていますが、この点は次章で説明することにします。この満足度の金額表示の前提のもとでは、消費者 A が Q_A の数量を P_A より安い市場価格 P^* で購入することができれば、$(P_A-P^*)Q_A$ は、思いがけない過分な満足度（あるいは「ラッキー度」といってもよいです）を得ることになります。これをこの分析では、消費者余剰（consumer surplus）とよびます。

　多くの消費者の需要を合計した市場需要曲線（総需要曲線ということもあります）は、図4のように右下がりの曲線として、表すことができます。この価格では、これだけの需要がある、という関係を、いろいろな価格について表示しているものです。

　需要曲線導出の説明であきらかなように、需要曲線の位置（縦軸との切片、傾き）は、消費者の嗜好の分布の影響を受けます。また、コメと類似のほかの食べ物（たとえばパン）の価格が安くなると、コメの消費量が減るかもしれません。かつては（終戦直後、1940年代後半から1950年代）は、所得が低かったので、コメを食べずに麦や芋で、炭水化物やカロリーを取っていた時代もありました。所得が上昇すると、コメの消費も増えていました。ある時期から、所得が増えても、コメの消費はそれに比例して伸びることはなくなりました。ということで、この需要曲線は、あくまでも他の変数（所得、代替的な商品の価格、嗜好など）が一定とした場合に描くことができる曲線なのです。図4で需要曲線を描いています。

　ここまでは、ひとつ重要な単純化の仮定を入れて説明していました。上の需要関数の例では、各消費者の需要は、ある価格以下ならば一定量を需要すると仮定していました。そのある一定価格が消費者ごとに異なる、という例でした。

図4 需要曲線の導出

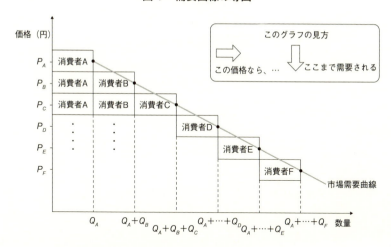

しかし、一般的には、個別の消費者も価格が低ければもう少し需要量を増やしても良い、と考えているでしょう。つまり、図4でかいたように、個別の消費者の需要量が一定なのではなく、価格が下がれば需要量を増やすという意味で、個別需要曲線が右下がりの曲線になっていると考えるのが一般的です。そこで、数値例を説明したあとで、個別需要曲線が右下がりのケースについて、どのように市場需要曲線を定義するかを考えます。

数式展開

数式を使うと、一般的に、需要関数を $Q^d = D(p)$ と書きます。D は関数を表しています。供給関数の説明と同様に、需要関数でも、P に応じて Q^d が決まる、という説明になるので、数式に書くとこのようになることは、分かりやすいと思います。ところが、これをグラフに描くときには Q^d を横軸、P を縦軸にとるのが、慣わしです。これまた供給関数のところで説明したことですが、本来であれば、横軸に数式の右辺の変数、縦軸に左辺の変数をとることが慣例です。この需要関数の図に関しては縦軸、横軸が数式の意味とは逆になりますが、慣習として理解してください。また D の関数形は、消費者の所得水準、代替的商品の価格、嗜好によって変化します。D が一次関数の場合は、

$$Q^d = \alpha_d + \beta_d P$$

と書くことができます。ただし、価格が高くなれば需要が減るという関係にあるので、$\beta_d < 0$ です。また、数量も価格も正の値をとる市場を考えているので、$\alpha_d > 0$ です。消費者の所得水準、代替的商品の価格、嗜好が変化すると、α_d も β_d も変化します。

数値例

ここでは、$\alpha_d = 60, \beta_d = -1$ と仮定します。そうすると需要曲線は
$$Q^d = 60 - P$$
となります。この需要曲線を図に描くときには、慣習として P が縦軸ですから、そのようにこの式を変換すると、
$$P = 60 - Q^d$$
となります。

ふたたび、供給曲線の場合の説明と似た説明をしますが、需要関数というときには、Q^d が左辺に来ます。しかし、需要関数の作図というときには、P が左辺の変数になるように式を変換します。作図された需要関数の読み方は、ある価格が市場で決まるとどれくらい需要があるか、という関係ですから、縦軸上の数値（価格）が決まると、横軸上の数値（需要量）が決まる、と考えます。繰り返しになりますが、数学的な関数の読み方（横軸上の数値がきまると、縦軸上の数値が決まる）とは逆です。

さて、図4よりも、もう少し現実的な個別需要曲線と、総需要曲線の関係を数値例を使って表現します。3人の消費者がいて、それぞれの個別需要曲線 D_1, D_2, D_3 はつぎのように定義されるとしましょう。

$$\begin{aligned} D_1 &= 30 - \frac{1}{2}P, \text{if } P \leq 60 \\ &= 0, \quad \text{if } 60 < P \end{aligned}$$

$$\begin{aligned} D_2 &= 10 - \frac{1}{4}P, \text{if } P \leq 40 \\ &= 0, \quad \text{if } 40 \leq P \end{aligned}$$

$$Q_3 = 5 - \frac{1}{6}P, \text{if } P \leq 30$$
$$= 0, \quad \text{if } 30 < P$$

　この個別需要曲線は、それぞれの消費者の「限界効用」(あと少し消費量を増やすときに得られる満足度上昇の金銭価値) を表しています。あるいは、この量なら、ここまで支払ってもよいという、喜んで支払う最高価格 (willingness to pay) と言い換えることもできます。

　つぎに市場需要曲線 (総需要曲線と呼ばれることもあります) を求めます。市場需要曲線は、個別需要曲線を (水平に) 合計したものですから、数式ではつぎのように表されます。

$$Q^D = D_1 + D_2 + D_3$$
$$= 30 - \frac{1}{2}P, \text{if } 40 < P \leq 60$$
$$= 40 - \frac{3}{4}P, \text{if } 30 < P \leq 40$$
$$= 45 - \frac{11}{12}P, \text{if } P < 30$$

　つぎに、3本の個別需要曲線と市場需要曲線を、図3のような縦軸が P、横軸が需要量 (Q) の平面に図示してみましょう。そのためには、P が左辺にくるように書き直します。

消費者1の個別需要関数は、
$$Q_1 = 0, \quad \text{if } 60 < P$$
$$P = 60 - 2D_1, \text{if } P \leq 60$$

消費者2の個別需要曲線は、
$$Q_2 = 0, \quad \text{if } 40 < P$$
$$P = 40 - 4D_2, \text{if } P \leq 40$$

消費者3の個別需要曲線は、
$$Q_3 = 0, \quad \text{if } 30 < P$$
$$P = 30 - 6D_3, \text{if } P \leq 30$$

市場需要曲線を書くと

図5　市場需要曲線の導出

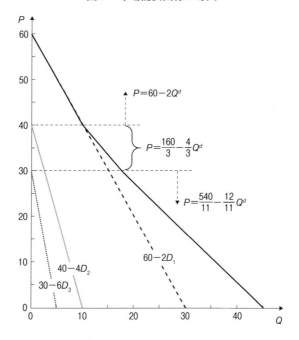

$$P = 60 - 2Q^D, \text{if } 40 < P \leq 60$$

$$P = \frac{160}{3} - \frac{4}{3}Q^D, \text{if } 30 < P \leq 40$$

$$P = \frac{540}{11} - \frac{12}{11}Q^D, \text{if } 0 < P \leq 30$$

これらの線を書き込むと、**図5**になります。個別需要曲線を水平方向に合計したものが、市場需要曲線になることが分かると思います。

　個別需要曲線から市場需要曲線が定義されること、そして、P を縦軸、Q を横軸とする図上では、これは、個別需要曲線を水平方向に合計した点が市場需要曲線になる、ということが理解できれば、この数値例の目的は達せられたことになります。

4　市場均衡

　ここまで、個別供給曲線、総供給曲線、個別需要曲線、総需要曲線を説明してきました。総供給曲線は個別供給曲線の合計として、総需要曲線は個別需要曲線の合計として計算されることが分かりました。そもそも個別供給曲線は、生産者の行動（利潤最大化）から、個別需要曲線は消費者の行動（効用最大化）から導かれることも、示唆しました。この生産者の利潤最大化の行動、消費者の効用最大化の行動についての分析は、次章に譲ります。

　ここからは、市場供給曲線と市場需要曲線の形状が分かっているものとして、供給関数と需要関数からどのように市場価格が決まり、取引量がきまるのかを考えます。そのあとで、供給関数や需要関数の形状や位置に変化が起きたときに、市場価格や取引量がどのように変化するのか、という分析を進めていきます。

　さて、ここでひとつ重要な概念を導入します。市場「均衡」(market equilibrium)です。需要関数、供給関数の分析では、「均衡」とは、需要と供給が一致するような、価格と数量を表しています。つまり、均衡の定義が、

$$\text{供給}(Q^s) = \text{需要}(Q^d)$$

ここで、需要も供給も価格の関数であったということを思い出してください。関数形で書くと、需要 = 供給はつぎのように書くことができます。

$$S(P) = D(P)$$

　図6では、供給曲線と需要曲線が同じ図上で、描かれています。この2本の線が交わる点を (Q^*, P^*) と書くと、これが、「均衡」点です。図4の均衡価格、P^* とそのときの取引数量、Q^* は、供給曲線と需要曲線の交点で決まります。言い換えると、供給と需要はともに価格の関数ですから、供給と需要を一致させるような P が、均衡価格 (P^*) であり、そのときの均衡数量が Q^* です。市場で決まる「均衡」数量と「均衡」価格です。さて、ここでは、「均衡」は、需要と供給が「バランス」して、余りがでない、という意味に使われていると考えてください。

　さて、この図で描かれている均衡が、数式あるいは数値例でどのように計算

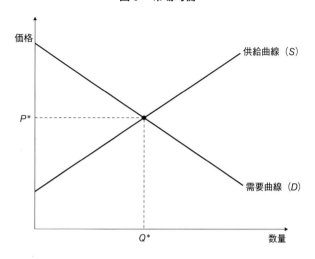

図6　市場均衡

されるのかを、少し丁寧に説明します。

数式展開

供給曲線（一次関数形）は、

$$Q^s = \alpha_s + \beta_s P \quad \text{ただし、} \alpha_s \leqq 0, \beta_s > 0 \tag{1}$$

需要曲線（一次関数形）は、

$$Q^d = \alpha_d + \beta_d P \quad \text{ただし、} \beta_d < 0, \alpha_d > 0 \tag{2}$$

です。この2本の式に、もう1本、均衡条件の式を加えます。ここでいう「均衡」とは、「需要＝供給」ということですから均衡の条件は、

$$Q^d = Q^s \tag{3}$$

と表されます。そうすると、3本の連立方程式に、変数が3個ですから、それぞれの変数には、（例外的な場合を除いて）解が存在することになります。これが、均衡価格と均衡数量で、均衡という意味で、「*」をつけて表すと、連立方程式の解（つまり右辺には、Q や P は現われない）である、P^* と

$Q^* = Q^s = Q^d$ を計算することになります。

解の求め方は簡単です。
$$Q^d = Q^s$$
の両辺に需要関数と供給関数を代入します。そうすると
$$\alpha_s + \beta_s P = \alpha_d + \beta_d P$$
となりますから、これを P について解きます。そうすると、
$$P^* = \frac{\alpha_d - \alpha_s}{\beta_s - \beta_d}$$
定数と係数（$\alpha_d, \alpha_s, \beta_d, \beta_s$）についての仮定（但し書き）から、$P^*$ は正の値をとることが分かります。この P^* の値を、需要曲線（または供給曲線）の定義式に代入すると、Q^* が求まります。
$$Q^* = \alpha_s + \beta_s \frac{\alpha_d - \alpha_s}{\beta_s - \beta_d} = \frac{\alpha_d \beta_s - \alpha_s \beta_d}{\beta_s - \beta_d}$$

数値例

前節、前前節で使った数値例を考えてみましょう。
$$Q^s = \frac{1}{2} P$$
$$Q^d = 60 - P$$
これに、均衡条件の式を加えます。
$$Q^d = Q^s$$
そうすると、3本の式で、3変数ですから、簡単に解を求めることができます。均衡価格と均衡数量は、均衡条件の式の右辺、左辺に需要関数、供給関数を代入して、P について解きます。
$$P^* = 40$$
この均衡価格を、需要関数に代入して、
$$Q^* = 20$$
が求められます。均衡価格を供給関数に代入しても当然同じ Q が求められます（検算にはよいかもしれません）。

この数値例を図にしたものが、**図7** です。

図7 市場均衡数値例

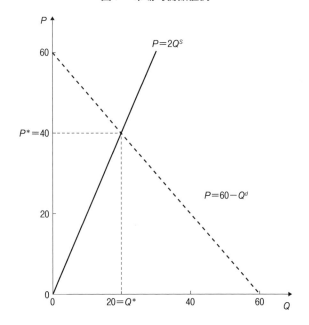

5 安定性

　ここまで説明して、市場でどのように均衡価格が見つかるのか、という疑問をもたれるかもしれません。均衡価格を見つけるひとつの方法は、均衡ではない価格を提示したときに、超過需要（excess demand）や超過供給（excess supply）が発生して、価格が調整される、というメカニズムがあると、考えることです。

　図8では、何らかの理由で、価格が均衡価格よりも低く提示されたとしましょう。P^* よりも下にある P_{low} になると、需要が供給を上回ります。買い手が売り手よりも多いので、買いそびれそうになった消費者が、より高い価格を提示して買おうとすると考えられます。つまり、超過需要は価格の上昇圧力になることが分かります。

　一方、価格が一時的にでも均衡価格 P^* を上回ったとしましょう。この場合

第1章　余剰分析：需要・供給・市場

図8　市場均衡の安定性

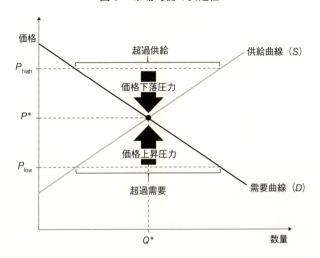

には売り手が買い手よりも多いので、価格を下げてでも売ろうとする生産者が現れるでしょう。つまり超過供給は、価格下落圧力になります。

需要曲線や供給曲線の形状が、ここで描いたようである限り、価格が一時的に P^* から離れることはあっても、いずれ P^* に収束すると結論づけることができます。このような均衡価格を「安定的」（stable）と呼びます。

ワルラスの競売人（Walrasian auctioneer）

ここで示したように、一財について、均衡価格を発見するプロセスはつぎのように考えられます。市場には「競売人」がいて、「仮の価格」を提示して、消費者と生産者から「仮の需要」と「仮の供給」を報告してもらい、超過供給があれば、仮の価格を引き下げる、超過需要があれば、仮の価格を引き上げる。そしてつぎの「仮の価格」を提示する。「仮の需要」と「仮の供給」が一致するような「仮の価格」を発見するまでこのプロセスを継続する。「仮の需要」と「仮の供給」一致した瞬間に、「はい、この瞬間、仮の需要、仮の供給は実現します」と宣言して、取引を実行する。このような競売人を「ワルラスの競売人」と呼びます。あくまでも、これ

は市場均衡がどのようにして発見されるのか、という問いに対する理論的な答えであり、虚構には違いありませんが、実際の市場も、このような虚構に近いものではないか、というのが、「理論」の考え方になります。なお、一財の場合には、「ワルラスの競売人」の役割はそれほど難しくなく、「虚構」の現実味もありますが、多数財（n財）の「一般均衡理論」でも同じような「ワルラスの競売人」が登場します。またワルラスは、このような一般均衡理論の基礎を築いたレオン・ワルラスという経済学者です。

5.1 供給曲線と需要曲線のシフト

ここで、一つクイズです。つぎのような主張をよく新聞で見かけます。
（主張1）「価格が上がると需要は減る」
（主張2）「需要が増えると、価格は上がる」
おかしいと思いませんか。主張1では、需要と価格は負の相関を持つと言い、主張2では、需要と価格は正の相関を持つと言っています。主張1と主張2と、どちらが正しいのでしょうか。図6の需要曲線、供給曲線を使って説明できるでしょうか。ここは、この需要曲線、供給曲線の分析を初めて見た学生がよく躓くところですので、すこし丁寧に説明しましょう。

実は、主張1も主張2も正しいのです。これを、実際にあった例に沿って説明してみましょう。まず、「実話」に基づいた架空の新聞記事を書いてみます。

（主張1）に沿った「実話」に基づいた架空の新聞記事ケースです。「小売店チェーン「U」の7月の国内既存店売上高は、前年同月比1.5％減となり、6月の同11.7％減に続き、2カ月連続のマイナスとなった。この原因は、Uの価格戦略にある。円安による原価高のため、昨年の秋冬商品を平均5％値上げした。今年も2年連続の値上げを発表している。U成長の武器は低価格だったが、値上げで魅力が薄れた。」ようするに、値上げしたので、需要が減ったというのです。

つぎに、（主張2）に沿った「実話」に基づいた架空の新聞記事ケースです。「マスコミで、「金沢の新名物」と紹介されて、金沢で高級魚「ノドグロ」の人

図 9　供給曲線の左方シフト（天候不順で凶作になった場合）

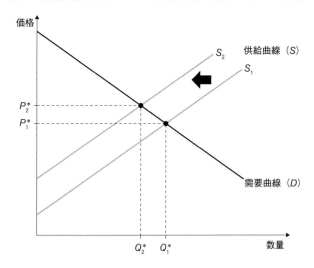

気が高まっている。一匹の卸売価格はブーム前より平均310円ほど上がった。2014年テニスの錦織圭選手が「日本に帰ったらノドグロを食べたい」と答えて注目が集まったことと、北陸新幹線の開業による観光客増が原因だ。」

　主張1は、需要曲線が右下がり（価格と数量は負の相関、あるいは数式でいうと $\beta_D < 0$ ということ）であることを主張しています。供給の条件によって市場価格が変化したときに、需要曲線に従って（需要曲線上を）、需要がどのように変化するか、ということを記述しています。一方、主張2は、じつは、需要曲線そのものが変化することで、均衡価格が変化する場合を描写しているのです。(たとえば所得が上がることによって）需要曲線全体が右に移動する場合を考えましょう。これを需要関数の右へのシフト（shift）、と表現します。

　では、この「シフト」のケースを図で見てみましょう。

　図9では、天候不順のため、コメが凶作になった場合を示しています。供給曲線は、同じ価格で市場に出回る供給数量が減少するため、左にシフトします。そうすると、変化前の均衡 (Q_1^*, P_1^*) よりも、価格は上昇して、(生産＝消費)数量は減少します。新しい凶作均衡を、(Q_2^*, P_2^*) と表現しています。この場合が、価格が上がったので需要（消費）量が減った、という主張1のケースに

図10 需要曲線の右方シフト（消費者の所得上昇で消費意欲が増した場合）

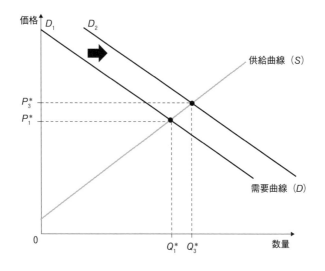

相当します。

　図10では、消費者の所得が上昇することでコメに対する需要が伸びたとしましょう。つまり、同じ価格であればもっと消費したいという意欲が増すのです。これは、需要曲線の右方シフトとして描くことができます。そうすると、新しい均衡（Q_3^*, P_3^*）では、変化前の均衡に比べて、数量も増え、価格も上昇していることが分かります。

　つまり、主張1と主張2の違いは、供給曲線がシフトして同じ需要曲線上の数量と価格の変化なのか、需要曲線がシフトしてその結果として均衡価格と均衡数量が変化したのか、の違いであったことが理解できるでしょう。このように、需要曲線や供給曲線の位置（傾きも含めて）そのものに影響を与える変化を考えているのか、需要曲線（あるいは供給曲線）上の旧い均衡から新しい均衡への動きを考えているのかによって、議論や結論は大きく異なります。適切な議論を展開したり、政策提言を誤らないためには、文章から、需要曲線、供給曲線の枠組み（モデル）への読み替えと、逆にモデルの分析を文章に表現していくことに慣れていく必要があります。

図11　市場均衡と余剰分析

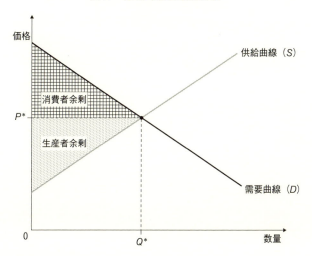

5.2　余剰分析

つぎに、需要曲線と供給曲線を元に、均衡価格と均衡数量が決定されたときにどれくらいの「余剰」が発生しているのか、と考えます。

供給曲線と需要曲線を導出するときに、生産者余剰と消費者余剰を定義しました。復習すると、生産者余剰とは、生産者にとって「この価格なら生産してもよい」と考える価格以上で商品が売れたときに実現する「利潤」のことです。図11では P^* の線（0から Q^* までの数量）と供給曲線で囲まれている面積になります。

消費者余剰とは、消費者が「この価格なら買ってもよい」と考えている価格以下で買うことができたときに「節約できた」と感じる満足度のおまけ、といってもよいでしょう。それを金銭表示しています。図11では P^* の線（0から Q^* までの数量）と需要曲線で囲まれた面積になります。更に

$$社会的余剰 = 消費者余剰 + 生産者余剰$$

と定義しましょう。以上が余剰分析の基本になります。

6 応用分析

さて、ここからが応用分析になります。まず、第一の応用例は、この商品に、価格に比例する税（従価税（ad valorem duty））が課せられる場合を説明します。政府が税収確保のために、消費に税金を課す場合を考えます。

6.1 従価税

日本の消費税（正確な税形態の名称は「付加価値税」）は、税率 8 ％と表現されるように従価税に分類されます。生産、流通の各段階で付加価値に応じて納税される仕組みになっているので、正確に説明するためには、以下の従価税の説明では足りませんが、生産者が直接消費者に販売している場合には、従価税の例として説明することが可能です。

従価税とは、商品の価格に一定の税率を掛けたものが、消費者の払う商品価格になります。日本の消費税の場合（とくに、加工や流通を無視して、生産者が直接消費者と取引する場合）と考えてもよいです。

図11におけるもともとの供給曲線の傾き（slope）を税率分だけ変えることになります。供給曲線に税金を上乗せした「税込み供給曲線」は、税抜き供給曲線の高さ（価格）に $(1+t)$ を乗じた高さになるように描きます。これを、**図12**の「税込みの供給曲線、$(1+t)P$」と表しています。

図11の消費者余剰と生産者余剰の一部が図12では、税金収入に振り替わっていますが、これは社会的余剰としては、相殺とみなします。社会的余剰として問題なのは、減少した消費者余剰、生産者余剰のうち、税金収入に振りかわらなかった部分です。これは、税金が存在することで、社会的な損失が生じている部分です。これを英語では、dead weight loss と呼びます。直訳は「死荷重」ですが、あまりにも語呂が悪いのと、直感的に分かりにくいので、ここでは、「（税金の存在による）社会的損失」と呼ぶことにします。定訳ではないので、少なくとも経済学を知っている人に説明するときは、原語である dead weight loss をそのまま使うことをお勧めします。

図12の黒塗塗りの三角形部分が「社会的損失（dead weight loss）」です。税

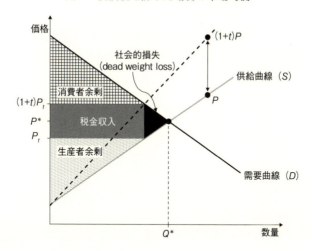

図12　従価税を課した場合の市場均衡

制の企画の上では、この社会的損失をできるだけ少なくすることは、ひとつの重要な役割です。

7　ケース(2)コメの減反

　日本のコメ消費量は、1960年代初めから一貫して落ちてきました。当初は、所得の増加と食品の多様化に伴って、一人当たりのコメ消費量が減り始めたのですが、最近は人口減少が加わり、コメ消費量の減少は続いています。
　需要が減り始めても、コメの増産は続いていたため、生産は高止まりしていました。そのひとつの理由は、政府のコメ生産奨励が続いていたためです。
　需要が減少するなかで、生産者に所得を保証するにはどうしたらよいでしょうか（理由は、コメ生産者の票が欲しいからとも、零細生産者の生活保障のための社会政策、とも解釈できます）。需要が減っても、生産者価格を一定に保ち、生産意欲を持ち続けてもらうのが狙いです。しかし、それでは、生産者と消費者が市場で出会って均衡価格、均衡数量を発見して、社会的余剰を最大化する、という市場メカニズムが壊れてしまいます。実際にそのようなことが起きたのですが、以下では、生産者に所得を保証することを前提にして、どのよ

図13 米の需要動向

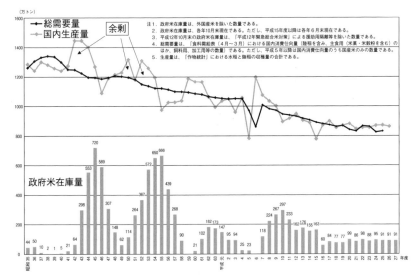

出所:農林水産省「米をめぐる関係資料」、食糧需給表

うな方法があるかを説明しましょう。実際に起きたことの本質的な部分を余剰分析で示してみます。

図13は、昭和35年(1960年)以降のコメの生産量と消費量を時系列で示したグラフです。コメの消費量が落ち始めてからもコメの生産量は増え続けました。当時は、「食糧管理制度」があり、政府が一括して一定の価格でコメを買取り、市場にそれよりも安い価格で売り渡していました。

この状態を余剰分析でしめしたのが、図14です。生産者からの買上げ価格(P_p)と消費者への売り渡し価格(P_d)の差が(単位あたり)補助金であり、補助金総額はそれに生産数量を掛けたもの($=Q_p\times(P_p-P_d)$)であり、図中では、(P_p-P_d)と$[0, Q_p]$で囲まれた四角形部分です。補助金総額とは、マイナスの税収であり、マイナスの社会的余剰です。社会的余剰の考え方からすると、補助金は、消費者売り渡し価格を超える生産者余剰の増分と一部相殺することができます。黒塗りにした三角形が消費者・生産者の余剰減と政府の税収増を相殺できない、純粋の社会的損失となります。ただし、実際の損失は、

図14 高値で生産物を買い取ることによる補助金支給の余剰分析

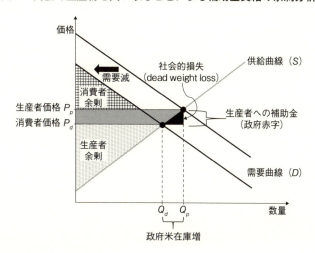

生産者により多くの余剰を与えるために、ほかで上げた税収を生産者に補助金として渡すという所得分配の不公平性が上げられます。さらに、需要を超えて政府が買い取った米は、政府米在庫の増加となって、管理コストを発生させることになりました。昭和40年代前半と昭和50年代の二度にわたり大きな政府米在庫の積みあがりがみられます。昭和45年のピークでは、720万トン、昭和55年のピークでは、666万トンの在庫があり、これは、「過剰米処理」という形で、昭和46-49年には１兆円、昭和54-58年には、２兆円の税金を使って「処理」（廃棄又は安値で売却）されました。さすがにこれは大きな批判を浴びて、「食糧管理制度」の改革につながっていきます。ただ、10年を経ずして、同じ間違いを２度繰り返したこと、農業では需給数量を政府が管理する思想が現在でも残っていること（ケース１のバター不足の例を思い出してください）、などの問題をこのグラフは示しています。

　1960年代から70年代にかけては、「米価審議会」というところで、政府の生産者からの買入価格（生産者価格）と、流通卸売りへの売り渡し価格（消費者価格）を決めていました。生産者団体の政治的圧力が高く審議会答申で、生産者価格＞消費者価格となったり、政治の介入で審議会答申よりもさらに高い価格になることで、図14の状況が発生したのです。

そこで、政府は、コメの価格が（均衡価格よりも）高止まりしても、供給過剰がおきないように、生産そのものを抑制するように動きます。これが生産調整、減反、と呼ばれるものです。

そこで、政府は生産数量を決め、それを生産者に守らせる一方で、買取価格を需要が減る以前の均衡価格（P_p^*）に保ちます。需要価格は P_d なので、補助金は単位あたり（$P_p - P_d$）となります。生産数量を Q_d に強制的に抑えているので、コメ余り＝政府米在庫は発生しません。

単純にいうと、生産数量を需給が一致するところまで引き下げるという「計画経済」的な手法です。政府が（農協の協力を得て）、個々の生産者の限界生産コスト、需要関数の情報をすべて把握できるという（ちょっと無理のある）計画経済的発想の仮定を（百歩譲って）受け入れて政策を考えてみましょう。

コメの需要減少傾向がはじまってから、政府が農家保護を始めたとしましょう。農家保護の方法ですが、需要減で成立する均衡数量まで生産数量を減らすことを約束させます。その一方で補助金を使って、所得補償を行います。需要減以降の安くなった価格に補助金を足すことで、需要減以前の価格と同じレベルになるようにするのです。生産量＝消費量なので在庫は発生しません。一方、補助金を（$P_p - P_d$）だけだすので、補助金総額は、（$P_p - P_d$）× Q_d となります。この場合、補助金総額＝生産者余剰の増分となるので、社会的余剰全体は変わりません。たんに、一般納税者からコメの生産者への所得移転が生じるという結果になります。

ところが現実の「減反政策」は、**図15**のようには行われませんでした。図15を描いた大前提は、P_p^* の元では、生産者全体では、Q_d^* まで生産したいのですから、生産性の低い人たち（限界生産コストが高い生産者）に生産活動を我慢してもらうことが必要なのです。無補償の生産禁止（数量割り当て）です。問題は、だれが、その生産性の低い生産者であるかを政府が見極めることができなければ、図15のような理想的生産調整（減反）は実行できません。たとえ、誰が非生産的な生産者かが分かっても、政府が「おまえは生産するな」と命令するのは、全体主義的「計画経済」（かつてのソ連）では可能かもしれませんが、仮にも選挙のある民主主義のもとでは難しいでしょう。そこで、日本政府（当時の農林省）が実際にとった減反政策は、すべての生産者が「少しずつ痛みを

図15 （理想的な）減反と補助金

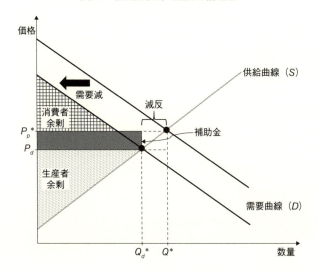

分け合う」という方式でした。つまり、超過需要が（たとえば）30％ある、と予想されるときには、すべての生産者が生産能力の30％のカットに応じるというものでした。全国には限界生産コストが高い非効率的な生産者もいれば、限界生産コストの低い生産性の高い生産者もいます。そのように生産性格差を無視して「（一見）平等な」生産調整を課すと社会余剰はどうなるのでしょうか。

図16がこのような現実的な状況を示しています。すべての生産者が30％の減反に応じたとしましょう。供給曲線は、各価格で、左に30％ほど低い数量になりますから、より傾きがきつい線（S_2）となります（この実現は、単純化していうと、政府が全国農業協同組合中央会（全中）に指示、全中が県の農協を通じて、個別の農協、個別の農家に指示を出すことで行われていました）。供給は、需要が減少する以前の均衡価格 P^* で、需要と一致するように、生産「調整」されます。これができれば、補助金もいらずに、調整に成功することになります。全体主義的な計画経済は成功したのでしょうか？

図16を検討すれば分かるように、この場合の社会的余剰の損失は大変に大きなものになります。黒塗りの部分が社会的な損失になり、これまでのどのケースよりも、損失は大きくなります。その理由は、生産性の高い生産者にも減反を課す

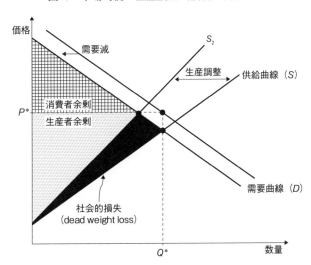

図16　市場均衡　生産調整（個別比例割当）

からです。これは、たんにここでしめしたような机上の計算ではありません。

　コメの生産コストは、生産規模が大きくなるほど低くなります。作付け面積0.5haの農家の生産費は作付け面積10ha以上の農家の生産費のおおよそ倍になります。図16の供給曲線は、生産費の低い生産者から積み重ねて定義していますから（図2を思い出してください）、生産性の異なるすべての農家に少しずつ痛みを分かち合う、というのは、社会的損失を大きなものにするのです。これは、社会全体の余剰を減らしているのですから、政府の所得移転（税収を使って、生産者を助ける）という政策では矯正できない性質のものです。生産資源の非効率的な配分（耕作禁止という負の配分）を課すことで、社会的な損失を招いているのです。このような分析によっていかに、減反政策が、社会的な損失を大きくしていたのかが、分かります。

　また、ケース(1)でとりあげたバター不足の合理的解決策は、輸入を自由化することです。輸入価格（外国の生産者価格）が、日本の国内均衡価格よりも低いという現実的な仮定のもとで、輸入の自由化が、日本の社会的余剰を高めることを余剰分析を使って示すことができます。

付論　最大化・最小化と微分

　経済学ではよく最大化、最小化、という分析道具を使います。これは、経済学が、一般的に、限られた資源をどのように配分するかを考える学問である、といわれることからもごく自然なことです。消費者がどのように働き、どのように消費するのが、個人の効用（満足度）の最大化につながるのか、あるいは、企業が、生産のために労働や資本をどのように投入すると、費用（コスト）を最小化することができるのか、ということが重要な課題であることから、最大化、最小化、が重要な分析道具であることが分かります。そこで、分析にあたり、最低限の数学は必要になります。これが、「微分」です。高校で学習した方も多いと思いますが、ちょっと自信がない、という読者のために、ここで解説をします。十分に自信のある読者は、以下をスキップして、次章へとすすんでください。

微分の復習

　まず微分を使って、最大化の必要条件、十分条件、さらに最小化の必要条件、十分条件を復習しましょう。
　まず、1変数の場合を考えます。そして、微分可能な関数 f を考えます。

$$y = f(x) \tag{1}$$

と書くと、y は x の関数として表されます。
　経済学では、x と y はそれぞれ経済状態を表す変数で、f はその x と y の関係を表しています。多くの場合、x が決まると y が決まる、という因果関係を意味していますが、必ずしも、それが本来の因果関係ではない場合もあるので、応用問題になったときには注意が必要です。
　x を横軸、y を縦軸に図を描きます。関数 f というのは、いかにも無味乾燥ですから、最初からすこし、例をあげて、イメージを持ってもらいましょう。

例1　x を食事量、y を効用（満足度）と考えてもよいでしょう。この場合、食物の摂取量には限界がありますから、x が少ないうちは、x が大きければ y が上がる、という関係がもっともらしいですが、食事量（x）が

ある程度多くなると、効用が上がり続けるわけではないかもしれません。x がある値を超えて上昇すると、「食べすぎ」はむしろ効用を下げるかもしれません。効用 (y) を最大化するような x が存在しているかどうかをどのように見つけることができるのでしょうか。

例2 漁に出る漁師を考えると、x を労働時間、y を漁獲量であると考えることができます。一般に、x が生産を行なうための労働や資本の投入量 (生産に使われる原料や、労働力)、y がその生産活動の結果生まれる生産物であるときに、f を生産関数と呼びます。どの程度の労働時間を選択するかは、労働時間が長くなることによる疲労の度合いと、労働時間が長くなるときの収穫の程度によって決まってくるでしょう。とくに、追加でもう1時間働くときの収穫の増加と疲労の増加の比較が重要な決定要因になることは容易に分かると思います。(なお、この例で、漁獲量を所得と読み替えると、漁師ではなく、時給で働くパートの労働時間選択の問題になります。)

例3 (2変数の例になりますが) 消費者は牛肉 (x_1) と、マグロ (x_2) の消費から効用 (満足度) を得るものとします。それぞれ単位は100gとしておきましょう。牛肉とマグロをバランスよく食することができれば効用 (u) が高まりますが、もし牛肉価格が高騰するようなことがあれば、牛肉消費量を減らして、マグロの消費量を増やすでしょう。では、この牛肉とマグロの消費に向ける予算を y として、牛肉やマグロの需要関数をどのように導くことができるかを、消費者の効用最大化モデルから考えます。ここでも微分を使えば、一発で解答を得ることができます。

ここであげた3つの例を解く上で、「微分」は重要な道具になります。まず、$f(x)$ を x で微分する、というのは、x がある x の値 (x_0) からほんの少しだけ (ε) 変化したときに、$y = f(x_0 + \varepsilon)$ がどれほど変化するか、という増加分の比を測ることです。

では、具体的な例をもって、微分の意味を調べて見ましょう。

$$y = 2\sqrt{x} \tag{2}$$

図1 微分の意味

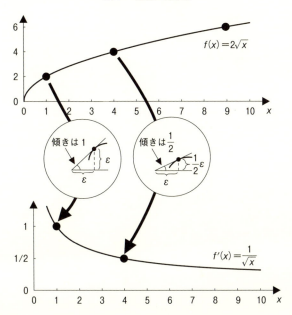

という関係を考えます。あるいは、(1)における f という関数形を(2)の右辺のように特定化した、ということです。なお、なお、$\sqrt{}$ とは、$\frac{1}{2}$ 乗のことですから、これと同じ意味を持つ式をつぎのように表現できます。

$$y = 2(x)^{\frac{1}{2}}$$

微分した関数を $f'(x)$ として表します。**図1**でしめされているように、$f'(x)$ は、x における f の傾きの値を表しています。

ここで、間違わないようにしたいのは、f だけではなく、1階の微分である f' も x によってその値が変わるということです。つまり、f も f' も x の関数ということです。

なお、式(2)における微分、f' のことを、$\frac{dy}{dx}$ と表すことがあります。

表1にて、具体的な関数形を使った説明する際に必要な、いくつかの微分の公式と数値例を示しておきます。

表1　経済学で多用される公式と例示、ただし g と h は微分可能な関数

$f(x)$ がつぎの形の場合に	$f'(x)$ はつぎのとおり	例
x^a	ax^{a-1}	ただし a は実数
例、$a=\dfrac{1}{2}$ の場合 $x^{1/2}=\sqrt{x}$	$\dfrac{1}{2\sqrt{x}}$	ただし、$x>0$。$\dfrac{1}{2}x^{-1/2}=\dfrac{1}{2\sqrt{x}}$ です。このxの平方根、$\sqrt{x}$ は、扱いやすい形状をもっていることから、生産関数などで多用されています。
$\ln(x)$	$\dfrac{1}{x}$	ただし、$x>0$。$\ln(x)$ は自然対数。つまり、$\log_e(x)$ のことです。
$\ln(g(x))$	$\dfrac{g'(x)}{g(x)}$	関数($g(x)$)の自然対数
$g(x)h(x)$	$g'(x)h(x)+g(x)h'(x)$	
$\dfrac{g(x)}{h(x)}$	$\dfrac{g'(x)h(x)-g(x)h'(x)}{(h(x))^2}$	
$g(h(x))$	$g'(h(x))h'(x)$	

　まず、微分が、f が x の増加関数か減少関数かを決めることに便利な手法であることを考えてみましょう。x が、少しだけ増加するときに、y も増加する関係が、ある範囲の x について成り立つ場合に、f は x の増加関数であるといいます。これを微分で表すことができます。

　（1）［増加関数］$f'(x)>0$
f がどのような x の値でも $f'(x)>0$ ならば、f は x の増加関数といいます。あるいは、x の領域を定めて、その領域内では、$f'(x)>0$ が成り立つのであれば、x について、一定の範囲内では増加関数ということもできます。

　（2）［減少関数］$f'(x)<0$
f がどのような x の値でも $f'(x)<0$ ならば、f は x の減少関数といいます。あるいは、x の領域を定めて、その領域内では、$f'(x)<0$ が成り立つのであれば、x について、一定の範囲内では減少関数ということもできます。

　まとめると、つぎのようになります。
［増加関数］$f'(x)>0$　f が x の増加関数であれば、(x,y) 上の f 関数は右上

図2　f、f'、f''の関係

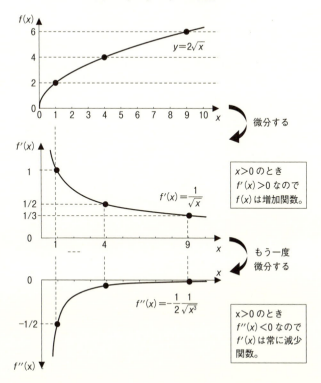

がりになります。

［減少関数］$f'(x) < 0$　f が x の減少関数であれば、$(x、y)$ 上の f 関数は右下がりになります。

　図2で、増加関数の例を表しています。関数形は、$f(x) = 2\sqrt{x}$ です。これは、x が労働時間、y が農作物収穫量（あるいは工業製品組み立て数）という「生産関数」である、と考えて結構です。以下では、$x > 0$ の領域のみを考えます。$f(x)$ は正の値をとります。なお無から有は生まないので $x = 0$ なら $y = 0$、つまり $f(0) = 0$ です。x に平方根が整数になるような、いくつかの数値を代入することで、形状におおよその見当がつきますね。つぎに $f(x)$ を微分します。1階の微分は、$f'(x) = \dfrac{1}{\sqrt{x}}$ になります。$x > 0$ の領域で、$f'(x)$ は

常に正の値をとります。したがって、もともとの関数 $f(x)$ は増加関数であることが分かります。

そして、2階の微分を計算すると、$f''(x) = -\dfrac{1}{2\sqrt{x^3}} < 0$ であることが分かります。

なお、2階の微分 f'' を $\dfrac{d^2 y}{dx^2}$ のように表すこともあります。

つぎに、f が最大値、最小値をとっている場合の必要条件を考えてみましょう。それは、x が、ある値（x_0）ほんの少しだけ変化したときに、y の値が変化しない場合です。つまり、（x_0）よりもほんの少しだけ大きな x、あるいはほんの少しだけ小さな x に対して y は変化していない。つまり微分された f' がその点の近傍で、平らな場合です。

　　　(3)　［停留点］$f'(x_0) = 0$　つまり、$f'(x)$ は、x_0 で 0 の値をとる。

経済学では、最大値、最小値を求める場合に、まず f を微分して、$f'(x) = 0$ となる x_0 を計算します。そこで、

　　　(4)　［1階の条件］$f'(x) = 0$ を最大化、最小化の「1階の条件」と呼びます。

1階の条件は、最大値、最小値の必要条件ですが、十分条件ではありません。$f'(x) = 0$ をみたすような、x_0 が存在しているものとしましょう。$f(x_0)$ が、最大値か最小値か、あるいはそのどちらでもないということはどのようにしたら分かるのでしょうか。（なお、1「回」微分するのですが、数学専門用語では1「階」の微分と書きます。）

一般に、最大化、最小化の必要十分条件はつぎのように表されます。ここでは、「最大値」「最小値」は、ある条件を満たす x（これを x^* と表すことにします）の近傍では最大、最小という意味で使っていて、x の全領域のなかでの最大、最小ではありません。このような「x^* の近傍に限る最大、最小」を厳密には、（数学では）「極大値」(local maximum)、「極小値」(local minimum) と呼びます。経済学の本のなかには、「局所的最大」「局所的最小」と訳している本もあります。

最大化（正確にいうと極大化）の必要十分条件
 (5)　［１階の条件］　$f'(x) = 0$
 (6)　［２階の条件］　$f''(x) < 0$

つまり、(5)式、(6)式を同時にみたすような x を見つけることになります。そのような x が存在していれば、それが、f を最大化（極大化）させる x です。

最小化（正確にいうと極小値）の必要十分条件
 (7)　［１階の条件］　$f'(x) = 0$
 (8)　［２階の条件］　$f''(x) > 0$

つまり、(7)式、(8)式を同時にみたすような x を見つけることになります。そのような x が存在していれば、それが、f を最小化（極大化）させる x です。

 では、最大（極大）値、最小（極小）値を含むような関数形の例をあげておきます。つぎのような関数形です。
$$f(x) = x^3 - x$$
この関数の、１階の微分と、２階の微分はつぎのようになります。
$$f'(x) = 3x^2 - 1$$
$$f''(x) = 6x$$
 これを図のようにすると、**図3**のようになります。１階の条件から分かるように、
$$x = +\frac{1}{\sqrt{3}} \quad or \quad -\frac{1}{\sqrt{3}}$$
は極大、極小の候補です。２階の条件から、$x = +\frac{1}{\sqrt{3}}$ が極大値、$x = -\frac{1}{\sqrt{3}}$ が極小値であることが分かります。しかし、それぞれ、x のすべての値に対しての（global）最大値、最小値になっていないことは、一目瞭然でしょう。
 このようにして、右辺の変数が１変数である場合には、微分をすることで簡単に、極大値、極小値をみつけることができます。そして少し関数形を考えることで、それが最大値、最小値であるかを決定することができるのです。
 ここまでは $y = f(x)$ の関数形が具体的にあたえられると y を最大化あるい

図3 極大値、極小値

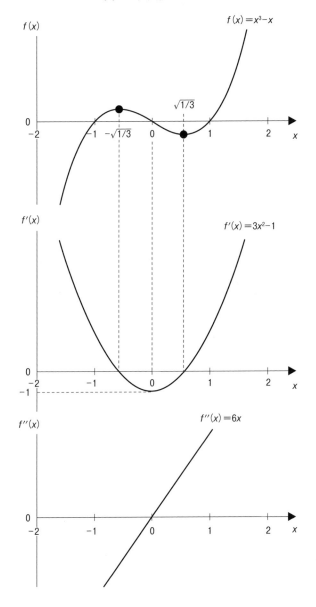

は最小化するような x を微分を使って探し出すことができることを解説しました。ここからは、経済の例を使って、具体的にこの微分による最大化、最小化を試みます。では、冒頭に挙げた例を具体的な数値例にして、微分で解いて見ましょう。

例1 x を食事量、u を効用（満足度）と考えてもよいでしょう。この場合、食物の摂取量には限界がありますから、x が少ないうちは、x が大きければ y が上がる、という関係がもっともらしいですが、食事量（x）がある程度大きくなると、効用が上がり続けるわけではないかもしれません。x がある値を超えて上昇すると、「食べすぎ」はむしろ効用を下げるかもしれません。効用（u）を最大化するような x が存在しているかどうかをどのように見つけることができるのでしょうか。効用関数をつぎのように特定化した例と考えます。

$$u = 10 - \frac{1}{2}x^2$$

1階の微分は、つぎのようになります。

$$\frac{du}{dx} = 10 - x$$

1階の微分の式の値を0にするような x の値を、x^* で表すと、

$$x^* = 10$$

最適の食事量は10であることが分かりました。2階の条件はつぎのようになります。

$$\frac{d^2u}{dx^2} = -1 < 0$$

と、マイナスになりますから、最大値であることが確認できます。

例2 漁師の例です。x を労働時間、y を漁獲量（魚）と考えます。この漁獲の生産関数の数値例を、

$$y = 2\sqrt{x}$$

とします。一方、労働には疲労が伴います。この疲労を c で表すと、

$$c = \frac{1}{3}x$$

であると考えます。(厳密にいうと、この疲労は、魚の単位（グラム）で表されています。) さて、この漁師の効用（満足度）、u、は、漁獲量から疲労を引いたものになります。

$$u = 2\sqrt{x} - \frac{1}{3}x$$

これで準備が整いました。1階の条件を調べます。

$$\frac{du}{dx} = \frac{1}{\sqrt{x}} - \frac{1}{3}$$

そこで、

$$\frac{du}{dx} = 0$$

とするような x を x^* と表すと、

$$x^* = 9$$

となることが分かります。つまり、この漁師は、毎日9時間ほど漁をするわけです。なお、2階の条件は

$$\frac{d^2u}{dx^2} = -\frac{1}{2}x^{-\frac{3}{2}} < 0$$

です。x が正の値ですから、2階の条件は見たされています。

例3 消費者の効用関数は、$u = 2\sqrt{x_1 x_2}$ という数値例を考えます。牛肉の100g（単位）価格が200円、マグロの100g（単位）価格が200円とします。牛肉とマグロに振り向ける予算は1万円としましょう。数学的に問題を書くと、つぎのようになります。

Maximize（つぎの変数を最大化） $u = 2\sqrt{x_1 x_2}$

Subject to（ただしつぎの式を満たすこと） $200x_1 + 200x_2 = 10,000$

ぱっと見ると、効用を決めている変数が x_1 と x_2 と 2 個あることから、いままで復習した 1 変数の微分では解けないと考えるかもしれません。大丈夫です。予算制約式を使って、2 個の x のうち一つを代入消去できます。つまり、予算制約式は

$$x_2 = 50 - x_1$$

と書き換えることができます。これを最大化される効用関数に代入します。

$$u = 2\sqrt{x_1(50-x_1)}$$

ここで、u を x_1 で微分します。

$$\frac{du}{dx_1} = \frac{50-2x_1}{\sqrt{x_1(50-x_1)}}$$

1 階の条件はこれがゼロになることですから、分母をゼロにするような、x_1 が効用最大化を達成する $\{x_1\}^*$ であり、これは簡単に、25 であることが分かります。これを予算制約式に代入すると、x_2 も 25 であることが分かります。こうして、解答は、

$$x_1^* = 25;\ x_2^* = 25$$

ということが分かります。

ラグランジュ乗数法（Lagrange multiplier）

上の数値例を再掲します。

    Maximize（つぎの変数を最大化）　$u = 2\sqrt{x_1 x_2}$

    Subject to（ただしつぎの式を満たすこと）　$200x_1 + 200x_2 = 10,000$

これを上では、予算制約式を使って、ひとつの変数を消去して、1 変数の最大化問題として解きました。これに対して、2 変数を使ったまま、制約付き最大化問題として解くのが、ラグランジュ乗数法です。予算制約を満たすような式（$200x_1 + 200x_2 - 10,000$）にラグランジュ乗数である λ を乗じて、最大化される効用関数から引きます。つまり、

$$L = 2\sqrt{x_1 x_2} - \lambda(200x_1 + 200x_2 - 10,000)$$

L が（制約なしで）最大化される関数形（ラグランジュ関数）となり、最大化する変数は、x_1, x_2, λ の 3 変数となります。多変数関数の最大化は、それぞれ変数についての偏微分がゼロとなることが必要条件です。偏微分とは、多変数からなる関数を、一つの変数についてだけ「微分」（少しだけ動かしたことで左辺の変数がどれくらい変化するか）ということを示しています。ここで ∂ が偏微分記号になります。（このほかに、2 階偏微分をつかった条件が十分条件となりますが、ここではそれを省略します。詳細は、中級ミクロ経済学の教科書、あるいは、経済学のための数学、というジャンルの教科書を参照してください。）

$$\frac{\partial L}{\partial x_1} = \frac{\sqrt{x_2}}{\sqrt{x_1}} - 200\lambda$$

$$\frac{\partial L}{\partial x_2} = \frac{\sqrt{x_1}}{\sqrt{x_2}} - 200\lambda$$

$$\frac{\partial L}{\partial \lambda} = 200x_1 + 200x_2 - 10{,}000$$

このうち、最後の条件は、予算制約式そのものです。

$$\frac{\partial L}{\partial x_1} = \frac{\sqrt{x_2}}{\sqrt{x_1}} - 200\lambda = 0$$

および、

$$\frac{\partial L}{\partial x_2} = \frac{\sqrt{x_1}}{\sqrt{x_2}} - 200\lambda = 0$$

より、

$$200\lambda = \frac{\sqrt{x_2}}{\sqrt{x_1}} = \frac{\sqrt{x_1}}{\sqrt{x_2}}$$

が導かれます。したがって、$x_1 = x_2$ であることが分かります。そこで、これを使って予算制約式の x_2 に x_1 を代入すると、

$$400x_1 = 10{,}000$$

となります。したがって、$x_1{}^* = 25;\ x_2{}^* = 25$ であることが分かりました。

以上のように、2 変数の制約付き最大化問題は、予算制約式を使って一つの変数を代入消去することで、1 変数の最大化問題に変換して解くか、ラグラン

ジュ乗数を使って、制約のない3変数の最大化問題として解くという2つの方法があることが分かりました。慣れると、ラグランジュ乗数を使用するほうが、解きやすいことに気がつくと思います。これは、代入法の場合に、変数が複雑な形をして微分すら面倒な形になることが多いからです。数値例ではなくて、一般的な場合にも同様ですが、効用関数が2変数ではなく、3変数以上の（n変数）一般形の場合には、ラグランジュ乗数を用いて解きます。

一般形

最後に、効用関数を特定化せず、一般の凹関数であるという条件だけで、効用の最大化の条件を求めてみます。

一般形の効用関数における効用最大化

$$\max u(x_1, x_2)$$
$$\text{subject to} \quad p_1 x_1 + p_2 x_2 = y$$
$$L = u(x_1, x_2) - \lambda(p_1 x_1 + p_2 x_2 - y)$$
$$\frac{\partial L}{\partial x_1} = u_1 - \lambda p_1$$
$$\frac{\partial L}{\partial x_2} = u_2 - \lambda p_2$$

ただし、$u_1 = \dfrac{\partial u}{\partial x_1}$, $u_2 = \dfrac{\partial u}{\partial x_1}$ と定義します。

$$\frac{\partial L}{\partial \lambda} = p_1 x_1 + p_2 x_2 - y$$

この3つの偏微分のうち最初の2つの条件は、つぎの式にまとめられます。

$$\frac{u_1}{p_1} = \frac{u_2}{p_2}$$

もうひとつの条件は予算制約式そのものです。

$$p_1 x_1 + p_2 x_2 = y$$

そこで、第一の「最大化の条件」を書き換えてみましょう。

$$\frac{u_1}{u_2} = \frac{p_1}{p_2}$$

ここで $u_1 = \left(\frac{\partial u}{\partial x_1}\right)$ も $u_2 = \left(\frac{\partial u}{\partial x_2}\right)$ も (x_1, x_2) の関数であることに注意しましょう。つまり、u_1, u_2 は定数ではなく、(x_1, x_2) の平面上のどの点かで値が異なるという意味です。

さて、$\frac{u_1}{u_2} = \frac{p_1}{p_2}$ の条件の意味するところは何でしょうか。ここで、$\left(\frac{u_1}{u_2}\right)$ は特定の点 (x_1, x_2) における無差別曲線の接線の傾きになります。u_1 とは、x_2 の値が変わらないまま x_1 が少しだけ増加するときの u の増分を示しています。同様に u_2 とは、x_1 の値が変わらないまま、x_2 が少しだけ増加するときの u の増分を示しています。u の値が変わらないようにしながら、つまり無差別曲線上で、x_1 の増加による効果を x_2 の減少の効果でちょうど相殺するような比率は、

$$-\frac{u_1}{u_2}$$

になります。これが無差別曲線の特定の (x_1, x_2) の点における接線の傾きです。

無差別曲線の接線の傾きの数学的な説明

無差別曲線のある点における接線の傾きをどのように計算すればよいでしょうか。

x_1 と x_2 を少しずつ動かすと、効用 u がどのように変化するか、という問題を考えてみましょう。u の変化分 (du) を、x_1 を少し動かす（＝増分）、つまり (dx_1)、による影響と、x_2 の増分 (dx_2) による影響に分解することができます。x_1 の増分からの「影響」というときには、偏微分を乗ずる必要があります。つまり、3変数の増分の関係はつぎのようになります。（これを全微分といいます。）

$$du = \frac{\partial u}{\partial x_1} dx_1 + \frac{\partial u}{\partial x_2} dx_2$$

ここで、$u_1 \equiv \frac{\partial u}{\partial x_1}$ 及び、$u_2 \equiv \frac{\partial u}{\partial x_2}$ と記号を定義すると、

$$du = u_1 dx_1 + u_2 dx_2$$

と書くことができます。記号に関する重要な注意点は、同じ下付きの1（あるいは2）であっても、u_1 と x_1 では、全く意味が異なることです。u_1 は、u の第一変数についての偏微分の簡略表現であり、x_1 は変数の名前です。

さて、いま無差別曲線上の動きを問題にしているのですから、dx_1 と dx_2 がいろいろな値をとるときも、効用は変わらない（$du = 0$）という条件を課します。

$$0 = u_1 dx_1 + u_2 dx_2$$

これを変形すると、

$$0 = u_1 dx_1 + u_2 dx_2$$

さらに変形して整理すると、

$$\frac{dx_2}{dx_1} = -\frac{u_1}{u_2}$$

であることが分かりました。繰り返しますが、これは、$du = 0$（無差別曲線上）という条件付です。

図4で示したように、無差別曲線の接線の傾きは、無差別曲線上のある点 (x_1, x_2) において、そこから、水平方向に、dx_1 だけ動かしたときに、無差別曲線上にとどまる（$du = 0$）には、垂直方向には、dx_2 だけ動く必要がある、ということです。ここでの注意点は、x_1 を動かしたときの u への影響は偏微分で表されているので、無差別曲線の傾きは、

$$\frac{u_2}{u_1}$$

ではないか、と考えない、ことです。正解とは、分母分子が逆ですし、符号も逆です。誤りはどこにあるかというと、u_1 は (x_1, x_2) の図上では表せない、ということです。u_1 を図上で表そうとすると、(x_1, x_2) 平面と上空への軸が u である3次元のグラフを考えて、x_1 が、上空への影響を計測する、という作業が必要になります。（中級ミクロ経済学の教科書を参照してください。）

効用最大化の条件

したがって最大化の条件は

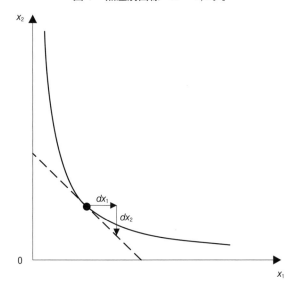

図4 無差別曲線 $u = 2\sqrt{x_1 x_2}$

$$\frac{u_2}{u_1} = \frac{p_2}{p_1}$$

ですから、(x_1^*, x_2^*) では無差別曲線の接線の傾きと2財の価格比、つまり予算制約線の傾きが一致する、ということを意味しています。これが、図をみながら最適の消費バスケットの点を探したものと同じであることを確認してください。

数値例

$$u = 2\sqrt{x_1 x_2}$$

の例を考えます。

$$u_1 = \frac{x_2}{\sqrt{x_1 x_2}}$$

$$u_2 = \frac{x_1}{\sqrt{x_1 x_2}}$$

ですから、

$$\frac{u_1}{u_2} = \frac{x_2}{x_1}$$

たとえば、$(x_1, x_2) = (2, 2)$ であれば $\frac{u_2}{u_1} = 1$、$(x_1, x_2) = (1, 4)$ であれば $\frac{u_2}{u_1} = 4$ となります。

第2章

消費者行動の理論
効用（満足度）最大化の方法は？

　ミクロ経済学の基礎を既に学習していて、効用関数、無差別曲線、最適の消費バスケットについての消費者選択、所得効果、代替効果、などを十分に理解している読者は本章をスキップして、第3章に進んでください。

　経済学とはどのような学問か？　これにはいくつもの答えがあり得るかと思います。一つの考え方は、経済学とは数量が限られた資源（希少資源）を、効率的かつ公平に配分するメカニズムを考える学問である、というものです。希少資源（scarce resources）には、石油、鉄鉱石、森林、水などという自然資源とともに、ひとりひとりの人間のもつ時間や技術も含まれます。これらの「資源」を組み合わせて、消費財・サービスをつくり出すのが生産者です。消費者は消費財・サービスを購入・消費するわけですが、ここで、生産者や消費者はどのように、財・サービスを取引するのかが重要な点になります。財（goods）とサービス（service）の違いは、財が物理的な形があって手に触れることのできる「モノ」であるのに対して、サービスとは形がない「作業」です。両者とも取引の対象となり、多くの場合「対価」が発生しますが、購入した消費者の満足度が高まるということは同じです。自動車や食料品は財ですが、電車に「乗る」という行為、大学で授業を受ける、という行為はサービスです。ここで、生産者や消費者の行動にある一定の仮定をおかなくては議論が先にすすみません。ミクロ経済学では、企業は利潤を最大化する、消費者は効用（満足度）を最大化する、と「仮定」して議論を進めます。したがって、経済学では、最大化、最小化、という分析道具が重要になるのです。

本章では、消費者個人あるいは個別の企業のレベルの意思決定を説明していきます。消費者が、何時間働き、そこから得られる収入で、どのように消費、貯蓄するかが、消費者の効用最大化から解かれます。企業は、生産のために労働や資本を購入して、生産プロセスに投入して、消費財・サービスを生産します。どのような割合で労働と資本を組み合わせると、生産を効率的に行うことができて、利潤を最大化することができるのか、ということが生産者の課題です。

　このように説明すると、最大化、最小化、が重要な分析道具であることが分かると思います。本章では、具体的な数値例を使いつつ、また図を多用して、繰り返し、最大化、最小化の概念を説明します。分析にあたり、最低限の数学は必要になります。数値例を超えて、一般的な問題を解くためには、「微分」の概念が必要になります。高校で学習した方も多いと思いますが、ちょっと自信がない、という読者のためには、第1章の最後に簡単な「最大化・最小化と微分」の付論をつけていますので、微分による分析はそちらを参照してください。

　ここで、本章の道筋をまず説明しておきます。消費者の理論では、つぎのような問題を解いていきます。本書では、消費財は2つ（x_1, x_2）からなる場合だけを検討します。

　第1ステップ：効用関数 $u = u(x_1, x_2)$ を特定化します。

　第2ステップ：価格と予算（消費に使用できる所得）からなる予算制約式を書きます。ここで、価格と予算は、効用最大化を行う時点では、変わらない変数（パラメーター）として考えます。

　第3ステップ：予算制約条件付きの効用最大化問題を解きます。ここで消費者が選択できる変数は、消費財の購入量です。

　第4ステップ：第3ステップの結果、最適の第1財、第2財購入量 x_1^*, x_2^* が、価格と予算の変数として導かれます。

　第5ステップ：価格と予算の変数である x_1^*, x_2^* は、需要関数です。価格や予算が変化すると、需要はどのように変化するか、という問題を考えることができます。

　このような、消費者理論の流れを図1にまとめてみました。

第2章 消費者行動の理論：効用（満足度）最大化の方法は？

図1　消費者理論の流れ

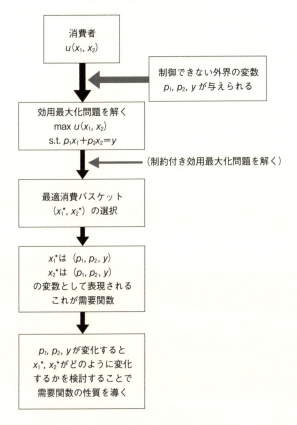

1　消費者の効用

　人々の満足度とは、いろいろな財（goods）やサービス（service）を消費することから生まれると考えます。つまり、衣食住や趣味にお金を使うことで、満足度が高まります。このような消費行動により高まる充足感を、消費者の「効用」（utility）と呼びます。効用というのは、経済学以外では、なじみが少ない単語かもしれません。以下では、「効用＝満足度」、と理解していただいて結構です。消費者の行動は、予算制約の範囲内で、この効用を最大化することである、とミクロ経済学では考えます。

第1章では、需要曲線と供給曲線を定義して、「余剰分析」を解説しました。さらに、それを農業問題へ応用しました。実は、余剰分析には、2つ大きな暗黙の仮定が置かれていました。第1に、人々の限界効用を金銭的に表現することができて、それは異なる消費者の間で比較、合算できる、という仮定です。第2に、需要曲線や供給曲線を描いているあるひとつの財の市場を独立して分析することができて、他の市場との関連を無視していることです。

　この第1の暗黙の仮定の問題点は、消費者余剰という概念の前提そのものです。効用（満足度）の個人間比較可能性といいかえてもよいかもしれません。消費者余剰という概念を導入したところで、この仮定を使っていました。減税によってビール1本を100円安く買えるのであれば消費者余剰は100円と表現することができて、多くの人の個人的余剰を合算して消費者余剰と呼んでいたのです。

　第2の暗黙の仮定は、ビールの需要数量は、ビールの価格のみによって決まる（需要数量が左辺、価格が右辺にはいる関数）という分析をしていましたが、同時にこの需要曲線の位置は、ビール以外のアルコール性飲料とおつまみのような食品（たとえば、ワイン、発泡酒、ウィスキー、枝豆、チーズ、など）の価格や、消費者の所得水準によって決まっているということも説明しました。ビール市場を考えるためには、他の市場も考えなくてはいけません。また他の市場（たとえば、第二のビールといわれる発泡酒）の分析には、ビール市場も考えなくてはいけません。

　たとえば、ビールの製造法に革新が起きて製造コストを大きく下げることができたとしましょう。前章で扱った部分均衡分析では、これは供給曲線の右へのシフトとして表現されます。均衡価格は下がり、消費量は増えます。これは、ビール愛好家の消費者にとっては嬉しいことで、これは消費者余剰の増加として表されます。しかし、ビールの価格が下がれば、それまで発泡酒を飲んでいた人が発泡酒をやめてビールを飲むようになるかもしれません。そうするとそれは発泡酒の市場の需要曲線の左へのシフトを意味します。価格は上昇、消費量は減ります。消費者余剰も減少します。したがって、ビール市場と発泡酒市場は関連していることが分かります。余剰分析では、このような関連する市場への影響については無視していることが分かります。これは、その影響が小さければ、「単純化」として、許されるかもしれませんし、影響が大きくて無視

第2章 消費者行動の理論：効用（満足度）最大化の方法は？

できないはずだ、と批判されるかもしれません。

　消費者余剰分析では、人々の満足度は、金額で表示することができて異なる個人（たとえばA夫とB子）の余剰を加えたり引いたりできるという前提をおいていました。本章で考える効用は、順序づけはできても、絶対的な数値として加減乗除することはできない、と考えます。A夫とB子の効用は比較しようがない、ということで、そういわれてみると、たしかに一般的にはもっともらしい仮定です。では、この余剰分析にはよらない、一般的な仮定にもとづく消費者行動の分析を紹介します。まず簡単な数値例から説明します。満足度を示す程度を「効用」（utility）と呼ぶことにします。

2　効用関数（utility function）

　まず、簡単な数値例からはじめてみましょう。効用（満足度）を u で表すことにしましょう。満足度は、消費する牛肉（x_1）の量（グラム）と、マグロ（x_2）の量（グラム）によって決まるものとします。もちろん現実には、お米や、携帯電話使用など数百品目を消費しているわけです。消費によって u は、0，1，2などの大小関係の分かる数値からなっていますが、単位はなく、その数値が2だからといって1の2倍ということはありません。単に2のほうが1よりも満足度が高いという序列がついているだけとします。x_1 と x_2 の2財を消費するときの効用関数の数値例を検討してみましょう。

$$u = \sqrt{x_1 x_2}$$

なお、$\sqrt{}$ とは、$\frac{1}{2}$ 乗のことですから、これと同じ意味を持つ式をつぎのように表現できます。

$$u = (x_1)^{\frac{1}{2}} (x_2)^{\frac{1}{2}}$$

この式の（x_1, x_2）に具体的な数字（量）の組み合わせをいれると、満足度（効用）の比較ができます。たとえば、

　　（x_1, x_2）=（2, 2）であれば、効用 u は、2です。
　　（x_1, x_2）=（1, 4）であっても、効用 u は、2です。

$(x_1, x_2) = (10, 10)$ であれば、効用 u は、10です。

$(x_1, x_2) = (20, 20)$ であれば、効用 u は、20です。

効用水準は、$(2, 2)$ よりも $(10, 10)$ のほうか、$(10, 10)$ よりも $(20, 20)$ のほうが、高いことが分かります。当然ですね。牛肉もマグロも、より多く消費するので効用が高くなるからです。繰り返しになりますが、効用水準が20といっても10の2倍の満足度、というわけではありません。あくまでも、順序のみが規定されています。では、$(10, 10)$ に比べて、牛肉は少なく、マグロが多い場合を考えましょう。

$(x_1, x_2) = (4, 16)$ であれば、効用 u は、$\sqrt{64} = 8$ です。

つまり、$(4, 16)$ の組み合わせでは、$(10, 10)$ の組み合わせよりも満足度が低いことが分かります。では、$(24, 6)$ はどうでしょうか。

$(x_1, x_2) = (24, 6)$ であれば、効用 u は、$\sqrt{144} = 12$ です。

つまり、$(24, 6)$ の組み合わせは、$(10, 10)$ の組み合わせよりも好まれるということが分かります。消費財の組み合わせを「消費バスケット」(consumption basket) と呼ぶことがあります。このように、効用関数が特定化されていれば、2つの消費バスケットのどちらを好むか（効用が高いのはどちらか）ということが分かります。逆に、消費者にいくつかの消費バスケットの好みの順序を表明してもらうことによって効用関数形を特定することもできます。

3 無差別曲線 (indifference curve)

さて、前節で、効用関数の意味、効用水準の計算と順序づけについての理解がえられたと思います。本節では、効用水準が等しい消費バスケットの組み合わせ（複数個、正確には無限個の可能性もある）がどのような形状をしているのかを調べます。

3.1 コブ・ダグラス型

もう一度前節に出てきた例を思い出してみてください。効用関数が

$$u = \sqrt{x_1 x_2}$$

第2章　消費者行動の理論：効用（満足度）最大化の方法は？

図2　無差別曲線(1)　$u = \sqrt{x_1 x_2}$

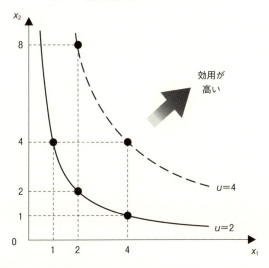

であるときには、

　$(x_1, x_2) = (2, 2)$ であれば、効用水準 u は、2です。

　しかし、実は効用水準が2になるような消費バスケットはたくさんあります。**図2**では、効用水準が2の消費バスケット（実線）と、効用水準が4の消費バスケット（破線）を描いてみました。

　効用水準が2になる消費の組み合わせは、$(2, 2)$ にくわえて、$(1, 4)$ も $(4, 1)$ もあることは、暗算でできますね。そして図に描いたように、それらの点を結ぶ線上の点が全てそうなります。なぜならば、

$$2 = \sqrt{x_1 x_2}$$

を、x_1 について解くと、

$$x_1 = \frac{4}{x_2}$$

となります。そうです、これは、中学校で習った、反比例を表す「双曲線」です。幾何学的にいうと原点に向かって凸で、横軸への距離と縦軸への距離の積が一定である曲線です。

65

図3　無差別曲線(2)　$u = \min[x_1, x_2]$

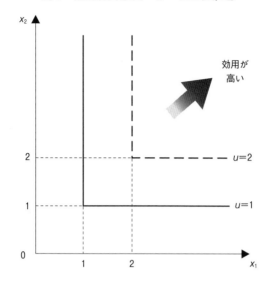

このように、効用水準がある一定水準の消費バスケットの組み合わせ（複数、ときには無限個）を結んだ線を「無差別曲線」(indifference curve)と呼びます。

3.2　完全補完財

一般的にはこのように美しい形の無差別曲線ばかりではありません。効用関数形が異なれば、無差別曲線も大きく異なります。つぎに、つぎのような特殊な例を紹介します。

$$u = \min[x_1, x_2]$$

この場合の無差別曲線は、**図3**でしめしているような、$x_1 = x_2$ の点で直角に曲がるそれぞれ縦軸と横軸に平行に伸びる線になります。x_1 と x_2 は、同量の消費がいちばん効率的な消費で、どちらが偏って多くなっても、効用は高まりません。図3でこのような無差別曲線を表しています。

たとえば、よく例にだされるのが、右足用の靴と左足用の靴の例です。ペアになって初めて効用が生まれるのであって片足分の靴の数が増えていっても効用は高まりません。

3.3 完全代替財

つぎの例は、2つの財の効用を引き上げる効果の比率が、財の消費量のどのような組み合わせでも、変わらない例です。たとえば、牛肉100gとマグロ100gが、同じくらい好ましい（無差別）という人がいます。そして、牛肉100gとマグロ100gが同程度に好ましいという状態が、すでに牛肉を500g食べたあとでも、逆にマグロ100gを食べたあとでも変わらないとします。このような場合、牛肉とマグロは「完全代替財」であると呼びます。つまり、既にどれくらいの牛肉を消費していても、どれくらいのマグロを消費していても、追加的な牛肉100gとマグロ100gは、まったく同じ程度の効用の増加をもたらすのです。数式で書くと、

$$u = x_1 + x_2$$

「コブ・ダグラス型」の効用関数の例では、追加的な牛肉100gと追加的なマグロ100gが同程度の効用をもたらすこともありますが、それは、すでに消費している牛肉とマグロが同量である場合です。

完全代替財の場合の無差別曲線を**図4**で表しています。無差別曲線は右下がりの直線になります。

3.4 限界効用が一定である財

もう一つだけ例を出しておきます。これは効用関数が第1財については消費量を増やすほど、そこから先の消費による効用の増分は小さくなる（限界効用逓減）性質をもつものの、第2財については、追加的な消費増による追加的な効用増は、消費量に無関係にコンスタントである場合です。

$$u = \sqrt{x_1} + x_2$$

この場合には、第2財の消費が効用の単位にもなりうるという性質を持っています。無差別曲線は**図5**のようになります。

ここでは、4つの例を通じて、効用関数の形と、無差別曲線が対応しているということが、理解できたと思います。ここで挙げた例では、ある財の量が多ければ多いほど満足度は上がり続けるという性質を持っています。ただし、こ

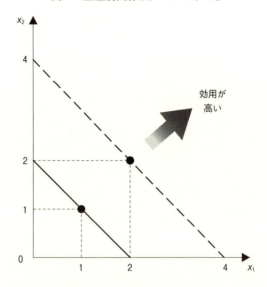

図4　無差別曲線(3)　$u = x_1 + x_2$

れには異論があるかもしれません。現実には、どのような消費財（たとえば神戸牛でも大トロ）でも、膨大な量の消費で満足度が頭打ちになるような量があると考えるのが現実的かもしれません。つまり、同じものを大量消費すると飽きる、という問題です。あるいは、消費するための時間がなくなる、消費することにより健康を害する量に到達する、などの問題が出てくるかもしれません。このときには、効用関数になんらかの変更を加えて、満足度がもうこれ以上高まらないような至福の点（bliss point）が存在するような形とすることが理論的には厳密かもしれません。しかし、財産・所得に限度があるわれわれ庶民にとっては、そのような至福の点を含む効用関数を書くまでもなく、消費を可能にする所得に限りがある（所得制約）ことから、消費量が増えれば効用が高まるという性質の効用関数の範囲内で十分だと考えて、話を先にすすめます。

4　予算制約式

つぎに予算制約という考え方を導入します。消費財を購入するにはお金がかかります。消費財の購入額（価格×量）をそれぞれの財について合計したもの

第 2 章　消費者行動の理論：効用（満足度）最大化の方法は？

図 5　無差別曲線(4)　$u = \sqrt{x_1} + x_2$

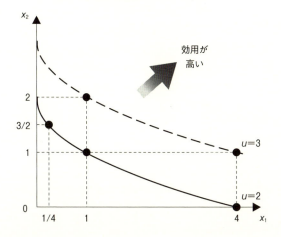

が、消費に使用できる予算額になります。もし予算が青天井であるならば、それこそ無限に消費をすることになりますが、ここは庶民を想定して、最大の満足がいくような量の消費は予算が許さない、ということを前提に話を進めます。

2 財の場合の予算制約式はつぎのようになります。

$$y = p_1 x_1 + p_2 x_2$$

ここで y は消費に使用することができる総予算額です。さらに、p_1, p_2, x_1, x_2 は、それぞれ第 1 財の価格、第 2 財の価格、第 1 財の購入量、第 2 財の購入量となります。消費を増やせば増やすほど効用は高まるとの仮定と、予算を使い残した（貯蓄）場合の効用はゼロであるという暗黙の仮定から、予算は使い切ることが前提となります。ここで、(y, p_1, p_2) にいろいろな数値を当てはめることで、予算制約の線の傾きや位置が変わります。いくつかの例を示してみます。

図 6 では、つぎのような数値例 1 を考えます。

$$\begin{pmatrix} y = 10 \\ p_1 = 1 \\ p_2 = 1 \end{pmatrix}$$

図中の直線が、購入できる第 1 財と第 2 財の組み合わせ (x_1, x_2) を表しています。

数値例 2 では、

図6 予算制約式：数値例1

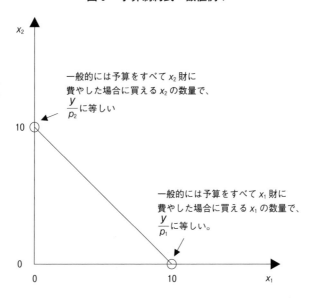

$$\begin{pmatrix} y = 10 \\ p_1 = 2 \\ p_2 = 1 \end{pmatrix}$$

の場合を考えます。例1に比べて、第1財の価格が倍になりました。そうすると、全財産をはたいて第1財を購入した場合に購入できる第1財の量は半分になります。そして、予算制約式の傾きは急になります。これが、**図7**で描かれています。

さて、ここまでは、予算yが現金で与えられていて、今日の買い物でx_1とx_2をどのような割合で購入するか、という問題を考えます。同じ分析の枠組みで、少し別の解釈を与えることもできます。

数値例3では、家計が最初に第1財と第2財をある程度保有していて、そこから、第1財と第2財を交換していくという物々交換の世界を考えます。たとえば、裏庭にリンゴの木と、ミカンの木があって、そこから難なく収穫があるようなケースです。貨幣による予算をもっているのではなく、最初から、財を保有している場合です。最初に保有している財を、初期保有量、あるいは初期

第2章 消費者行動の理論：効用（満足度）最大化の方法は？

図7　予算制約式：数値例2

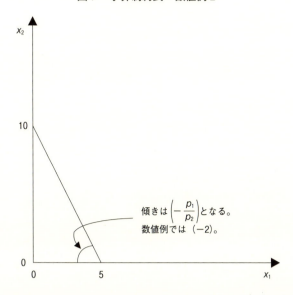

賦存量（initial endowment）と呼びます。しかし、リンゴ（x_1）とミカン（x_2）の好みの程度に差があれば、収穫量をそのまま消費したいとは思わないかもしれません。市場に持っていくと、市場では、リンゴとミカンの物々交換が行われているとしましょう。そうすると、その交換比率が、第1財と第2財の価格比率です。

　ここでリンゴとミカンの初期保有量を変数の上に"ˉ"を付けて表現すると、このときの予算制約式は、つぎのようになります。

$$p_1\bar{x}_1 + p_2\bar{x}_2 = p_1 x_1 + p_2 x_2$$

　整理すると、

$$p_1(\bar{x}_1 - x_1) + p_2(\bar{x}_2 - x_2) = 0$$

となります。これを図に描くと、予算制約式は、**図8**のようになります。予算制約式は、交換比率を価格比と考えると、図6や図7で描いた場合とほぼ同じになります。

　ただ違いもあります。初期保有を貨幣ではなくリンゴやミカンという財で持っている場合には、p_1 と p_2 の価格比が一定であれば、その絶対値は予算制約

図8 予算制約式:数値例3

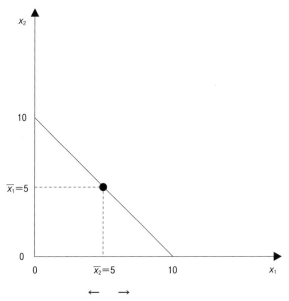

には、影響を与えません。つまり、図8の予算制約線の形状、位置は、$(p_1 = 1, p_2 = 1)$ の場合も、$(p_1 = 2, p_2 = 2)$ の場合も、全く同じになります。一方、図6、図7のように、貨幣をもってショッピングに行く場合には、すべての価格が2倍になって、予算が変わらなければ、予算制約式は左下に平行移動して、購入できる量は、半減してしまいます。(ただし、予算も、価格にあわせて2倍になれば、予算制約式の位置は変わりません。)

つぎに、図8と同じ初期賦存量を保有していて、価格比がつぎのように変化したとしましょう。

$$\begin{pmatrix} p_1 = 2 \\ p_2 = 1 \end{pmatrix} に変化$$

予算制約式の傾きは、$-\dfrac{p_1}{p_2}$ となりますから、この例の場合には、傾きは -2 です。予算制約式は、**図9**のようになります。この予算制約線の傾きは、

第2章　消費者行動の理論：効用（満足度）最大化の方法は？

図9　予算制約式：数値例4

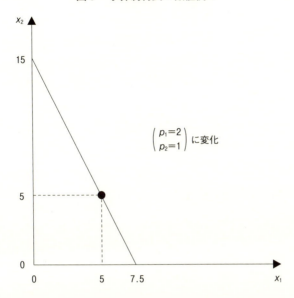

　図7と同じですが、図7とひとつ大きな違いがあります。新しい予算制約線は、例7の予算制約線に比べると（5, 5）の初期保有の点は不動点として、傾きが急（2倍）になるように線を少し回転させたように変化しています。これは初期保有の量は、価格比がどのように変化しても、常にこの消費者が保有し、自家消費の可能性がある組み合わせだからです。価格比がより変化しても予算制約式は（5, 5）を固定して、価格の変化に応じて傾斜を変えていくことになります。これが現金保有の場合と異なります。

　裏庭に、リンゴの木とミカンの木、といってもピンと来ない都市住民の読者も多いかもしれません。では、全ての読者に重要な例を考えましょう。それは、時間の使い方の決定です。毎日、意識しているか、無意識のうちかは別として、人は24時間の使い方を決めています。いま、睡眠やシャワーや、通勤、最低限の家事などで8時間費やすものとしましょう。16時間の使い方を自由に決めることができるとします。これを「初期賦存量」と考えます。リンゴ、ミカンと同じように、最初から、努力せずに保有しているもの（この例では、時間）だからです。

そうすると、この初期保有の16時間の使い方にはどのような選択肢があるのでしょうか。何もしない、あるいは趣味のために時間を使おうとすると、収入はありませんが、満足度は高まります。一方、16時間のうち何時間か働くと、それによって賃金収入を得ることができて、そこから満足度を得ることができます。このように、働いて所得を稼いで消費にまわすか、余暇を楽しむか、の選択を予算制約式に表現してみましょう。

一日に起きていて仕事か余暇に使える総時間 H（数値例では16時間）とします。これを余暇 M と労働 L に使いますから、

$$H = M + L$$

働けば、時給 w で収入 y を得ることができます。

$$y = wL$$

あるいは時間制約を代入して、

$$y = w(H - M)$$

と表現することもできます。

そこで、これを、横軸を時間、縦軸を所得、という2次元に書き入れてみると、**図10**のようになります。時間をすべて余暇に使えば、横軸の初期賦存量の点をそのまま選択することになります。そこから余暇を減らして働くということは、横軸の余暇時間を減らすということで、労働時間を初期賦存量の点から、左に向けて増やしていくことになります。労働時間を測る方向が直感とは逆向きであることに注意してください。

たとえば、つぎのような数値例を考えてみましょう。$H = 16, w = 1$（千円）とします。そこで、8時間労働、8時間余暇を選択すると、賃金収入は $y = wL = 8$（千円）となります。10時間労働を選択すると、賃金収入は10（千円）に増えますが、余暇時間は6時間に減ります。このような余暇時間と労働時間の選択を表しているのが、図10のような余暇、収入の予算制約式です。

つぎの例は、現在の消費と貯蓄（＝将来の消費）の選択です。今期（たとえば今年）の所得が y であるとします。それを現在使って、今期（$t = 1$）のうちに使ってしまうか、貯金して来期（$t = 2$）に使い切るかの選択をしている消費者を考えます。今期の消費財（x_1）と来期の消費財（x_2）の2財があると考えます。

第2章 消費者行動の理論：効用（満足度）最大化の方法は？

図10 余暇、収入の予算制約式

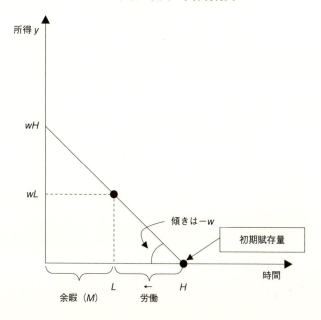

　このような異時点間の消費選択行動も簡単な予算制約式で表現できます。第1財を今年（$t=1$）の財、第2財を来年（$t=2$）の財という解釈をすればよいのです。

　今期消費せずに貯蓄すると、利子が払われます。

　貯蓄（S）は、つぎの式で決まります。$S = y - p_1 x_1$

　この貯蓄額は来年には利子が払われて、来年の消費に使用できる元利合計額は、つぎのようになります。$(1+r)S = (1+r)(y - p_1 x_1)$

　来年の価格が p_2 ですから、来年の財の消費量は、つぎのようになります。

$$x_2 = \frac{(1+r)(y - p_1 x_1)}{p_2}$$

これを整理すると

$$\frac{p_2}{(1+r)} x_2 = (y - p_1 x_1)$$

予算制約式でおなじみの y を左辺にもってくると、

図11 異時点間の消費選択行動

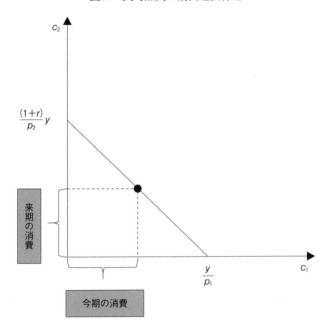

$$y = p_1 x_1 + \frac{p_2}{(1+r)} x_2$$

となります。つまり、2期モデルで考えるときには予算制約式の傾き（第1財の価格と第2財の価格比）に、「利子率」という要素がはいることが分かります。

このような予算制約式は、**図11**で示してあります。

図中の予算制約式の傾きは、$-\dfrac{(1+r)p_1}{p_2}$ となります。さて、このように第1財を今年の消費財、第2財を来年の消費財、と考えると、じつは第2財の価格は来年実現するであろう価格 p_2 と利子率で決まることが分かります。

将来の消費のために今期は貯蓄する、という解釈でしたが、貯蓄は将来の消費である、時間をかけてでも（一生かけて）予算は使い切ると考えれば、予算制約式とは一生の予算制約式であると考えて一般化することもできます。

さて、ここまで長々と予算制約式の例を説明してきたのには理由があります。経済学では、簡単なモデルを使いますが、「解釈」を変えることによって、さまざまな場面に適用できると考えるのです。この消費者の効用最大化問題でも、第1財や第2財をいろいろなものに置き換えることで、さまざまな問題を考えることができることが分かったと思います。このように簡単なモデルを使うと、経済学を学ぶもの同士の意思疎通が速くなるのです。

5 効用最大化

消費者が消費計画をたてるうえで重要な変数は、消費に使用可能な予算額 (y) と、購入しようとしている消費財の単位価格です。前節までで定義をした効用関数(あるいは無差別曲線)と予算制約式から、どのようにして最適な(=効用を最大化する)消費財の組み合わせ(消費バスケット)を決定するかを、まず数値例をつかって説明しましょう。

5.1 数値例(1) コブ・ダグラス型

第3節で説明した無差別曲線と、第4節で説明した予算制約式を組み合わせることで、消費者の効用最大化の問題を、図を使って説明することができます。

効用関数は、一般的には、$u = u(x_1, x_2)$ ですが、数値例では、$u = \sqrt{x_1 x_2}$ です。予算制約式は一般的には、$p_1 x_1 + p_2 x_2 = y$ ですが、数値例では、$(p_1, p_2) = (1, 1)$, $y = 4$ です。

図解

数値例を**図12**でみていきます。

図中で、予算制約付き効用の最大化とは、予算制約式をみたす線(これを予算制約線と呼ぶことにします)の上で、いちばん高い効用を達成できる消費財の組み合わせを選択することです。(予算制約線上の点だけを考えるというのは、正確には、予算制約式と縦軸および横軸で囲まれる(予算制約線の左下を含む)三角形の部分というべきなのですが、財は多ければ多いほど効用は高く

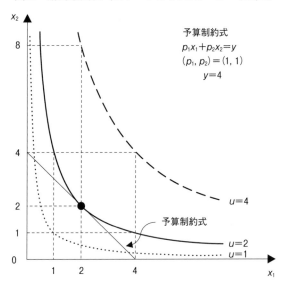

図12 効用最大化（コブ・ダグラス型） $u = \sqrt{x_1, x_2}$

なる、つまり、至福点はないという仮定により、予算制約線上の点だけを考慮すればよいのです。)

では、効用がいちばん高い点はどのようにして見つけることができるかを考えましょう。予算制約線上のひとつの点には、ひとつの無差別曲線が交わっているので、いちばん効用の高い無差別曲線が交わる点を発見すればよいのです。たとえば、$u = 1$ の無差別曲線は、予算制約式と2箇所で交わりますが、この2箇所で挟まれる予算制約線の部分に交わる無差別曲線の効用水準は、$u = 1$ よりは高いことが分かります。このようにして、より高い効用を持つ無差別曲線を絞り込んでいくと、最大の効用をもつ無差別曲線は $u = 2$ であることが分かります。この $u = 2$ の無差別曲線は、予算制約式にちょうど一点で接するようなものになることが分かります。つまり、$(x_1, x_2) = (2, 2)$ が、予算制約付き効用最大化の点であることが分かります。図12でこのような例を示しています。

このような図による直感的な効用最大化を、数学的に解くとどのようになるかを、つぎに示します。

「接線」の概念を、数学的に考える

上の説明では、無差別曲線上で「予算制約式にちょうど一点で接するような点」を見つける、と簡単に書いてしまいました。数値例の場合は、このような点を実際に計算して見つけることができます。効用関数 $u(x_1, x_2)$ から導かれる無差別曲線のある消費バスケットの組み合わせ (x_1, x_2) における、接線の傾きはつぎのようになります。（導出は第1章の付論を参照。）

$$-\frac{\frac{\partial u}{\partial x_1}}{\frac{\partial u}{\partial x_2}}$$

ここで、∂ は、偏微分記号で、2変数からなる効用関数を一つの変数だけについて微分する、という意味です。この値は、(x_1, x_2) に依存して決まります。つまり、(x_1, x_2) が変化すれば、この偏微分の比も変化します。一方、予算制約線の傾きは、つぎのようになります。

$$-\frac{p_1}{p_2}$$

したがって、接線が予算制約線の傾きに一致する点が、効用最大化の点ですから、予算制約式をみたしつつ、つぎの条件を満たせばよいのです。

$$-\frac{\frac{\partial u}{\partial x_1}}{\frac{\partial u}{\partial x_2}} = -\frac{p_1}{p_2}$$

効用最大化問題を計算問題として解く

制約付き最大化問題はつぎのように書くことができます。一般的な効用最大化はつぎのようになります。（max とは最大化、subject to はつぎのような制約条件付きで、ということです。）

$$\max U(x_1, x_2)$$
$$\text{subject to} \quad p_1 x_1 + p_2 x_2 = y$$

ですが、図12で示した数値例では、つぎのようになります。

$$\max \sqrt{x_1 x_2}$$

$$\text{subject to} \quad x_1 + x_2 = 4$$

予算制約式は、つぎのように書き換えることができます。

$$x_2 = 4 - x_1$$

これを、効用関数に代入すると、$u = \sqrt{x_1(4-x_1)}$ と書き換えることができます。これで制約条件なしの、一変数の最大化問題になりましたから、最大化される点を見つけるためには、効用 u を x_1 で微分することがてがかりになります。（詳しくは第 1 章付論の最大化・最小化の解説をみてください。）

$$\frac{du}{dx_1} = \frac{1}{2} \frac{(4 - 2x_1)}{\sqrt{x_1(4-x_1)}}$$

ここで、最大値、最小値は、$\frac{du}{dx_1} = 0$ となるような x_1 を見つけることです。これを 1 階の条件と呼びます。これは、上の式の分子がゼロになることですから、$x_1 = 2$ であることが分かります。そして、これを予算制約式に代入すると、$x_2 = 2$ であることが分かります。（2 階の条件を調べると、この点は最小値ではなく、最大値であることが分かります。）効用を最大化する最適の消費バスケットは、

$$(x_1^*, x_2^*) = (2, 2)$$

であることが分かります。ここで、「*」は、「最適の」という意味です。

つぎに、効用関数は変わらないまま、価格が変化したときに、最適の消費財購入バスケットがどのように変わるかを考えるのですが、これは、少し詳細な議論を必要とするので、次節で行います。

5.2 数値例（2）完全補完財型

つぎに、$u = \min[x_1, x_2]$ の例を考えます。これは、2 つの財が「補完財」であるケースです。図 3 で無差別曲線を解説しました。これに、予算制約線を描き加えたのが、**図13**です。予算制約線の数値例は、

$$x_1 + x_2 = 4$$

です。

図13 効用最大化(完全補完) $u = \min[x_1, x_2]$

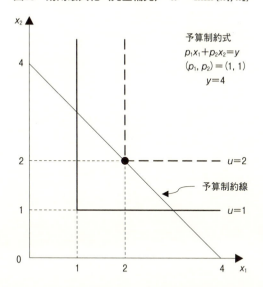

　無差別曲線のうち、$u = 1$ を考えると、予算制約線と2点で交わっています。そして、図12の場合と同様に、予算制約線上の2点の間の点は、すべて $u = 1$ よりも高い効用水準を持っています。

　そこで、効用が最大化される点を求めると、L字型の無差別曲線の角となる点が、ちょうど予算制約線上に乗っているような無差別曲線を求めることとなり、$u = 2$ となることが分かります。これを、図13で描いています。最適バスケットは、

$$(x_1^*, x_2^*) = (2, 2)$$

です。

　つぎに、価格が変化した場合に、最適消費バスケットが変化するかどうかを検討しましょう。価格が、

$$(p_1, p_2) = (1, 1)$$

から、

$$(p_1, p_2) = (1.5, 0.5)$$

に変化したとしましょう。第1財の価格が5割高となり、第2財の価格は、半額になった場合です。所得が4のまま変わらなければ、(p_1, p_2) という価格の

図14 効用最大化（完全補完）と複数予算制約線

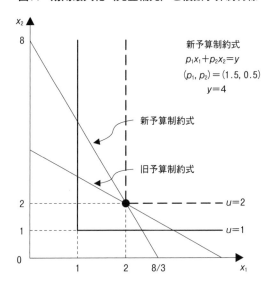

組み合わせを「価格体系」と呼ぶことにすると、新しい価格体系のもとで、予算制約式は

$$1.5x_1 + 0.5x_2 = 4$$

となります。これを、**図14**で描いています。予算制約線の傾きは、価格比の変化に応じて、変化します。実は、あたらしい価格体系であるにもかかわらず、最適消費バスケットは、

$$(x_1^*, x_2^*) = (2, 2)$$

で変わりません。つまり、価格が安くなったからといって、その低価格のほうの消費を増やすということはありません。

　もう少し一般化して説明すると、完全補完財のケースでは、ある価格と所得のもとで決まる「最適消費バスケット」は、新しい価格体系においても、予算に合致するなら最適消費バスケットであることが分かります。

5.3　数値例（3）完全代替財型

　つぎに、完全代替型の効用関数と、予算制約式を組み合わせてみましょう。完全代替型の効用関数は、２財が一定の比率であれば、効用として無差別であ

図15 効用最大化(完全代替)複数解

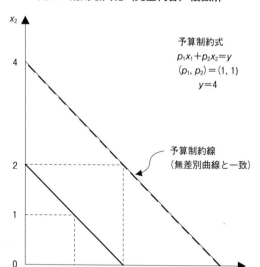

るということで、無差別曲線が直線になる、ということを説明しました。これと、直線である予算制約線を組み合わせるとどうなるでしょうか。ここでは、効用関数が、図4で検討した、つぎの形である場合を考えます。

$$u = x_1 + x_2$$

ここで、価格と所得が、$(p_1, p_2, y) = (1, 1, 4)$ であるとしましょう。このとき、**図15**にあるように、予算制約式と$u = 4$の無差別曲線が、ぴったり重なり合うことが分かります。つまり、

$$4 = x_1 + x_2$$

を満たす(x_1, x_2)は、すべて最適点であり、無差別であることが分かります。これは、(x_1, x_2)平面上で、直線である効用関数の傾きと、予算制約線の傾きがたまたま同じであることから起きる現象です。

つぎに、価格を変化させてみましょう。いま所得に変化がないまま、価格が

$$(p_1, p_2) = (1, 1)$$

から、

$$(p_1, p_2) = (1, 2)$$

図16 効用最大化（完全代替）コーナー解

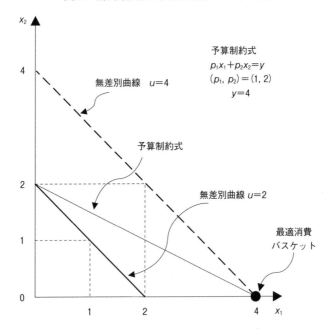

に変化したとしましょう。そうすると、効用関数の傾きと予算制約線の傾きが異なることになります。**図16**で、このような状況を描いています。

予算制約線上の各点の効用水準を考えてみましょう。縦軸との交点、$(0, 2)$では、$u = 2$です。そこから予算制約線上を右下に動いていくと、効用水準は上がり続けます。そして、横軸との交点、$(4, 0)$では、$u = 4$になっています。そして、この横軸との交点が最適消費バスケットになっています。

このように、完全代替財の場合（つまり、無差別曲線が直線の場合）には、無差別曲線の傾きと予算制約線の傾きが一致するような例外的な場合を除き、最適消費バスケットは、縦軸との交点か、横軸との交点になります。つまり、予算の全てを、どちらかの財につぎ込むのが最適となります。このような場合を**コーナー解**（corner solution）といいます。

5.4 一般形

以上、効用関数が特殊な形をしている場合を想定して、数値例によって分か

りやすく効用最大化を説明してきました。ここで、一般的な効用関数の場合を
もちいて、効用最大化を説明します。多くのミクロ経済学教科書では、ここか
ら始まります。

　消費者の理論の基本では、効用関数 $u = u(x_1, x_2)$ を持つ消費者が、予算制約
式

$$p_1 x_1 + p_2 x_2 = y$$

の制約のもとで、効用を最大化することが想定されます。ここで、効用関数 u
は、凹関数である、という仮定をおきます。凹関数の数学的定義は第 1 章の付
論に譲りますが、凹関数とは、ある効用水準 ($\bar{u}$) をもたらす無差別曲線上の
任意の 2 点を選んで、その 2 点を結ぶ直線を描くとその 2 点間の直線上のどの
点の効用水準も、無差別曲線の効用水準と同水準か、それよりも高い、という
ことです。コブ・ダグラス型も、完全代替のケースも完全補完のケースも、効
用関数は凹関数です。念のため、コブ・ダグラス型効用関数が、凹関数である
ことを**図17**で説明しておきましょう。図17では、$u = 2$ の無差別曲線上の 2 点
を選択します。ここでは例として (1, 4) と (4, 1) の 2 点が選ばれています。
さて、選ばれた 2 点の効用水準は、同じ無差別曲線上の点ですから、どちらも
$u = 2$ です。では、(1, 4) と (4, 1) の 2 点を直線でむすび、その直線上の
(1, 4) と (4, 1) の 2 点の区間の効用水準を考えてみましょう。図からあきら
かなように、この区間上の点はすべて $u = 2$ の無差別曲線の右上にあるため、
効用水準は 2 よりも高いことが分かります。したがって、コブ・ダグラス型効
用関数は凹関数であることが分かりました。

6　コブ・ダグラス型効用関数の特徴

　つぎに、完全補完でもなく、完全代替でもない、よりもっともらしい状況を
考えます。もう一度、コブ・ダグラス型の効用関数を考えてみましょう。

$$u = \sqrt{x_1 x_2}$$

　どのようにして、最適な消費バスケットを選択するかは、数値例を5.1小節
で検討しました。本節では、予算制約式は数値例ではなく、価格と予算の組み

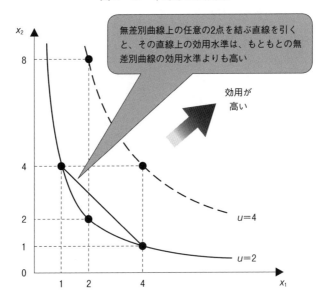

図17 $u = \sqrt{x_1 x_2}$ は凹関数

合わせの記号のまま、最適消費バスケットを導出します。その上で、価格の変化、予算の変化が、消費バスケットを変化させるかを検討します。予算制約式は、

$$p_1 x_1 + p_2 x_2 = y$$

です。数値を当てはめないで、記号のまま、最適消費バスケットを導出します。まず、予算制約式を x_2 について解きます。

$$x_2 = \frac{y - p_1 x_1}{p_2}$$

これを効用関数に代入します。

$$u = \sqrt{x_1 \left(\frac{y - p_1 x_1}{p_2} \right)}$$

これで、効用関数は、消費者が自分でコントロールできる変数である x_1（第1財の消費量）と、消費者にとってはコントロールできない変数の組み合わせ、(p_1, p_2, y)、つまり、（第1財の価格、第2財の価格、予算）からなっています。そこで、x_1 で微分して1階の条件を求めます。

第2章 消費者行動の理論:効用(満足度)最大化の方法は?

$$\frac{du}{dx_1} = \frac{1}{2} \frac{\left(\frac{y-2p_1x_1}{p_2}\right)}{\sqrt{x_1\left(\frac{y-p_1x_1}{p_2}\right)}}$$

最大化のための1階の条件は、$\frac{du}{dx_1}=0$ですから、そのためには、右辺の分子が0にならなくてはいけません。つまり、

$$x_1^* = \frac{y}{2p_1}$$

となることが分かります。ここで、「*」記号は、最大化問題を解いて導かれた「最適」の第1財購入量であることを示しています。これを予算制約式に代入して、第2財の「最適」購入量を導くと

$$x_2^* = \frac{y}{2p_2}$$

であることが分かります。ここで、この x_1^* は、第1財の需要関数、x_2^* は、第2財の需要関数です。需要関数とは、予算制約付き効用最大化問題を解くことで得られる、最適の第1財と第2財の購入量を、消費者にとって与えられた変数(パラメーター)である第1財の価格、第2財の価格、予算、つまり (p_1, p_2, y) の関数として表したものということになります。

ここで、注意すべき点が2つあります。

第1に、一般に第1財も第2財も需要関数は、(p_1, p_2, y) の関数になるのですが、ここで例として検討した、コブ・ダグラス型の効用関数から得られる第1財の需要関数は、第1財の価格 (p_1) と予算額 (y) の関数で、第2財の価格 (p_2) には依存しない、という点です。同様に、第2財の需要は、第2財の価格 (p_2) と予算額 (y) の関数で、第1財の価格 (p_1) には依存しません。しかし、これは、コブ・ダグラス型の効用関数の特徴であって、一般の効用関数形では出てこない性質です。一般の効用関数では両財の需要関数とともに (p_1, p_2, y) の変数に依存して決まります。

第2に、コブ・ダグラス型の効用関数から導かれる需要関数において、1つの財の購入額は、価格の水準にかかわらず一定となる、という性質があります。

これは、上の需要関数を、つぎのように変形すると分かります。

$$x_1^* = \frac{y}{2p_1}$$

の両辺に p_1 をかけて、

$$x_1^* p_1 = \frac{y}{2}$$

つまり、第1財の購入額（$x_1^* p_1$）は、常に予算の半分であることが分かります。x_1^* は需要関数ですから、(p_1, p_2, y) の関数です。p_1 が変化すれば、x_1^* も変化するのです。コブ・ダグラス型効用関数では、p_1 が倍になれば、x_1^* は半分になる、ということです。

コブ・ダグラス型効用関数の一般形

これまで、コブ・ダグラス型効用関数と呼んでいたのはつぎの関数です。

$$u = \sqrt{x_1 x_2}$$

これは、平方根で記述していますが、つぎのように書くこともできます。
$$u = (x_1)^{\frac{1}{2}}(x_2)^{\frac{1}{2}}$$
では、これを、一般化して、つぎのような効用関数を考えてみましょう。
$$u = (x_1)^{\alpha}(x_2)^{1-\alpha}$$
これはコブ・ダグラス型関数の一般形で、これまで検討してきたのは、$\alpha = \frac{1}{2}$ の特殊ケースであったことが分かります。では、このような一般化されたコブ・ダグラス型の需要関数はどのようになるでしょうか。数値例と同様に、ラグランジュ乗数を使って解くと、答えはつぎのようになることが分かります。

$$x_1^* = \alpha \frac{y}{p_1}$$

$$x_2^* = (1-\alpha) \frac{y}{p_1}$$

α は第1財への支出割合、$(1-\alpha)$ は、第2財への支出割合になることが分かります。

第2章 消費者行動の理論：効用（満足度）最大化の方法は？

コブ・ダグラス型効用関数とドン・キホーテ

『ドン・キホーテ』という物語を御存知でしょうか。（小売量販店ではありません。）セルバンテス作の小説、風車を巨人と思い込み、ヤリをもって突進する、ということで有名ですね。ところで、主人公は、どうやらコブ・ダグラス型の効用関数を持っていたようなのです。その証拠につぎの一節を読んでみてください。

「昼は羊肉よりも牛の勝った煮込み、たいていの晩は昼の残り肉へ玉ねぎなど刻みこんだサラダ、土曜日に塩豚の玉子あえ、金曜日にレンズ豆、日曜だと小鳩の一皿ぐらいそえて、それだけに収入の四分の三が消えた。残るところは、厚羅紗の長マント、物日用びろうどのズボン、同じ布の沓カバーにつかい、週のふだんの日には、極上のベリョリ織ですましていた。」

　　セルバンテス作、永田寛定訳、『ドン・キホーテ』正編（1）、岩波文庫、1948年6月20日刊行、111頁。

つまり、所得のうち4分の3は食料に使い、4分の1は衣料に使っていた、ということが読み取れます。価格についての記述がないので、食料と衣料の価格比がどうであれ、この配分が変わらなかったと解釈すると、ドン・キホーテの効用関数は、$u = (x_1)^{\frac{3}{4}}(x_2)^{\frac{1}{4}}$、ただし、第1財は食料、第2財は衣料、であったことが分かります。

コブ・ダグラス型効用関数と飲酒節制

私は、最近、医者から、「アルコールの量」を減らすようにとアドバイスを受けました。ワインが好きな私としては、どうしたものか、と思案したのですが、妙案を思いつきました。私のワインを含む効用関数がコブ・ダグラス型であることに気がついたのです。つまり、ワインの価格が変化したときの私のワインの消費量が、反比例して変化するのです。結果としてワインにかける消費額は、変わりません。これは、コブ・ダグラス型の証拠です。したがって、アルコール量を減らすには、「安いワインは飲ま

ない、高額のワインしか飲まない」と決意することがいちばんなのです。この決意をして、実行しました。その結果、アルコール量摂取量は減り、お医者さんから褒められました。

7　年金支給額のインフレ調整はどうあるべきか

　ここまで学んだ消費者の理論は、無味乾燥で、現実にどう役に立つのか分からない、という読者もいるかもしれません。しかし、この単純にみえる理論の説明も、実は現実に大きな応用力を持っています。

　実践的かつ具体的な問題について、本章で学んだことの応用を試みます。多くの国の年金制度では物価上昇が起きたときに年金生活者の生活が困窮しないように、年金額を物価の上昇率にあわせて上昇させるように規定しています。たとえば、消費者物価上昇率（インフレ率）が、5％であれば、年金支給額も5％引き上げるというように規定していることが多いのです。5％のインフレ率を完全にカバーする所得補填と考えても良いでしょうし、インフレが起きる前に消費していた消費バスケットを引き続き購入できるような年金引上げと考えてもよいでしょう。では、インフレ率が5％であるとき、年金支給額を5％引き上げるのが、適切なのでしょうか？

　図18は、図12を再掲のうえ、第2財価格が1（万円）から2（万円）へと、2倍になった場合を考えています。新しい予算制約式は、

$$x_1 + 2x_2 = 4$$

となり、これば、横軸との交点が4、縦軸との交点が2の直線となります。最適な消費バスケットは、

$$x_1^* = 2$$
$$x_2^* = 1$$

となることが分かります。

　第1財の物価上昇率は、0％です。第2財の物価上昇率は、100％になります。平均物価上昇率の計算では、それぞれの財の物価上昇率の加重平均を計算します。加重平均のためのウェイトは、インフレが起きる前の、それぞれの財

第2章 消費者行動の理論：効用（満足度）最大化の方法は？

図18 無差別曲線と予算制約線(1)

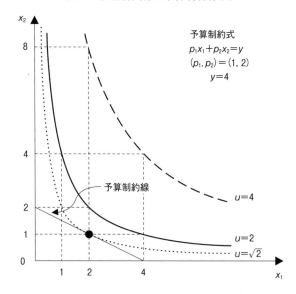

への支出の割合とします。専門用語では、このようにして計算されるインフレ率を、ラスパイレス型指数（Laspeyres Index）と呼びます。インフレが起きる前には、第1財と第2財へ、半々に支出していたので、インフレ率は、

$$\pi = \frac{1}{2}(0\%) + \frac{1}{2}(100\%) = 50\%$$

と計算されます。そこで、インフレ率50％の場合の年金も50％引き上げることを考えましょう。年金所得は4（万円）でしたので、これを6（万円）に引き上げることにします。

では、インフレが起き、しかも年金が引き上げられたあとの予算制約式を考えてみましょう。

$$x_1 + 2x_2 = 6$$

です。このような予算制約線を考えると、**図19**のようになります。たしかに、インフレ前の消費バスケット（2, 2）は消費可能です。これはインフレ前の消費バスケットの購入を可能にする所得保障をうけたからです。しかし、インフレ後の価格とインフレ調整のための引上げ後の所得のもとでは、(2, 2) はも

図19 無差別曲線と予算制約線(2)

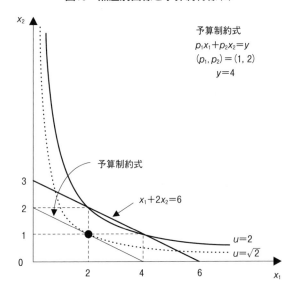

はや最適消費バスケットではなくなるのです。このことは、図19で、新しい予算制約線が、$(2,2)$ で無差別曲線の接線になっていないからです。新しい予算制約線は、$(u=2)$ の無差別曲線よりも右上に出ている部分があることが分かります。この区間では、$u=2$ よりも高い効用を実現しています。

どうしてこのようなことが起きるかというと、価格は変化したときには、消費者が行動パターンを変えて、相対的に高くなった商品の購入を減らし、相対的に安くなった商品の購入を増やすからなのです。したがって、新しい価格体系（予算制約線）の場合には、完全にインフレ率と比例した所得補償は、インフレが起きる前の効用レベルよりも高い効用水準を達成することになるのです。

一見、公正と映る、インフレ率にフルに見合った所得補償は、過剰補償になるのです。年金制度では、たとえば、2％のインフレ率のときには、前年と同じ効用を達成するには、2％以下の年金増加額で十分なのです（しかし、具体的に所得補償のための年金額引上げが何パーセントならば、効用を維持できるかは、いろいろな仮定を置かないと、計算できません）。

8 需要関数

効用最大化の作業を通じて、消費者は、自分が決定できない「外界から」与えられた変数（価格と所得）をもとに、自分の消費数量について決定すると説明してきました。数値例では、具体的な関数形が解かれているので、与えられた変数（パラメーター）のうち、ひとつの変数だけが変化すると、消費数量がどのように変化するかが、分かります。この作業をするときには、他の変数は変化しないものと考えます。たとえば、第1財の（最適）購入数量が、第1財の価格が変化したときにどのように変化するかを考えることができます。これを、需要関数と呼びます。そうです、第1章で説明した需要関数がこれです。

コブ・ダグラス型の場合

第1財の需要関数は、

$$x_1^* = \frac{y}{2p_1}$$

です。ここで、$y = 4$ の場合を考えると（コブ・ダグラス型ですので、p_2 は需要関数に入っていませんが、一般的な効用関数から導かれる需要関数では、p_2 も第1財の需要に影響を与えます。）

$$x_1^* = \frac{2}{p_1}$$

となりますから、横軸 x_1、縦軸 p_1 の平面に需要関数を描くと、

$$p_1 = \frac{2}{x_1}$$

です。図20のようになります。価格が上昇すると、需要が減る、という関係をみてとることができます。

完全補完の場合

5.2小節で検討した $u = \min[x_1, x_2]$ の例を思い出してみてください。予算制約式の数値例は、

図20 需要関数（コブ・ダグラス型）

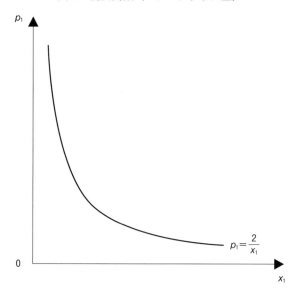

$$x_1 + x_2 = 4$$

とすると、価格にかかわらず

$$x_1^* = 2$$

となります。したがって、この場合の需要関数は、価格が変わっても、需要は変わらないことになります。需要曲線は、

$$x_1 = 2$$

という垂直線になります。図21のとおりです。ただし、y が「4」ではない場合は、$x_1 = \dfrac{y}{2}$ の値で、垂直線になります。

完全代替の場合

$$u = x_1 + x_2$$

ここで、価格と所得が、$(p_2, y) = (1, 4)$ であるとしましょう。予算制約式は、

$$4 = p_1 x_1 + x_2$$

となりますが、最適の購入はコーナー解であることを説明しました。

第2章 消費者行動の理論：効用（満足度）最大化の方法は？

図21　需要関数（完全補完）

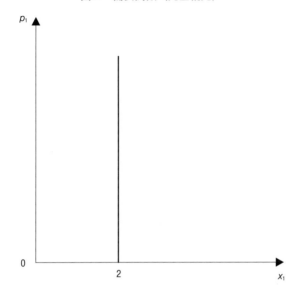

価格が、$0 < p_1 < 1$の場合は、すべての予算をx_1の購入につぎ込むのが最適で、

$$x_1 = \frac{4}{p_1}$$

価格が、$1 < p_1$のときは予算をすべてx_2の購入につぎ込むのが最適で

$$x_1 = 0$$

となります。$p_1 = 1$のときには、x_1は、0から4の範囲でどこになるか、このモデルでは決められません。このような需要関数を**図22**で描いています。

9　代替効果と所得効果

　予算制約付き効用関数最大化問題を解くことと、図で予算制約線の上で無差別曲線との接点を探す作業は同じである、ということは、コブ・ダグラス型の効用関数で繰り返し説明してきました。ここで、価格の異なる予算制約線に該当する2つの効用最大化点を復習してみましょう。基本形は、つぎの効用最大化問題です。

図22 需要関数(完全代替)

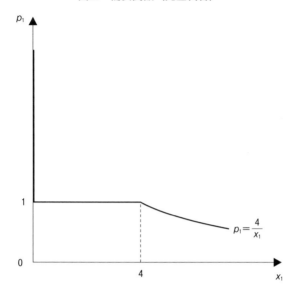

$$\max u = \sqrt{x_1 x_2}$$

subject to $p_1 x_1 + p_2 x_2 = y$

ここで、$y=4$ の数値例を考えて、価格体系が $(p_1, p_2) = (1, 1)$ から、$(p_1, p_2) = (1, 2)$ へと変化したと考えましょう。

(A) 変化前の価格体系。$(p_1, p_2) = (1, 1)$ のケースは、図12で示したとおりです。効用最大化の点は、

$$(x_1^*, x_2^*) = (2, 2)$$

でした。(x_1, x_2) 平面上で、この点を状態 A と呼ぶことにします。効用は、$u=2$ を達成できる、ということが分かっています。

(B) 変化後の価格体系。$(p_1, p_2) = (1, 2)$ のケースは、図18で示したとおりです。効用最大化の点は、

$$(x_1^*, x_2^*) = (2, 1)$$

でした。この点を状態 B と呼ぶことにします。効用は、物価上昇以前よりは低くなり、$u = \sqrt{2}$ を達成できる、ということが分かっています。この状態 A と状態 B を同じ図に表したのが、**図23**になります。

第 2 章　消費者行動の理論：効用（満足度）最大化の方法は？

図23　2つの価格体系と効用最大化点

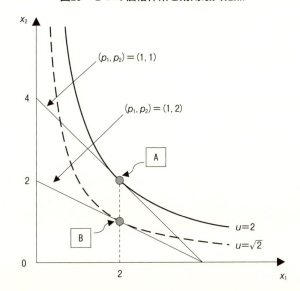

　さて、状態 A から状態 B への変化は、つぎの 2 つの変化に分解して考えることができます。状態 A から、新しい価格体系に移行しつつも、状態 A の効用水準（$u=2$）を維持するような状態 C を考えます。状態 A から状態 C への変化は、効用水準を変えないようにするときの、価格変化に対応した需要量変化であり、実際には観察されない、いわば架空の変化です。また、このときに必要になる所得（新しい価格体系で、変化前の効用水準を達成するための所得）は、あとから決まります。この状態 C を数値例で計算してみましょう。

　所得は一定（$y=4$）、変化前の価格体系のときの効用水準を維持する、というのですから、

$$\sqrt{x_1 x_2} = 2$$

です。つぎに、この効用水準を、新しい価格体系で達成するのですから、$u=2$ の無差別曲線に新しい価格のもとでの予算制約線が接線になる点を探します。ここで、無差別曲線の接線の傾きが、予選制約線の傾きと一致する、という条件は、すでに第 5 節で一般関数形で説明済みで、

$$-\frac{\frac{\partial u}{\partial x_1}}{\frac{\partial u}{\partial x_2}} = -\frac{p_1}{p_2}$$

となることは、第5節の「『接線』の概念を、数学的に考える」という箇所と、第1章の付論で説明しました。数値例で計算すると、

$$-\frac{x_2}{x_1} = -\frac{1}{2}$$

です。整理して、$x_2 = \frac{x_1}{2}$ となります。これを、無差別曲線の定義

$$\sqrt{x_1 x_2} = 2$$

に代入します。

$$\frac{x_1}{\sqrt{2}} = 2$$

つまり、

$$x_1 = 2\sqrt{2}$$

これを、$x_2 = \frac{x_1}{2}$ に代入して、

$$x_2 = \sqrt{2}$$

となります。つまり、

$$(x_1, x_2) = (2\sqrt{2}, \sqrt{2})$$

が、効用水準2を、価格体系 $(p_1, p_2) = (1, 2)$ のもとで効用最大化として達成するときの消費バスケットの組み合わせです。図24の、状態Cが、このような消費バスケットを示しています。この例では、p_2 が上昇したときの、x_2 の変化に注目します。状態Aの (x_2) から状態Cの (x_2) への変化を「代替効果」(sub-

図24 代替効果（第2財の価格上昇）

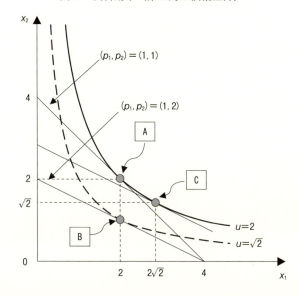

stitution effect）と呼びます。つまり、つぎのようにまとめることができます。

「代替効果とは、予算が一定のもとで、ある財の価格が変化したとき（この例では第2財）、価格変化前の効用水準を変化後の価格体系で達成するように消費バスケットが変化するなかで、その財の消費量がどのように変化するか、を測ったものになります。」

そして、消費者理論のひとつの重要な結論は、**代替効果は常にマイナス**である、ということです。

数値例では、効用水準を維持するために、あとから決まる必要な所得というのは

$$p_1 x_1 + p_2 x_2 = 2\sqrt{2} + 2\sqrt{2} = 4\sqrt{2}$$

となります。

もうひとつ、同じ数値例のバリエーションを考えます。価格体系の変化を、今度は、p_1 が変化する例をとって考えてみましょう。$(p_1, p_2) = (1, 1)$ から、$(p_1, p_2) = \left(\frac{1}{2}, 1\right)$ へと変化する例を考えます。**図25**でこのような上昇を示して

図25 代替効果（第1財の価格下落）

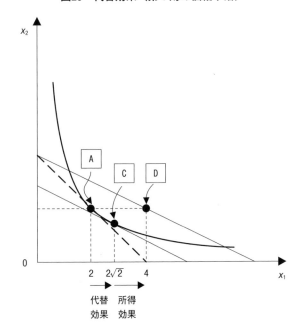

います。図24では、第2財の価格の上昇（2倍）でしたが、ここでは、第1財の価格の下落（半分）を考えています。図24の例でも、図25の例でも、第1財と第2財の相対価格 $\dfrac{p_1}{p_2}$、つまり予算制約線の傾きは同じです。そうすると、実は、代替効果は、まったく同じになります。図25でも、代替効果は、状態Aから状態Cへの変化です。図24とは異なり図25では、第1財価格の下落ですから、実質的な所得（名目所得を物価水準で割ったもの）は上昇したことになります。所得効果は、より多くの財を購入することができる可能性を示しています。コブ・ダグラス型効用関数の図25では代替効果のあとの所得効果によって、x_1 も x_2 も消費量は増加します。図に描いたとおり、変化前の価格体系 $(1,1)$ における効用最大化点（状態Aの x_1）から、変化後の価格体系 $\left(\dfrac{1}{2}, 1\right)$ のもとでの効用最大化点（状態Dの x_1）への変化は、代替効果（状態A→C）と所得効果（状態C→D）に分解することができることが分かりました。

10　年金支給額のインフレ調整はどうあるべきか（その２）

　このように効用関数が特定化されている場合（数値例）では、価格変化以前と同じ効用を達成するために必要な所得を計算することができます。この状態Cを達成するために必要な予算こそが、「年金支給額のインフレ調整はどうあるべきか」で問題提起をした、インフレが起きたときに、年金生活者の生活水準を維持するための、所得補填額の答えになります。つまり、レベル（$u=2$）を達成するために必要な所得を、価格体系（1, 1）の場合と、（1, 2）の場合について考えてみます。

　価格体系が（1,1）の場合。

$$p_1x_1 + p_2x_2 = 2+2 = 4$$

　価格体系が（1,2）の場合。

$$p_1x_1 + p_2x_2 = 2\sqrt{2} + 2\sqrt{2} = 4\sqrt{2}$$

　名目所得の上昇率は、

$$\frac{(4\sqrt{2}-4)}{4} = (\sqrt{2}-1) \cong 0.414$$

上昇率は、41.2％となります。一方、インフレ率は50％でしたから、インフレ率よりも低い所得上昇率で同じ効用を確保できることが分かりました。これを、言葉で説明すると、つぎのようになります。消費者物価の上昇が起きるとき、その上昇率は品目によって異なるのが普通です。そうすると、物価上昇後には、相対的に安くなった品目を多く消費して、相対的に高くなった品目は物価変化以前よりも少なく消費します。このように消費の割合を変化させることで、効用の低下をある程度、防いでいます。消費バスケットが新しいものに変わっているのです。それなのに、インフレ後の新しい価格体系で、インフレ以前の消費バスケットをそのまま買えるように所得補償を行うと過剰になるのです。

　なお、現実の消費者物価指数では、個別品目の物価上昇率の計測にも、真の物価上昇率よりも高くなる傾向があるものがあることが知られています。これは、異なる時点の消費者物価の測定に、品質の変化が正しく反映されていない

図26 所得効果（正常財）

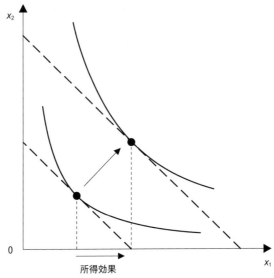

所得効果
所得が上がったので x_1 の消費量が増える

可能性から発生するものです。たとえばパソコンやスマートフォンなど、技術革新の早い商品は毎年性能が良くなってきています。おなじ20万円のパソコンでも、昨年よりも性能が良くなっていれば、パソコン価格は下がったとみなすのが適切です。つまり、品質調整済みの価格を計算して、それを消費者物価に反映させるべきだ、ということになります。この品質調整は、日本の消費者物価指数では、パソコンやスマートフォンなどではすでに実行されています。

11 劣等財、ギッフェン財

　所得効果とは、価格体系が変わらずに、所得だけ変化したときに、消費量がどのように変化するかを考えることです。先に議論した数値例では、所得が上がれば、消費量が増える、という常識的な例を示していました。しかし、これは全ての財で成り立つことではありません。所得が増加したときに消費量が減少するような財もあります。**図26**では、所得が上昇したときに、第1財も第2

第2章 消費者行動の理論：効用（満足度）最大化の方法は？

図27 所得効果（下級財）

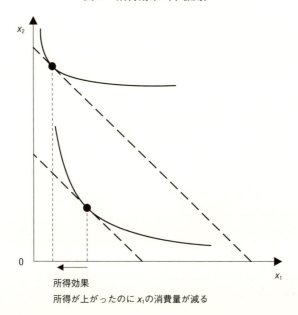

所得効果
所得が上がったのに x_1 の消費量が減る

財も消費量が増加する、「正常」な（あるいは、常識的な）例を示しています。しかし、**図27**では、所得が上昇したのに、第1財の消費は減少する例を描いています。効用関数が凹関数であるという消費者理論の大原則には違反していません。代替効果は常に負（価格が下落すると、同程度の効用を維持するのに必要な消費量は増加）ですが、所得効果は正でも負でもありえるのです。

所得効果が負であるような財は、「劣等財」（inferior goods）と呼ばれています。裕福（お金持ち）になると、消費量が減少する（より高価な財に消費がシフトする）ような財のことです。裕福になると、焼酎ではなく吟醸酒を飲むようになると考えると、焼酎は劣等財です（しかし、最近のように焼酎を独特の味を楽しむために飲む人の場合にはそうでもないかもしれません）。裕福になると、マーガリンではなくバターを使用するようになると考えると、マーガリンが劣等財です（ただし、最近は、バターの脂肪分を嫌って、マーガリンを使用する人もいるようです）。いちばん良い例は、所得の低い人はエコノミークラスに乗り、裕福になるとビジネスクラス、さらにファーストクラスに乗る

103

図28 所得効果（ギッフェン財）

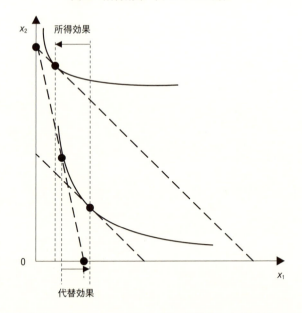

ようになる、と考えて、エコノミークラスは劣等財、と説明することでしょう（ただし、ビジネスクラスの客の大半は、個人ではなく会社の経費で乗っていると考えると、個人ではなく、裕福な会社と置き換えたほうが良いかもしれません）。

　さて、ここまでは、所得効果だけをみています。代替効果と組み合わせてみましょう。数値例の図25で示したように、第1財の価格の下落は、代替効果で第1財の消費量を増加させます。さらにそこから、価格の下落による実質所得の増加から所得効果が見られます。この所得効果が正の場合には文句なく、代替効果と所得効果の合計（全部効果）として、第1財の消費量が増加しますが、第1財が劣等財の場合には、代替効果が大きいのか、所得効果が大きいのか、により全部効果での第1財の消費量が増えるか減るかが決まります。劣等財の所得効果による消費減少のほうが、代替効果による消費増加よりも、絶対値で大きな場合には、第1財の価格が下落したのに、消費量は減少する、というかなり逆説的な状況が起きます。このような場合に、第1財を「ギッフェン財」（Giffen goods）と呼びます。このような例を**図28**で描いています。

第2章 消費者行動の理論：効用（満足度）最大化の方法は？

表1 代替効果、所得効果、劣等財、ギッフェン財

価格変化や所得変化による消費バスケットの変化

	一定にお くもの	外界の 変化	結果とし て変化	価格上昇	理論的 結果	
代替効果	u, p_2	p_1	x_1^*, x_2^*, y	$dp_1>0$	$dx_1^*<0$	（理論的帰結）代替効果は常に負

	一定にお くもの	外界の 変化	結果とし て変化	所得上昇	場合わけ	
所得効果	p_1, p_2	y	x_1^*, x_2^*, u	$dy>0$	$dx_1^*>0$	（定義）正常財
					$dx_1^*<0$	（定義）劣等財

	一定にお くもの	外界の 変化	結果とし て変化	価格上昇	場合わけ	
全部効果	y, p_2	p_1	x_1^*, x_2^*, u	$dp_1>0$	$dx_1^*>0$	通常の場合
					$dx_1^*<0$	（定義）ギッフェン財

＊ギッフェン財とは、劣等財かつ、｜所得効果｜＞｜代替効果｜の場合

　では、ここまで説明してきた消費者理論のうち、価格や所得の変化に応じて最適な消費バスケットがどのように変化するのか、ということについてのまとめを行います。所得効果、代替効果というときに、なにを一定とおいて、なにを変化させるのか、という分析の前提を混同しやすいことが、消費者理論を初めて学ぶ学生にとって、混乱のもとになっているような気がします。これについては、**表1**のように、まとめてみました。

　このなかで、代替効果と所得効果は、理論分析でも応用分析でも、頻繁にでてくる概念です。インフレに対する年金給付額の調整、という公共政策問題でも、重要な手がかりを与えてくれることが分かりました。劣等財は、現実の例でも、しばしば登場しますので、しっかり理解しておくことが重要です。高度経済成長をする時期には、消費者の需要構造がどんどん変化していって、それまで売れていたものが売れなくなり、発展途上の時期は、消費されていなかった中流の生活に必要な消費財が売れるようになります。所得が高くなると売れなくなる財、つまり劣等財、の生産に補助金を出して、政策的に奨励したり、消費が落ち込み始めた時期に、政策的に生産者の損失を補塡したり、値崩れを

防ぐために生産を各生産者一律に、制限する、というような政策は適切ではないことになります。所得が上がれば、さらに消費が減ることが容易に予想されるからです。

ギッフェン財はなかなか現実には観察されませんので、理論的な可能性ということにとどめておきましょう。

劣等財

かなり昔（1960年代から1970年代くらいまで）のミクロ経済学の教科書には、劣等財の例として、マーガリンや麦飯が挙げられていました。バターを購入できない低所得者が、低価格のマーガリンを買って、パンにつけて食べている。やがて所得が上がると、バターを購入するようになり、マーガリンの消費量は減少する、つまり劣等財である、というシナリオでした。おもに、アメリカの教科書の例であったと記憶しています。（ちなみに、「マーガリン」は、アメリカでは、「マージャリン」と発音されています。）日本で同じような例を考えると、終戦直後（1945年から1950年代）には、白米を食べるのは贅沢で、庶民は麦飯を食べていた時代がありました。高度成長と、米の増産奨励のおかげで、庶民でも白米を食べるようになり、主食用として麦が劣等財であることが分かりました。

ところが、1980年代になると、バターに含まれる動物性脂肪の取りすぎは、カロリーの過剰摂取につながり、またコレステロール値を高くするので健康に良くない、ということから、植物性脂肪からできているマーガリンの人気が高まりました。所得の高い人ほど健康に気をつけてマーガリンを消費しているようでした。かつての劣等財が、正常財に認知されたようでした。ところが、2000年代に入ると、マーガリンに含まれる「トランス脂肪酸」が健康に悪影響を与えるという論文が書かれるようになりました。その結果として、バターも、マーガリンもそれぞれ問題を抱えているので、どちらも摂取量に気をつけるように、ということになりつつあるようです。また、トランス脂肪酸を抑えたマーガリンも販売されるようになっているようです。

第2章 消費者行動の理論：効用（満足度）最大化の方法は？

　さて、アメリカでも戦時中は、食料不足のおり、バターの代用品としてマーガリンが注目されていたのです。1943年に、アイオワ州立大学の経済社会学部（Department of Economics and Sociology）が、マーガリンは、カロリーも栄養もバターに遜色がないのだから、バターではなく、マーガリンの消費を増やせばよい、というパンフレットを作ったのです。問題は、アイオワ州が当時全米2位の酪農生産を誇る州であり、酪農業団体が猛反発して大学に、パンフレット撤回を迫ったことでした。学長が圧力に屈したことに、経済社会学部の学部長以下、半分ちかくの教授が抗議の辞任をする事態に発展しました。

　問題のパンフレットの筆者だったブラウンリー教授（Oswald Brownlee）は、いったんシカゴ大学に身を寄せたあと、ミネソタ大学に1950年に移籍、1985年に亡くなるまで、ミネソタ大学の経済学部で教鞭をとり続けました。私がミネソタ大学に就職して数年、彼の晩年とオーバーラップしていましたが、たしかに芯が強く、正義感に燃えた（合理性に反する既得権は大嫌い）経済学者でしたが、人間的にはとても温かい人でした。アイオワ大学のバター・マーガリン事件は、学問の自由、大学の産業との付き合い方などについて、現代にも通じる問題提起をしています。また、なにが劣等財かということは、時代とともに変わることも分かりました。

参考文献：Seim, David L. "The Butter-Margarine Controversy and "Two Cultures" at Iowa State College." *The Annals of Iowa* 67 （2008）, 1-50. Available at: http://ir.uiowa.edu/annals-of-iowa/vol67/iss1/2

12　需要の価格弾力性、所得弾力性

　ある財への需要が、所得と価格体系の関数であることは、効用関数の数値例や一般形を用いて示してきました。効用関数の具体的な例、コブ・ダグラス型を考えます。

$$u = \sqrt{x_1 x_2}$$

である場合です。予算制約式は一般的には、$p_1x_1 + p_2x_2 = y$ ですが、数値例では、$(p_1, p_2) = (1, 1)$ を考えます。さらに、$y = 4$ の例を考えましょう。

$$x_1^* = \frac{y}{2p_1}$$

$$x_2^* = \frac{y}{2p_2}$$

ここで第1財の価格が変化したときの第1財の需要の変化は、つぎのようになります。

$$\frac{dx_1^*}{dp_1} = -\frac{y}{2(p_1)^2}$$

これは第1財の価格が少しだけ（1円）変化すると、需要量はどれくらい（何グラム）変化するか、という計算をしていることになります。この変化は金額や量の単位があります。経済現象の分析では、このような需要の変化について、比率（パーセント変化）で表現することが、重要になることがあります。ここで、「弾力性」(elasticity) という概念を説明しておきます。

「需要の価格弾力性」とは、価格が1パーセント変化したときに、需要量は何パーセント変化するか、を表現したものです。需要の価格弾力性をつぎのように定義します。

分母が需要の変化「率」、分子が価格の変化「率」です。

$$\frac{\left(\dfrac{dx_1^*}{x_1^*}\right)}{\left(\dfrac{dp_1}{p_1}\right)}$$

これを数値例で示すとつぎのようになります。

$$\frac{\left(\dfrac{dx_1^*}{dp_1}\right)}{\left(\dfrac{x_1^*}{p_1}\right)} = \frac{-\dfrac{y}{2(p_1)^2}}{\dfrac{\left(\dfrac{y}{2p_1}\right)}{p_1}} = -1$$

つまり、第1財の価格が1％上昇すると、第1財の需要が1％減少する、とい

第 2 章　消費者行動の理論：効用（満足度）最大化の方法は？

うことになります。コブ・ダグラス型の場合には価格が 1 ％高くなり、需要（購入）が 1 ％減少するのですから、購入額（価格×需要）は変わらない、ということも分かります。価格の変化があっても、所得に占める支出シェアは変わらない、と説明したことと整合的です。これは、コブ・ダグラス型の効用関数の特徴であり、一般的な効用関数では必ずしもなり立ちません。

　需要の所得弾力性とは、所得が 1 パーセント変化したときに、x_1 の需要は何パーセント変化するか、という比率です。これはつぎの式で表されます。

$$\frac{\left(\dfrac{dx_1^*}{x_1^*}\right)}{\left(\dfrac{dy}{y}\right)}$$

分母は、第 1 財の変化率、分母は所得です。整理すると、

$$\frac{\left(\dfrac{dx_1^*}{dy}\right)}{\left(\dfrac{x_1^*}{y}\right)}$$

となります。数値例を当てはめてみると、つぎのようになります。

$$\frac{\left(\dfrac{dx_1^*}{dy}\right)}{\left(\dfrac{x_1^*}{y}\right)} = \frac{\dfrac{1}{2p_1}}{\left(\dfrac{y}{2p_1}\right)\left(\dfrac{1}{y}\right)} = 1$$

つまり、コブ・ダグラス型の効用関数では、所得の弾力性が 1 であることが確認されました。所得が 1 ％上がると、第 1 財の需要も 1 ％上がるのです。したがって、既に確認したように、所得に占める第 1 財への支出割合は一定であることが分かります。

付論　生産者の利潤最大化

　ミクロ経済の重要な分析対象に、消費者と並んで生産者がいます。本章では消費者行動の理論をかなり詳しく説明してきました。普通の教科書では、つぎの章は、生産者の理論になるのですが、本書では、できるだけ応用問題に紙面を割きたいので、生産者の理論の解説は、公共政策の議論に必要となる最小限の内容にとどめたいと思います。

　生産者行動の理論は、第１章の余剰分析の基礎になっている「供給曲線」のもとになっているものです。

　まず生産者のイメージをつかんでいただくために、いちばん簡単な生産者を考えましょう。確実な漁場の漁業権をもつ漁師を考えます。自分はもう年老いてきつい労働はできないので、村の若者を時間単位で雇用して漁に出てもらいます。魚の漁獲量は、キログラム（kg）単位で測るとしましょう。どれくらいの魚を漁獲できるかは、何時間漁をするか（労働時間単位）で決まります。漁獲量を y、労働投入量を L とすると、生産関数は、

$$y = f(L)$$

と書くことができます。若者も、労働はきついので、時間とともに、１時間当たりの漁獲量はしだいに減っていきます。これを限界生産性逓減の法則と呼びます。数式で表現すると、

$$f' > 0, \quad f'' < 0$$

ただし、f' は１階の微分、$f' = \dfrac{dy}{dL}$、f'' は２階の微分、$f'' = \dfrac{d^2 y}{dL^2}$ です。（第１章の付論を思い出してください。）

数値例

　生産関数、f の具体的な形を例示します。

$$y = 2\sqrt{L}$$

　図１で、$y = 2\sqrt{L}$ と示しています。労働投入の最初のころは（最初の１時

第 2 章　消費者行動の理論：効用（満足度）最大化の方法は？

図 1　生産関数

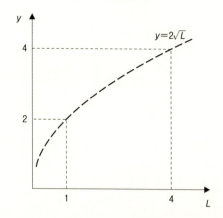

間）は、たくさん魚が取れます。しかし、時間の経過とともに、労働者の疲れもあり、獲りやすいところの魚を取りきってしまい、より深いところに網をいれないと捕まえられなくなるので、次第に時間当たりの漁獲量は減っていきます。これを捉えている数値例です。

　さて漁獲された魚は、市場で売却されますが、価格は kg 単位当たり p とします。この価格は消費者の意向を反映する卸問屋によって決められていて、漁師は影響を与えることができないものとします。また、雇用する若者（労働者）の賃金、w もほかのパートの職場で決まる時給と同じにしないといけないので、この漁師は影響を与えることができないものと考えます。この漁師の利潤、π は次のように定義されます。

$$\pi = py - wL$$

生産関数を代入すると、

$$\pi = pf(L) - wL$$

ここで、p, w が漁師にとっては与えられた変数なので、利潤最大化問題は、労働時間をどれだけ投入するか、つまり L の選択の問題に帰着させることができます。（最大化は、第 1 章付論を思い出してください。）では、利潤を最大化してみましょう。1 階の条件と 2 階の条件を示します。

$$\frac{d\pi}{dL} = pf'(L) - w = 0$$

$$\frac{d^2\pi}{dL^2} = pf''(L) < 0$$

２階の条件は生産関数の収穫逓減の仮定から、どのような正の L の値でも満たされています。つまり、１階の条件を満たす L をみつければ、それが最大値になっています。

では、１階の条件を満たすような L はどのような値かというと、次の式から分かります。

$$f'(L) = \frac{w}{p}$$

右辺は賃金を価格で割ったもので、「実質賃金」と呼びます。左辺を労働の限界生産性と呼びます。次の１単位の労働で何単位（kg）の漁獲があるか、というものです。つまり１階の条件は、労働の限界生産性が実質賃金に等しくなるまで生産（この場合、漁）を続ける、というものです。１階の条件を満たすような L を L^* と表現することにします。この「*」は、最適な、という意味を持っています。このように、実質賃金が与えられると、最適な労働投入（L^*）が決定されます。つまり、L^* は、次の式を満たす特定の L の値です。

$$f'(L^*) = \frac{w}{p}$$

では、最適な生産量（y^*）はどのように決まるのでしょうか。それは生産関数に L^* を代入すればよいのです。

$$y^* = f(L^*)$$

イメージを高めるために、数値例に戻って説明します。

数値例

生産関数が $y = 2\sqrt{L}$ ならば、限界生産性は、

$$f'(L) = \frac{1}{\sqrt{L}}$$

です。1階の条件は、次の式を満たすLを見つけよ、ということになります。

$$\frac{1}{\sqrt{L}} = \frac{w}{p}$$

したがって、最適の労働投入量は、つぎの式できまります。

$$L^* = \left(\frac{p}{w}\right)^2$$

この数値例では、最適な労働投入量は、実質賃金の逆数の2乗ということになります。実質賃金が上がれば（価格が下がれば、あるいは、実質賃金が上がれば）、労働投入量は減ります。時給が上がれば、漁は早く切り上げるしかないのです。逆に、市場で魚の価格が上がれば、もっと時間をかけて、たくさん魚を獲って来い、ということになります。最適な生産量は、つぎのようになります。

$$y^* = 2\frac{p}{w}$$

これで、最適労働投入、最適生産量が実質賃金の関数になっていることがわかりました。生産者がコントロールできない実質賃金が決まれば、生産者はそれに応じて、雇用と生産を決める、という関係です。

では、具体的に、実質賃金にも数値を当てはめて、さらにイメージをつかんでもらいましょう。実質賃金（w/p）が、1の場合と、$\frac{1}{2}$の場合の2例を取り上げます。

$$\frac{w}{p} = 1の場合： \quad f'(L^*) = \frac{w}{p} = 1$$

$$L^* = \left(\frac{p}{w}\right)^2 = 1$$

$$y^* = 2\frac{p}{w} = 2$$

と計算されます。

図2 利潤最大化の労働投入、$w/p = 1$の場合

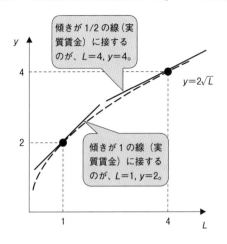

$\dfrac{w}{p} = \dfrac{1}{2}$の場合： $f'(L^*) = \dfrac{w}{p} = \dfrac{1}{2}$

$$L^* = \left(\dfrac{p}{w}\right)^2 = 4$$

$$y^* = 2\dfrac{p}{w} = 4$$

これを、生産関数の図1に書き加えて見ます。$f'(L)$とは、生産関数上のある点における生産関数の接線の傾きということでした。つまり、1階の条件とは、この接線の傾きが実質賃金に一致する点を見つけろ、ということです。そこで、**図2**では、接線の傾きが1と1/2になる2つの場合を見つけるという作業をしています。上の数値例を式で解いたとおり、前者の最適点は、

$w/p = 1$の場合は、$(L, y) = (1, 2)$

$w/p = 1/2$の場合は、$(L, y) = (4, 4)$

であることが分かります。

こうしてみてくると、生産者の行動は、w/pが分かると、利潤最大化にしたがって、最適なLとyを選択する、ということだ、ということがわかりました。そこで、労働を実質賃金の関数、生産を価格・賃金比（実質賃金の逆数）

図3　労働需要

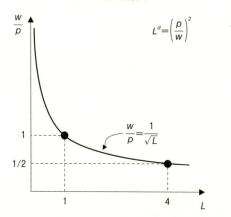

図4　財供給 $y = (2p/w)$

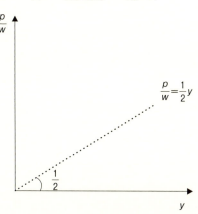

で表してみましょう。

$$L^d = \left(\frac{p}{w}\right)^2$$

これが、労働需要関数です。一方、財の供給関数は、

$$y^s = \frac{2p}{w}$$

これをグラフにしたのが、労働需要の**図3**と、財供給の**図4**です。第1章で繰り返し注意したとおり、数学的には、実質賃金（やその逆数）を横軸にとり、労働需要や財供給を縦軸にとるべきところ、経済学の慣習から縦軸が実質賃金、横軸が労働や財になっています。

さて、重要な結論があります。（価格が一定のまま）賃金が上昇すると、生産者は労働需要を減らす、ということです。また、生産については、通常生産物の価格との関係でみるので、（賃金が一定のまま）財価格が上昇すると財の供給が減少するということです。なお、これは

$$y = 2\sqrt{L}$$

という数値例で確認しましたが、実は、限界労働生産性が逓減する（2階条件が、どの L についても満たされる）ような、一般的な生産関数形で確認でき

ることです。(証明は中級ミクロ経済学の教科書を参照ください。)

以上は生産要素が1つの簡単なケースを扱いました。これを少し一般化して、生産要素が労働と資本（記号ではKと表します）の2つになるケースもよく扱われます。生産費用は、{賃金×労働量}という労働への支払いと、{資本のレンタル料金(r)×資本の投入量(K)}からなる資本への支払いの和となります。こうすると、一定の財の生産をするにあたっていちばんコストが安い生産要素の組み合わせを見つける（生産コスト最小化）ことが必要になります。それを前提として、生産量をどれくらいにすべきか、という問題に入ります。この付論では、これは、これ以上詳しくはあつかいません。

生産要素を明示的には扱わずに、生産コストを生産量の関数、費用関数、として表現して分析する方法もあります。上の例では、労働への支払（wL）が費用です。しかし、現実には、資本（工場、機械の使用料）、地代、原材料費などが、生産に必要です。これらの生産要素は最適に組み合わされることを前提に、ある生産量を生産するために、どれくらいのコストがかかるのか、を関数形に表したのが費用関数です。費用関数を用いると、利潤の最大化は、つぎのように表されます。

$$\{利潤\} = \{価格\} \times \{生産数量\} - \{総生産費用\}$$

記号で表します。最初の例と同様に、利潤はπ、価格はp、生産数量はyです。

総費用はyの関数で、その関数形をCとします。

$$\pi = py - C(y)$$

となります。そして、πを最大化するようにyを決めます。これが、基本形です。ここで、生産数量 = 販売数量が暗黙の仮定です。

ここで、$C(y)$を総費用（total cost）、$C(y)/y$を平均費用（average cost）、

$$C'(y) = \frac{dC}{dy}$$

を限界費用（marginal cost）、と呼びます。

ここで、引き続き、完全競争の仮定を置きます。完全競争の仮定とは、多くの供給者がひしめき合って競争しながら供給をしているため、価格も市場で決まるものから変えることはできません。この企業は、価格（p）を「与えられたもの」として考えます。つまり、price taker ということです。つまり、市

第2章 消費者行動の理論：効用（満足度）最大化の方法は？

場で成立している（正確には、成立するであろう）価格は、この企業の行動（とくに、y の選択）によって変化しない、と考えます。この企業の生産量が、市場規模に比べて十分に小さければ、この仮定は、ほぼ成立すると考えられます。

完全競争（price taker）の仮定のもとでは、利潤の最大化の計算をするときには、p はこの企業にとっては与えられた数値、つまり「定数」を考えられます。利潤は y についての関数で、$\Pi(y)$ と表現のうえ、y について利潤最大化をすると、

$$\Pi'(y) = p - C'(y)$$

をゼロとする（1階の条件）y が「利潤最大化の y」（これを y^* と表現する）であることが分かります。利潤最大化の1階の条件は、価格 p が決まると、生産量 y を $C'(y)$ が p に等しくなるような水準まで行いたい、という供給者の行動を意味しています。つまり、これが p が決まれば y が決まるという供給関数です。限界費用（$C'(y)$）は、限界収入（この場合 p）に等しいということを示しています。この場合は、限界費用が (p, y) 平面上で、供給曲線を表しています。

数値例

$C(y) = y^2$ を考えます。1階の条件は、
$$\Pi'(y) = p - 2y = 0$$
ですから、

$$y^* = \frac{p}{2}$$

なお、2階の条件は満たされていることを確認してください。この数値例で、利潤最大化の結果得られた y は、次のような供給曲線です。

$$p = 2y$$

そして、供給曲線は、価格の変数です。価格が上昇すれば、供給が増加します。したがって、供給曲線が右上がりです。

第1章の供給曲線には、このような導出の過程があるのです。生産者行動の理論と、供給関数の関係を**図5**にまとめました。

図5　生産者理論の流れ

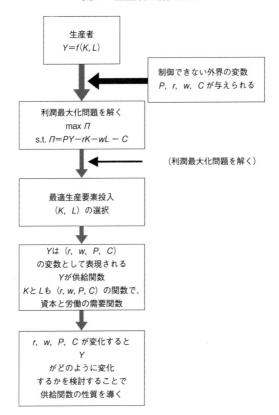

第3章

厚生経済学
市場均衡は最適な資源配分を実現するか？

1　部分均衡から一般均衡へ

　一財の需要と供給を考える「部分均衡」からすべての財を一度に扱う「一般均衡」に拡張して、一財の余剰均衡で得たのと同じような結論が得られるかを分析するのが、一般均衡分析といわれるものです。本来は多くの財の価格や、所得の変化を分析に取り込む必要があります。このような多数の財の需給を同時に考えるモデルを一般均衡分析と呼びます。もちろん、「余剰分析」は強力な分析道具です。多くの問題の分析は「余剰分析」で十分だと私は思います。しかし、それでは厳密ではない、という人もいるでしょう。したがって、分析する問題に応じて、部分均衡分析で十分か、一般均衡分析を使わなくてはいけないのかを判断する必要があります。

　一般均衡というと、とてつもなく難しいことを要求されると考えるかもしれませんが、安心してください。ここでは、「一般」には拡張せず、まずは「二財、二人」に分析を限定して、一般均衡分析の味見だけをすることにします。公共政策問題を極めるのに重要なのは、一般均衡分析で使われている概念を良く理解して、それを現実問題に応用する「応用力」です。

　部分均衡の分析の主要な結論とは、需要と供給を一致させるような価格が存在して、そのような価格で取引が行われれば、市場参加者の満足度（消費者の満足度、企業の利潤）を最大化させることができる、つまり「余剰最大化」できる、というものでした。一般均衡では、消費者の満足度を「余剰」（需要曲

線以下）として足しあげるということができません。そこで必要になるのが、新しい、より一般的な「余剰最大化」に対応する、「望ましい状態」の概念です。この、「望ましい状態」をつぎの小節で説明します。

2 「パレート最適」（資源配分の効率性）

2.1 資源配分（resource allocation）とは？

経済学とは稀少な資源をどのように配分するかを考える学問である、という有名な定義があります[1]。もし、人々の欲する物やサービスが無料で無限に提供されるのであれば、市場メカニズムや価格付けが必要なくなります。必要に応じて無限に手に入るものの価格はゼロになるのです。人々がそれぞれの能力に応じて、苦労をすることなく（働くことの喜びとともに）生産・収穫するものを無償で倉庫に積み上げて、一方、人々が必要に応じて、必要な分だけを倉庫からもらっていくという社会が実現すれば、そこには通貨も、経済学も必要ありません。それはトマス・モアが1516年に出版した小説『ユートピア』で描かれている社会です。そこに描かれているように、欲望を抑制し質素な生活をこころがけ、高い倫理観や勤労意欲を高めることで、ユートピア構築は可能と考える人たちもいるかもしれません。現実社会では、「共産主義」（土地や企業などの生産手段の国有化が特徴です）がそれにあたりますが、旧ソ連の経済は行き詰まり、中国では政治は一党独裁を維持しつつ経済は資本主義に転換しました。

『ユートピア』もよく読むと、高い倫理感を保つために、犯罪者は奴隷の身分に落ちて、無償で市民のために働くと定められています。これは、価格も経済学も存在しないためには重要な仮定です。結局のところ、市場、貨幣、価格のない社会はそれなりにいろいろな政治的・社会的な制約が必要になりそうです。共産主義が往々にして一党独裁を必要とするということも、そのあらわれです。しかし、一党独裁が人民のために始まっても、いつかそれが特権階級を

---

1) これは、Paul Samuelsonによる経済学の定義といわれています。最初に言い出したかどうかは分かりませんが、彼の教科書によって、有名になりました。

第3章 厚生経済学：市場均衡は最適な資源配分を実現するか？

生み、経済的な富がそのような階級に集中することになりやすいのです。

> **ユートピアでは、経済学は不必要**
> トマス・モア 『ユートピア』（平井正穂訳、岩波文庫、1957年）より
> 「各区の中心にはあらゆる種類の品物を扱う市場が立っている。そこにあるいくつかの建物に、すべての家族の生産品が持込まれてくる。あらゆる種類の品物が納屋や倉庫などにそれぞれ種類別にしまわれるのである。そして、各家族の父親、つまり戸主がやって来て、自分はもちろん、自分の家の者が必要とするものはなんでもそこからいくらでも持ってゆく。<u>金もいらなければ交換するものもいらない、抵当も担保もいらないのである</u>。なぜなら、すべての物資が豊富にあって、しかも誰も必要以上に貪る心配のない所では、欲しいものを欲しいだけ渡してなんの不都合もないからである。」（下線は伊藤）

　残念ながらこの世は、ユートピアではありません。資源は稀少だということを認めたとしましょう。市民全員が欲する財・サービスを無償で提供することには物理的な無理があるということです。では、このような場合に限られた財・サービスを、どのようにどの企業、どの家計に割り当てるとよいのでしょうか。ひとつの解決策が独裁者を置くことです。独裁者が資源配分を決めれば、市場も価格も経済学も必要ありません。しかし、独裁者の配分には不満もでることが十分に予想されます。また歴史も独裁者は短命に終わることが示されています。市民全員を満足させることは不可能であり、不満の行き先は独裁者に向かいます。不満を抑えるには独裁者はしだいに警察・軍隊による市民統制に向かっていきます。資源配分と政治体制は密接に関係しています。
　さて、そこで市場メカニズムと経済学の登場です。限られた資源を誰に配分するかを、価格をつけることで円満に解決しよう、というのが市場メカニズムであり、どのような条件のときに市場メカニズムが社会的に無駄のない形で（＝効率的に）行うことができるのかを研究するのが、（ミクロ）経済学のなか

でも一般均衡分析と呼ばれる分野であり、今回はそのさわりを説明することにします。重要な結果は、「いくつかの仮定」のもとでは、市場メカニズムによって到達される「競争均衡価格」により決まる「市場均衡」の資源配分は「パレート最適」という望ましい性質をもっているということです。この結果を「厚生経済学の第1定理」といいます。端的にいえば、市場にまかせておけば大丈夫という定理です。政府の出番はありません。アダム・スミスのいうところの「見えざる手」が、適切な資源配分へと導いてくれるのです。

ところが、クセモノは、「いくつかの仮定」にあります。これらの仮定のどれかが満たされないときは、「市場均衡」ではあっても、「パレート最適」ではない、ということになります。この場合には、市場メカニズムに加えて、政策的な「介入」が正当化されることになります。この「厚生経済学の第1定理」が成り立たない場合を、「市場の失敗」といいます。実は、多くの経済政策の基礎は、この市場の失敗のケースなのです。というか、経済政策の必要性を「市場の失敗」から説明できないとすると、政策の根拠は薄弱かもしれません。このように、実はこの分野は、「公共政策」を考える上では、決定的に重要な役割を果たしているので、最初は少しとっつきにくい分析から始めますが、我慢して最後まで読み進んでください。

2.2 無差別曲線（indifference curve）

人々はいろいろな食べ物や物品を含めた財（goods）や美容室、乗り物を利用するなどサービス（service）を消費することで効用（満足）を得ています。一般的には、より多くの財・サービスを消費することで効用は高くなります。ただし、どのような財・サービスの組み合わせを消費することが効用の上昇につながるかは、人の好み（嗜好）によって違うでしょう。さらに財・サービスを個人として生産して所得を得るか、という生産能力も人によって違います。このような嗜好の違いや持って生まれた生産能力の違いは尊重する、というのが、ミクロ経済学の大前提です。ミクロ経済学のなかの「厚生経済学」（welfare economics）は、生産能力や嗜好は与えられたもの（given）として、人々の満足を高めるように交換する場として、「市場」の機能を研究する分野です。でも能力が違えば格差が生じる、不公平な分配が生じる、と心配する心

優しい読者もいるかもしれません。この格差や不平等については、あとで言及します。とりあえず主流の考え方を理解したうえで、批判を検討することにしましょう。分析の共通の土台がなければ、議論も混乱するだけです。

数学的には、前章で詳しく説明したように、すべての消費財・サービスの関数として効用関数（utility function）が定義されると考えます。効用関数から表される満足度は、序列はつけるものであっても数値に意味はなく、通貨換算したり、他の人の効用と加算したりはできない、と仮定します。このほうが理論的には、一般的なのです。ここが部分均衡（余剰分析）との大きな違いです。以下では、一般均衡論、厚生経済学のもっとも基本的な部分で、政策論議に大きな影響を持ついわば「サビ」の部分を、数式を使わずに説明します。

2.3 交換経済

マグロ（M）と牛肉（G）の2財を取引する経済を考えます。A夫は漁師で、毎日マグロを捕獲してきます。B子は畜産農家で、毎日牛肉を生産しています。A夫もB子も、牛肉とマグロのバランス良い消費で、効用（満足）を得ることができます。A夫は自分で獲って来るマグロだけ食べるよりも、少しは、牛肉も食べたいと思っていますし、B子も、自分の農場で生産した牛肉だけではなくマグロも食べたいと思っています。このような生活を実現するためには、A夫とB子は「市場」で牛肉とマグロを交換しなくてはなりません。

このような二人二財の経済を記述するのに適している分析道具が、エッジワース（Edgeworth）のボックス図（box diagram）というものです。まず、A夫にとって、マグロと牛肉を、どのような組み合わせで食べると、どのような効用（満足）がえられるか、という関係を「無差別曲線」（indifference curve）という概念で表現することにします。

たとえば、A夫が、牛肉100グラムとマグロ200グラムの「組み合わせ」、言い換えると、消費バスケット（consumption basket）を食べることから得られる効用と、牛肉200グラムとマグロ100グラムの組み合わせを食べる効用が同じである、というときには、二次元の図で牛肉、マグロの組み合わせ、（牛肉、マグロ）が（100, 200）の場合と（200, 100）が同じ効用、つまり無差別であるといいます[2]。牛肉とマグロの消費量の組み合わせ（牛肉とマグロの二次元

図1　A夫の無差別曲線

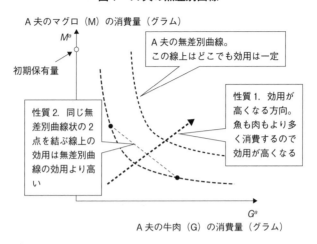

空間上の点）はすべて効用水準に関連付けられ、無差別曲線を描くことができるとします。**図1**がこのような無差別曲線が描かれたものです。（もちろん、二次元空間全てに無差別曲線があるのですが、ここではこれから説明するのに必要なものしか示していません。）

　無差別曲線にはいくつかの常識的な性質があることを仮定します。まず、より多くの財を消費することは効用を高めます。これは両方の財の消費量が増えても、片方の財は同じで、もう一つの財だけが増えても、効用は高まる、と仮定します。これを図のなかでは性質1と説明しています。

　第2の性質は、同じ無差別曲線上の2点を結ぶ直線（の内側）上の点は、いずれも両端の効用を上回るものと考えます。つまり、たとえば、(100, 200) と (200, 100) が同じ水準であれば、その2点を結ぶ直線上の牛肉、マグロの組み合わせ、たとえば、(130, 170)、(150, 150)、(170, 130) などは、両端の組み合わせのどちらよりも効用が高いと考えます。ただし、いま例に挙げた三つの点の間の効用の上下については分かりません。数学的には、異なる消費バスケットが同じ効用をもたらすとき、その消費バスケットの凸結合（convex

---

2）翻訳としては、「無差別」よりも「満足同程度」というほうが感覚的には合うかもしれませんが、これは定着している翻訳なので、無差別曲線という用語をここでも使います。

第3章 厚生経済学：市場均衡は最適な資源配分を実現するか？

図2 B子の無差別曲線

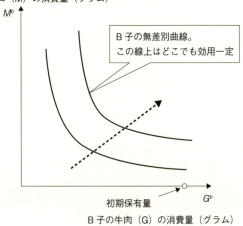

combination）はより高い効用を持つと言います（数学注を参照）[3]。

つぎに畜産農家であるB子の無差別曲線を**図2**のように考えてみましょう。無差別曲線の性質は、A夫と全く同じです。

数学注

前章で説明した無差別曲線と、本章の具体的な財の名称を使って再び説明します。A夫の効用関数は、$U^A(G^A, M^A)$ で表すことができます。特定の消費財の組み合わせを、$i, j, k, \cdots$ で表すと、それぞれの効用は、$U^A(G_i^A, M_i^A), U^A(G_j^A, M_j^A), U^A(G_k^A, M_k^A)$ などと表せます。消費財の組み合わせ i と j が、無差別（同じ効用）であるということは、$U^A(G_i^A, M_i^A) \sim U^A(G_j^A, M_j^A)$ で表すことにします。また、組み合わせ k が組み合わせ i よりも好まれる（効用が高い）ということを $U^A(G_i^A, M_i^A) < U^A$

---

[3] 少し正確ではなく、誤解のおそれもあるのですが、消費者は、偏りのないバランスの良い消費を好むものだ、と言い換えることができるかもしれません。ただし、この言い方だと、すべての財を同量ずつ消費するのがベストという印象をあたえるかもしれませんが、数式はそのようなことはいっていません。牛肉をより好む人もいれば、よりマグロを好む人もいることは当然です。

(G_k^A, M_k^A) と表すことにします。ここで、「＝」ではなく「〜」、「＞」ではなく「<」という記号をこの一般均衡の分析で使う効用は、「序列」を表すものであっても、余剰分析と違って数値換算したり、他人の効用と比較できない、ということを、数学記号で念押ししているのです。

図1で描いている性質1（より多く消費するほど効用は高い）は、$U^A(G_i^A, M_i^A) < U^A(G_k^A, M_k^A)$, if $G_i^A < G_k^A$ and $M_i^A = M_k^A$ あるいは、if $G_i^A = G_k^A$ and $M_i^A < M_k^A$ と表すことができます。また、図1で描いている性質2は、無差別曲線上の2点を結んだときにその直線上の組み合わせは、両端よりも好まれるというものでした。これは数式では、つぎのように表されます。

$U^A(G_i^A, M_i^A) \sim U^A(G_j^A, M_j^A)$ であるときに、
$U^A(G_j^A, M_j^A) < U^A(G_n^A, M_n^A)$,
where $G_n^A = aG_i^A + (1-a)G_j^A$, and $M_n^A = aM_i^A + (1-a)M_j^A$,
for all $a, 0 < a < 1$.

この数式表現が図の性質2に対応していることを確認してください。

この表現は、二財から多数の財（n 財）に一般化したときにも当てはまります。その場合には、消費財バスケットをベクトル表現します。詳しくは、中級ミクロ経済学の教科書を参照してください。

ここでは、A夫が漁師と仮定して、交換が始まる前に保有している財——これを初期保有量（initial endowment）と呼びます——は、獲ってきたマグロしか保有していない、B子は畜産農家で、交換が始まる前（初期保有量）は、生産した牛肉しか保有していない、と仮定します。これは社会的に望ましい配分の定義では、初期保有量は問題になりませんが、競争均衡を見つける、あるいは公正な分配とはなにか、という議論をするときには初期保有量は重要な情報になります。

2.4 エッジワースのボックス図（Edgeworth box diagram）

さて、A夫とB子の無差別曲線の準備ができました。つぎに、この無差別曲

第3章　厚生経済学：市場均衡は最適な資源配分を実現するか？

図3　反転されたB子の無差別曲線

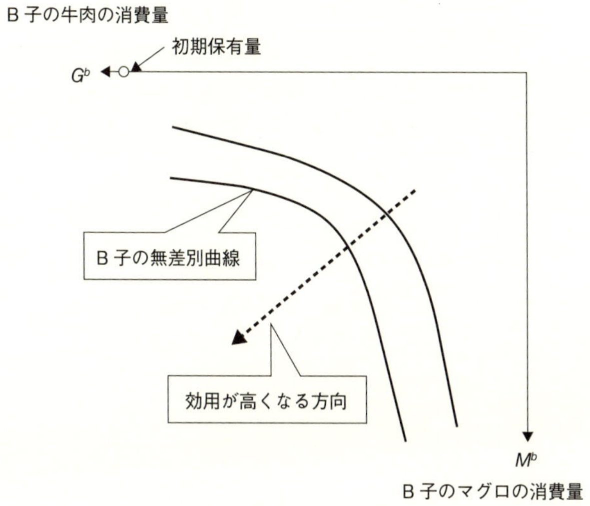

B子の牛肉の消費量
初期保有量
G^b
B子の無差別曲線
効用が高くなる方向
M^b
B子のマグロの消費量

線を組み合わせて、社会的な資源配分はどのようなものであるべきか、という問題を考えていくことにしましょう。さて、経済の望ましい状態や競争均衡を考えるために、とても便利な道具を紹介します。それが、エッジワースのボックス図といわれるものです。まず、B子の無差別曲線図2を、原点を基点として180度反転させて、原点が右上、消費量の多さの向きを左向きと下向きにします。こうした反転させたB子の無差別曲線の図は、**図3**のようになります。

つぎに、図1と図3を組み合わせて、マグロと牛肉の消費の組み合わせの長方形をつくりましょう。これが、エッジワースのボックス図、**図4**です。そこでは、縦軸の高さは、A夫が保有して市場に持ってくるマグロの量で決まり、横軸の長さは、B子が保有して、市場に持ってくる牛肉の量で決まります。いま、仮にA夫が、1キロのマグロを漁獲、B子が1.2キロの牛肉を生産して、市場に持ち込んだとしましょう。そうすると、この経済における資源配分の問題は、1キロのマグロ（縦軸の高さ）と、1.2キロの牛肉（横軸の長さ）をどのように二人に分配するか、ということになります。

エッジワースのボックス図では、図1と図3で描いたA夫とB子の原点が対角にあります。A夫の無差別曲線は点線、B子の無差別曲線は実線で示されて

図4 エッジワースのボックス・ダイアグラム

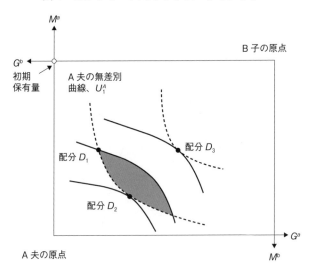

いて、いずれも、それぞれの原点に対して凸の形状です。A夫にとっては、右上に行くほど効用が上がり、B子にとっては、左下に行くほど効用が上がります。

このような背中合わせの無差別曲線が描かれるなかで、A夫とB子がどのように、1キロのマグロと1.2キロの牛肉を分け合うのがよいのか、を考えます。

ここでは、とりあえず、初期保有量のうち、A夫とB子がどちらの財をどれだけ市場に持ち込んだのかは問いません。全能の神がいるとして、この二人の間に、「効率的に」配分するにはどうしたらよいか、という問題を考えます。

2.5 パレート最適（Pareto Optimum）

図4上のどの点も、A夫とB子の間に二財をどのように配分するかを示しています。ここで、つぎのような社会的に望ましいであろう基準を考えて見ましょう。

パレート最適

ある配分（図4、ボックスの中の一点）から得られるA夫の効用とB子の

効用のうち一方を引き下げることなく、他方を引き上げることができないような配分をパレート最適の配分といいます。

言い換えると、配分を変えても、二人のうち一人の効用を引き上げるためには、他の人の効用を犠牲にしなくてはいけない状態、と言えます[4]。二人同時にもっと効用を引き上げることはできない、その意味で「無駄」がない、ということになります。つまり「効率的」な配分を意味しています。さらに言い換えると、パレート最適の基準は、ある人（ボックス図の場合、A夫もしくはB子）の効用を下げないようにしながら、もう一人の人の効用はできるだけ高くする、という意味で、効用を最大化しています。

では実際にどのようにして、このような点を見つけるかです。たとえば、図4で、A夫の効用をU_1^Aの水準に固定するような無差別曲線の上のB子の効用を比べていきます。そして、A夫の無差別曲線上で、B子の効用が最大になる点がパレート最適です。例えば、図4のなかの配分D_1はどうでしょうか。この点からは、A夫の無差別曲線（点線）にそって、右下にくると、B子の効用は上昇します。したがって、D_1はパレート最適ではありません。

配分D_1からみて、右下に広がるラグビーボール形状の部分（網掛け部分）はD_1におけるA夫の効用と、B子の効用を同時に上昇させることができる領域です。このように、資源配分を変えることで、二人とも効用が上がる（もしくは一人の効用が一定でもう一人の効用が上がる）場合を、「パレート改善」と呼びます。パレート改善が可能なような配分はパレート最適ではないのです。

さてA夫の効用をU_1^Aの水準に固定して、B子の配分を最大化すると、配分D_2であることが分かります。無差別曲線がちょうど背中あわせになっている状態です。この状態から、どの方向にいっても、パレート改善はできません。

しかしながら、この基準では、「ある人の効用を下げないようにしながら」という場合の、「ある人の効用」には多くの可能性があります。したがって、パレート最適の点は、このボックス図のなかにたくさんあります。たとえば、配分D_3もパレート最適です。配分D_2から配分D_3への変更では、A夫の効用

---

4) なお、これが2名ではなく、n人の社会では、「どの人の効用も引き下げることなく、ある人の効用を引き上げることができない状態」あるいは、「ある人の効用を引き上げるためには、だれかの効用を引き下げなくてはならない状態」を定義する。

図5 契約曲線

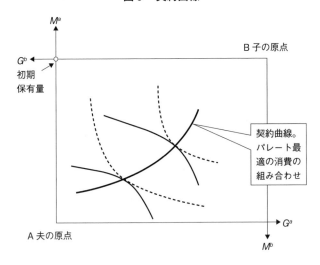

が上がり、B子の効用が下がります。

2.6 契約曲線

ここで、D_2, D_3 のような、無差別曲線がちょうど背中合わせになるような点の集合を、「契約曲線」（contract curve）と呼びます。**図5**でこのような契約曲線を描いてみました。

これで、この二人が二財を分け合う経済で、望ましい配分というのを定義できました。望ましい、といっても、「効率的」であるということです。ほかにも、「望ましい」基準（たとえば、二人の間の配分にあまり差がないように、というような公平性の基準）も考えられます。パレート最適というのは望ましい基準として「効率性」に限っているのです。ある意味、パレート最適は、一般的に考えて、社会的に望ましいと考えられる最低条件（必要条件）であるということもできます。

では、つぎに、このようなパレート最適は、どのような社会的仕組みで到達できるのでしょうか。もちろん全知全能の神（この場合、二人の効用関数を見通すことのできる神あるいは人民の幸せを心がける慈悲深い独裁者）がいれば、きっとパレート最適の点を選ぶに違いありません。しかし一般に、個人の効用

関数を見通すことはできません。アンケートをとっても、正直にこたえてくれるかどうかわかりません。

ここで、経済学の出番なのです。

2.7 競争均衡 (Competitive Equilibrium)

ミクロ経済学で、「完全競争」というときには、個々人はいずれも市場全体に比べると小さな存在で、価格支配力はないと仮定しています。価格は市場で「競売人」によって提示され、個々人はそれに対して、需要量、供給量を提示します。競売人は個人(多数)から寄せられる需要量、供給量を集計して、ある財の総需要が総供給を上回れば(超過需要)、その価格を引き上げると仮定します。ある財の総需要が総供給を下回れば(超過供給)、その財の価格を引き下げると仮定します。価格調整期間中は、実際の取引が行われないと仮定します。均衡が見つかると、その価格を「均衡価格」、そこで成立する、均衡価格での交換後の資源配分状態を、「完全競争により達成される資源配分」、略して「競争均衡」、と呼ぶことにします。こうして総需要と総供給が一致するまで、価格を変えていくと仮定します。このような競争均衡を見つける過程を「市場メカニズム」と呼ぶことにします。

では、A夫とB子が、価格(この場合マグロと牛肉の交換比率)を提示されると需要をどのように決めるかを考えて見ましょう。A夫は、マグロを供給して牛肉を需要します。B子は牛肉を供給して、マグロを需要します。価格は初期保有量の点から、右下に伸びることになり、これがA夫の予算制約を示しています。ある価格が提示されると、その制約のもとで、効用を最大化させます。そうすると、図6のように、各価格に対応して、効用が最大になる点を見つけることができます。予算制約線に無差別曲線がちょうど一点で接する、あるいは背中合わせになるような点です。

競争均衡とは、価格にそったA夫の牛の需要量とマグロの供給量が、同じ価格に沿ったB子の牛の供給量とマグロの需要量にぴったりと合う状態です。

競争均衡

ある初期保有量のもとで、価格が提示されたときに、経済全員の需要、供給

図6 需要の決定

異なる相対価格に応じて、異なる需要量の組み合わせが決まる。

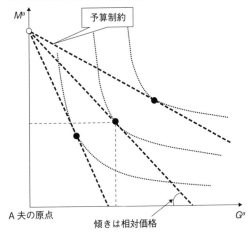

が、すべての財で一致すること、そのときの価格を均衡価格、そのときの財を均衡取引量と呼びます。

二人二財の場合には、競争均衡は、初期保有量からのびる直線上で、A夫とB子の需要が一致する場合です。

2.8 厚生経済学の第1定理

図7で競争均衡の状態を表しています。競争均衡では、無差別曲線が価格（予算制約）に背中合わせになっているということなので、パレート最適の条件も満たしています。つまり、「競争均衡」は「パレート最適」ということが、この図で直感的に分かります。

競争均衡では、効用関数の具体的な形状を「競売人」が知る必要はありません。競売人はたんに、価格を改訂し続ければ、競争均衡がみつかり、それが望ましい性質をもっているということが分かりました。

「完全競争により達成される資源配分」は「パレート最適な資源配分」です。これは、「厚生経済学の第1定理」と呼ばれています。あるいは、「競争均衡は全てパレート最適である」といえます。

第3章 厚生経済学：市場均衡は最適な資源配分を実現するか？

図7　厚生経済学の第1命題

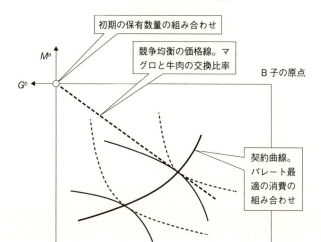

　これは、非常に重要な定理です。市場に任せておけば、社会的に望ましい資源配分を達成できる、ということですから、経済学の面目躍如です。しかも、個々人は価格に反応して、自己の満足を最大化するように需要・供給に反応すればよいわけですから、やりとりが必要な情報量も少なくて済みます。利己的な行動が「見えざる手」に導かれて、社会的に望ましい資源配分をもたらす、というところも、簡素な資源配分メカニズムになっていることを意味しています。

　これで生産、消費の問題がすべて解決するのであれば、そもそも政府（「見える手」）は必要なくなります。しかし現実には、政府は存在するし、政府の役割もあるように思えます。では、どのようなときが政府の出番なのでしょうか。

　まず、「パレート最適」では、どちらの人がより多くの財を手に入れるかは、無差別曲線と同時に初期保有量の位置にも依存します。結果的に、直感的な意味で、大変に不公平になっても、パレート最適なことがあります。「公平性」をなんとか考慮にいれようとすると、厚生経済学の第1定理にくわえてなんら

かの基準が必要になります。これについては第4節で説明します。

　第2に、そもそも市場がうまく働くためには、政府の関与が必要だという考え方もあります。市場が前提としている重要な制度があるはずです。相手の初期保有量を強奪することがあったり、質の悪い商品を持込んだりすることは規制しなくてはいけません。市場の制度的インフラストラクチャーを提供するのは政府です。

　第3に、そもそも「厚生経済学の第1定理」が成り立たない場合もあります。つまり、競争均衡でもパレート最適にならないのです。このような厚生経済学の第1定理に違反するケースとして、いくつかの状況が知られています。第1に「外部性」がある場合、第2に「公共財」がある場合、第3に、情報が不完全である場合、第4に、規模の経済とその結果としての自然独占が発生する場合です。これらの状況は次回詳しく説明します。

配分か、分配か。

　経済学では、「資源配分」(resource allocation)、「所得分配」(income distribution) という使い分けをします。配分は割り振る、分配は分け合う、という意味がこめられています。経済学では、配分は、労働や資本という生産要素をどの産業に割り当てることになるか、という場合によく使われます。これは市場の完全競争を通じて割り当ててもよいし、政府が関与して割り当てることもありえます。一方、所得分配のほうは、消費者（個人）がどのような所得を受け取っているか、という分布を表しています。所得は平等であるほうが良い、とか、所得格差を議論するときに、所得分配の概念を使います。エッジワースのボックス図では、生産でできた資源を社会がどのように配分するか、を議論しています。結果は直接的に、金銭価値ではなく財の量で測るものの、所得分配を意味しています。その意味で、このような純粋交換経済（生産を無視している）では、配分も分配もほぼ同義になります。しいて言えば、初期保有量の位置が分配を表していることは明らかで、ボックス図のなかは、配分でもあり分配でもあります。

第3章 厚生経済学：市場均衡は最適な資源配分を実現するか？

　ここで、上の第2の点ですが、市場が機能するために必要な市場インフラについて少し詳しく考えて見ましょう。市場として機能するための、「市場インフラ」を整備することは、政府の仕事として重要です。

　第1に、私的財産権の確定を政府が行う、ということは重要です。全国の測量や地図作成、土地や建物の登記制度、などは、近代国家の基本です。また、私的財産権の確立と保護も民主主義の基本です。さらに、取引に対する代金の支払いが確定するような、決済システムに関する法整備、さらに中央銀行による決済システムの構築も政府の役割といえます。取引の対価としての支払いは、現金、銀行振り込み、などがありえますが、このような支払いシステムの確立も公的部門（中央銀行を含む、「政府」よりも広い公部門）の役割です。偽札が出まわるようでは、取引が滞ります。銀行間の送金が確実に届かないような状況では安心して巨額の取引ができません。唯一の発券銀行として中央銀行を設ける、というのは、このような支払い手段を確実に提供するという市場インフラ整備と考えることができます。さらに中央銀行の勘定を通じて金融機関同士が、送金できるような仕組み（インターバンク市場）を構築することも、市場の決済機能を確保するうえで重要です。このような中央銀行の役割について、現在ではほとんど異論はありません。（極端な市場信奉主義では、中央銀行すらいらない、という議論を展開する人もいます。実際、中央銀行の登場は、歴史上では近代になってからなのですが、ここでは中央銀行の必要性についての議論には、これ以上ふれません。）

　消費者が商品について、正しい情報を得るための手段を確保することも政府による市場インフラの整備の一環と考えることもできます。ただし、この役割には、民間の努力によるところも大きいので、政府の役割と民間の役割の線引きは難しい問題です。最低限、政府の役割に属するのは、たとえば、広告に虚偽がある場合の処罰の法律や、詐欺、あるいはそれに類似した商取引の処罰の法律を整備することです。商品の品質についての公的な認定、たとえば、最低限の食品安全基準づくり（食品添加物の規制）、およびそれに違反した場合の処罰の規定、などは、市場インフラとして政府の役割である、と多くのひとが考えます。一方、肉の品質の等級や産地表示については、業界団体の自主規制でよい、と考えるのが主流です。

3　利己的な仮定

　ここまで、暗黙のうちに仮定してきたのは、A夫は、B子の財の消費（効用水準）をまったく気にかけない、ということです。B子もA夫の財の消費（効用水準）を気にしない、と仮定しています。数学的には、A夫の効用はA夫の消費財バスケットのみから決まると考えていることになります。つまり、A夫の効用関数の決定要因（説明変数）には、B子の消費やB子の効用は、入っていないのです。B子にとっても同様です。この経済は「利己的な」(selfish) 個人の集まりです。

　なぜ、経済学のモデルでは、人々は利己的に行動するという仮定を使うのでしょうか。「公共政策」的課題への政策提言も、人々が利己的に行動すると仮定するのでしょうか。もっと人々がお互いのことを思いやって、譲り合う意識をもてば、社会はうまくいくのではないでしょうか。競争均衡を実現するのではなく、思いやりの社会を実現するほうが大切なのではないでしょうか。経済学教育よりも倫理・道徳教育が大切だ、と思うかもしれません。

　主流派の経済学分析では、消費者は満足度を最大化するように行動して、企業は利潤を最大化する、として分析を進めて、政策提案を考えています。しかし、このような分析手法そのものに疑問をもつ読者もいるかもしれません。

　では、このような「利己的な仮定」を使う経済学は、愛も思いやりもない「冷血」な科学ということなのでしょうか。

　まだ私が学部で経済学を学び始めた頃は、70年安保闘争の余熱があり、主流であるアメリカ流新古典派経済学に対するさまざまな疑問が投げかけられていた時期です。経済学の「系統・流派」についての詳しい話は別の機会に譲りますが、新古典派経済学の前提や結論、さらには学問としての価値についてもさまざまな議論が勃興していました。それまでの自分の研究を「自己批判」された先生も居られました。そんななか、どのような経済学を目指すべきか、なんて高ぶった議論のなかで、私のゼミの指導教官、荒憲治郎先生、の一言が忘れられません。

　「そうだね、利己的な仮定を置いて構築した経済社会をつくるというのは、

第3章　厚生経済学：市場均衡は最適な資源配分を実現するか？

悪い人が得をしないシステムをつくるということだね。」

この一言を聞いていたから、私は迷うことなく、そして後ろめたさを感じることなく利己的仮定を使う経済分析をしてくることができました。そうです、社会にはいろいろな人がいます。善人もいれば悪人もいるでしょう。利己的な人もいれば、善意のおもいやりの意識に富んだ人もいるはずです。しかし、人は利己的である、という仮定をおいて構築された市場メカニズムは、対価を払わずに利益を得ることが不可能です。また、利他的な人が入ってもシステム全体が崩壊することはありません。いっぽう、全ての人が善意で利他的であるという仮定を置いたシステムは、利己的な行動をする人が入りこむと崩壊するのです。

善人でも貧困のどん底では、ある瞬間には（物を盗みたいという）悪魔のささやきを聞くことがあるかもしれません。「魔がさした」といいます。そこで善人として踏みとどまるには、モラル教育もさることながら、悪事は法的にも経済的にも罰せられるというシステムが有効である、と経済学は考えます。

利己的な仮定に基づくモデルやその政策的意義を扱う経済学は、利己的になれ、と教えているわけではありません。利己的ではない行動をとる（匿名でランドセルを寄付する）善人がいても、経済学の重要性が否定されるわけではありません。ただ、全ての人が善人だ、という仮定に基づいた経済システムは、逆に必要な人に資源がいきわたらない可能性があります。

多少乱暴な一般化を許してもらえるならば、刑法、民法は、善人が損をしないことを確実にする制度です。競争均衡概念、市場メカニズムというのは、善人が損をしないことを確実にする制度です。

倫理・道徳教育を強調すると、独裁者もしくは少数エリートとその友達だけが（大衆には見えないところで）得をするシステムに変質する可能性があります。贅沢は悪だ、と教えれば、いくつかの財を生産することは必要なくなるかもしれません。『ユートピア』では、質素な服装で暮らすので、無料でも財が足りなくなることはない、とされています。しかし、このような節約の思想は、一歩間違うと国家による思想統制、（インターネット）検閲へと変質していくのです。市場メカニズムというのは、一見不平等、不公平、格差を許容するシステムだと思われるかもしれませんが（そしてそのような側面があることは第

2.1小節の説明であきらかですが)、国家が暴走する可能性は少なく、いろいろな嗜好を持つ人が入ってきても成り立つという意味で、頑強性のあるシステムなのです。

民主主義は悪い面がたくさんあるが、悪い程度が一番低い政治システムという、政治学では定番のフレーズがあります。これを経済学に応用するならば、競争均衡に頼る市場メカニズムは欠陥だらけの経済システムです、しかし他のシステムに比べると、欠陥が一番少ないメカニズムなのではないでしょうか。

4 公平性（衡平性）

4.1 「不公平」をどう考えるか

漁師であるA夫と畜産農家のB子の交換経済では、その日の収穫によって、初期保有量は異なり（ボックスの縦横の長さが違う）、成立する市場均衡価格もその日により変動します。それでも、漁師が漁師であり、肉屋が肉屋である以上、初期保有量は左上隅で、そこから交換が行われることに変わりありません。どのような価格が成立しても、不公平感は生まれないと思います。魚と肉交換が必要なことにかわりはありません。

しかし、気候変動が起きて、A夫の漁が好調となり、短時間で多くの魚を獲ることができるようになったと考えましょう。余った時間で、港に面した裏山であまり手間のかからない牛の放牧によって牛肉生産もできるようになりました。一方、B子の畜産はうまくいかなくなりました。山間の放牧地が洪水と土砂くずれで、使えなくなり、生産量が落ちたとしましょう。ただ、当初の保有量は減っても無差別曲線の位置（嗜好）に変化はありません。

初期保有量は、これまで考えてきた経済では、A夫が1キロのマグロ、B子は1.2キロの牛肉だったのが、気候変動のあとは、A夫が、1キロのマグロと、900グラムの牛肉を生産、B子は、わずか300グラムの牛肉を生産することになったとしましょう。

簡単に表記すると、A:(0, 1000)、B:(1200, 0)からA:(900, 1000)、B:(300, 0)に変化したとしましょう。このとき、第3.5小節のパレート最適の分析はど

のように変わるでしょうか？

　はい、正解は、第2.4小節のボックス図と第2.5小節のパレート最適の分析は、まったく変化がありません。ボックスの大きさは、縦が1,000、横が1,200で変わりませんし、パレート最適を見つけるために必要な無差別曲線はまったく動いていないからです。初期保有量の点が左上隅から、上辺の左から4分の3の点に移動しました。しかし、第2.5小節で言ったように、パレート最適の定義に初期保有量は無関係なのです。ここが、パレート最適の概念の美しいところでもあり、弱点でもあるのです。これを後で詳しく説明します。

　もちろん、第2.7小節で考えた競争均衡は変化します。初期保有量から価格線を引いて競争均衡点（無差別曲線が背中合わせで価格線に接する点）をみつけようとするわけですから、初期保有量の点が動けば、競争均衡が変化するのは当然です。

　では、気候変動後の新しい初期保有量のもとで競争均衡を描いてみましょう。これが、**図8**です。図7よりも競争均衡点は右上に動いたことがわかります。Ａ夫の効用は高まり、Ｂ子の効用は低くなりました。それでも、新しい競争均衡は厚生経済学の第1定理の結果として、パレート最適です。

　気候変動後の初期保有点の変化、その結果としての競争均衡の変化、を「不公平」なものと考え、社会的に望ましくない、という印象をもっても不思議ではありません。重要なのは、その「不公平は社会的に望ましくない」という印象をどのように科学的に分析するかです。まず、パレート最適という概念は、格差、不公平という視点を扱えない、ということが分かります。別の基準が必要です。しかし、ここでは、個人間の効用の加算性や比較可能性を前提としない（これは現実的です）分析ですから、公平、不公平の分析もなかなか難しいことになります。

　さて、この気候変動によってＡ夫とＢ子の効用が大きく変化したことについて、どのように考えるか、が公共政策のひとつのポイントです。（経済学的アプローチを学んだかどうかの分かれ目になります。）

　さて、気候変動後の競争均衡（図8）のＢ子の状況をみて、いろいろな反応がありえます。政治家や有識者はもちろん、学者の間でも意見は分かれることでしょう。

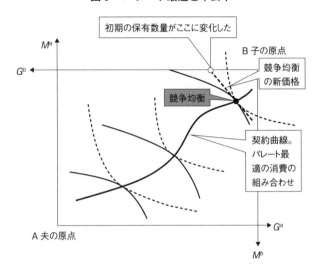

図8 パレート最適と不公平

反応1.（結果がかわいそう）

　B子の消費（競争均衡点）がA夫に比べて、いかにも少ないのは「かわいそうだ。」政府は、A夫に課税（マグロと牛肉を強制徴収）して、B子に分配すべきだ。金持ちに課税して、かわいそうな、恵まれない人に分配するのは常に正しい。

　市場に任せればよい、という経済学は、温かい心を持たない冷血の考え方だ。市場に任せるのではなく、政府が資源の管理、資源の配分を考えるべきだ。

反応2.（初期保有量の偏在が問題）

　A夫の初期保有量が大きく、B子の初期保有量が小さくなったのが根源的な問題だ。しかし、気候変動のような外的な要因（いわば運）で、生産能力が高くなったりすることで、初期保有量が変動することはよくあることだ。政府が関与するときには、このような初期保有量について（気候変動が起きる前に）あらかじめ偏在防止の約束をA夫とB子の間で結ぶお手伝いを政府が行うことは重要だが、初期保有点から、競争均衡をみつけるというメカニズムが重要であることは変わらない。

もう少し対立をあおるようにまとめると、反応1は、競争均衡点における消費が偏っている、「結果」が問題。さらに、このような結果をもたらす競争均衡という配分メカニズムに任せるのが問題、という立場です。反応2は、初期保有が偏っていることが問題であり、競争均衡という配分メカニズムはいささかも問題ではない、という立場です。

反応1を突き詰めると「結果の平等」に行き着きますし、反応2は、「機会の平等」につながる考え方です。

4.2 平等は公平とは限らない

反応1を突き詰めて、つねに社会は資源を平等に配分する、という共産主義的な考え方を導入したとしましょう。究極の「結果の平等」です。エッジワースのボックス図でいうと、初期保有量は、A夫とB子がどのようにもちよろうと、すべて政府が接収し（100％課税）、全ての財を平等にA夫とB子に分配します。これで、結果平等は達成されます。全員が幸せになれるでしょうか。現実にもこんなことがありました。戦後の物資欠乏時期には、コメは配給制で、政府が農家から買い入れ、国民に一定量のコメを「配給」していたことがあります。コメだけではなく、すべての消費財を「平等に」国民に配給することをイメージしてください。このような仕組みをすべての財に適用すればよかったのでしょうか。

このような「結果の平等」の追求は、残念ながら、皆を幸せにすることができません。理由はいくつか考えられます。第1の問題は、すべての人の効用関数は同じではないことです。最低限で、牛肉もマグロも食べるものの、そのあとは、どちらかというと、牛肉をマグロよりも好む人もいれば、逆にマグロを牛肉よりも好む人がいます。したがって、一般的には、「結果の平等」は、パレート最適ではないのです。このような状況を**図9**で示しています。すべての財を平等に配給しても、そのあとで、配給されたものを交換する市場が立つのです。

第2の問題は、すべての財（作物、肉、魚）を政府が100％課税するということは、生産意欲を減退させてしまいます。エッジワースのボックス図では、「初期保有量」を得るのに「生産努力」はいらないと暗黙の仮定をしていまし

図9 「平等な」分配はパレート最適とは限らない

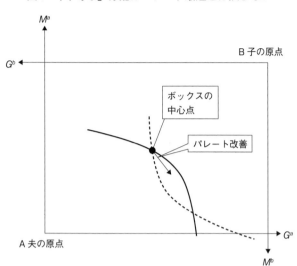

た。生産したものは市場で売買するので問題はなかったわけです。より多く生産して、市場にもちこめば、効用が高くなることは分かっていたわけです。しかし、生産したものが政府に召し上げられ、最終的な消費量は配給で決まっている、となると、生産意欲も減退してしまうでしょう。政府による生産物への課税は、必ず生産意欲を減退させ、このボックス図の例でいうとボックスの大きさを変えてしまうのです。ここの点は、これまでの分析では考慮に入っていませんので、別の分析用具が必要になります。

4.3 無知のベール (veil of ignorance)

さて、初期保有量の偏在が問題であり、競争均衡にいたる「市場メカニズム」には問題がない、という立場から平等の問題を考えてみましょう。競争均衡にいたる市場メカニズムは、パレート最適にいたる重要なメカニズムですから、そこは変えたくないとすると、初期保有量を「あまり不公平ではないもの」にする必要があります。そのためには、事前に（この場合は気候変動が起きる前に）初期保有量に大きな差が生じた場合には、二人の間で初期保有量の再配分を行う、と「契約」することが考えられます。そしてそれは政府の役割

とするのです。では、その「事前に」というのはどこまで遡るのでしょうか。

一つの考え方は、A夫やB子が生まれる前に、どちらに生まれても満足のいく「社会契約」を結んだとすると、どのような分配を好むだろうか、という考え方です。これは、ロールズの正義論で展開された考え方です（John Rawls, *Theory of Justice*, Cambridge, Mass., Belknap Press of the Harvard University Press. 1971）。そうすると、おそらく極端な初期保有量の偏在は政府によって矯正される、という「社会契約」が結ばれるだろう、と考えます。

少し敷衍して考えると、まだ子供が生まれてくる前の夫婦を大勢集めて、これから生まれてくる子供たちが生きていく経済では、資源配分にあたり、どのような制度（公的教育、医療、所得税、失業手当、生活保護）がよいか、考えてください、と促しているのが、「無知のベール」です。これにより、このような初期保有量に大きな偏在は起きないような制度ができるはずです。ただ、これだけでは具体的なルールを導くことにはなりません。

4.4　厚生経済学の第2定理

第2節では、初期保有量が先に決まっていて、そこから競争均衡の消費バスケットが決まる、というロジックを考えていました。そこですべての競争均衡は、パレート最適になるのですが、そのパレート最適が、「公平」であるとは限りません。

つぎに、もし政府あるいは、無知のベールに包まれたところで決められた「社会契約」が、パレート最適のなかでも特定の点（契約曲線上の一点）に到達したい、ということであれば、そこが競争均衡になるような初期保有量を特定できれば良いことになります。あくまでも市場メカニズムを使ってパレート最適を見つける利点を使いつつ、最終的な消費の分配（競争均衡）をある程度公平感があるものにするためには、初期保有量をうまく選ぶ（資源の再配分を可能にする）ことが重要になるのです。

ここで、多くの（主流派）経済学者は、資源配分の効率性、と分配の公平性は「分離」することができる、と考えます。極端に言うと、資源配分の効率性（つまり厚生経済学の第1定理です）が達成されるようにアドバイスするのは経済学者だが、所得分配の公平性（初期保有量の決定）を実現するのは政治の

図10　厚生経済学の第2定理

どのパレート最適の分配も、競争均衡として達成することができる「初期保有量」の組み合わせが存在する。(ただし、厳密には、効用関数に追加的な性質の仮定が必要です。ここでは議論しません。上級のミクロ経済学の教科書を見てください。)

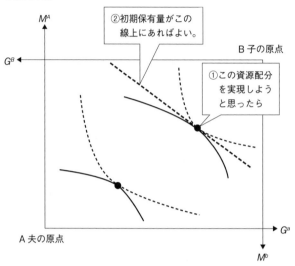

役割だ、という考え方です。初期保有量さえ（政治が）決めてくれれば、どのようにして効率的な資源配分に到達するかは市場メカニズムで大丈夫（厚生経済学の第1定理）です。一方、のぞましい分配結果を政治が選ぶのであれば、そこにどのように到達するか、初期保有量の再分配を提案することもできます（厚生経済学の第2定理）。**図10**で厚生経済学の第2定理の考え方を描いています。

　この効率性と公平性の分離こそ、厚生経済学の一つの成果でもあり、弱点となります。最初に述べましたが、公共政策の観点から経済学をいろいろな角度から批判するのはよいのですが、すくなくとも厚生経済学の第1定理と第2定理の「キモ」は押さえた上で、どの仮定を批判しているのかを明確にしないとなかなか良い議論にはなりません。

第3章　厚生経済学：市場均衡は最適な資源配分を実現するか？

図11　羨望と無羨望

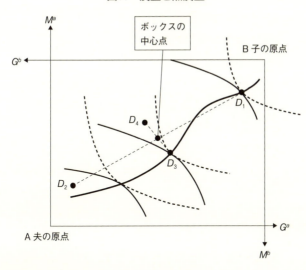

4.5　無羨望の条件（no envy condition）

　パレート最適な資源配分のなかには、社会通念からみてかなり不公平なもの（左下のA夫の原点に近いもの、及び右上のB子の原点に近いもの）も含まれています。そこで、最低限、あまりにも不公平なものは排除しよう、と考えて見ましょう。

　パレート最適にくわえてもう一つ、社会として望ましい基準を考えようという試みもされてきました。先に議論した気候変動後のB子にとって不公平（と直感できる）競争均衡点を考えましょう。この点が不公平、というときの一つの基準として、B子は、A夫と、できれば立場を変わって欲しい（映画に出てくるような体が入れ替わる状態）という気持ちを持つこと、と理解できます。

　これを、**図11**で考えてみましょう。B子からみて、A夫のD_1における資源配分を自分の効用関数で評価する、というのは、D_1と、ボックスの中心の点の点対称のD_2の点をB子の原点から評価して、そこの効用（無差別曲線）が、D_1よりも高いかどうか、を考えればよいことになります。この場合、あきら

かに、B子にとって、D_2の効用はD_1よりも高いので、B子はA夫を羨望 (envy) していることになります。したがって、D_1は、B子がA夫に対して羨望する（できれば立場を変わって欲しい）という意味で不公平ということになります。

　では、一体A夫がB子を羨望せず、B子もA夫を羨望しないような資源配分はあるのでしょうか。D_3のようなパレート最適な資源配分を考えます。D_3の中心点の点対称はD_4で表されています。D_4は、A夫にとっても、B子にとっても、D_3よりも効用は低い（それぞれの原点に近い無差別曲線が対応）ので、D_3はA夫にとってもB子にとっても相手を羨望しない資源配分になります。D_3のような資源配分を「無羨望」の条件を満たすといいます。

　そうすると、公平を強調するのであれば、パレート最適であり、無羨望である配分を目指す、ということではどうでしょうか。そしてそのような配分に行き着くように、初期保有量の再分配を行うことを、事前に、無知のベールの下で社会契約する。なんとなく「効率性」と「公平性」の折り合いがついてきました。

　これから先は、現実の問題を考えるときに、このような考え方をうまくとりいれて政策を考えることです。

第4章 市場の失敗(1)外部性
公害はなぜ発生するのか？

1 イントロダクション

　このところ中国に出張した人たちからは、大気汚染がひどい、という話を良く聞きます。また、ニュースでもしばしば取り上げられています。たとえば、つぎのような記事がありました。

「中国の北京市当局は18日朝、重度の大気汚染が72時間以上続く見通しになったとして、4段階の警報の中で最も深刻な「赤色警報」を発令した。赤色警報が出されるのは今月7日に続き、2回目。19日午前7時（日本時間同午前8時）から23日午前0時まで厳しい車両規制を実施するほか、幼稚園や小中学校には休園や休校を勧告した。工場の操業も制限する。」

（『日本経済新聞』2015年12月18日）

　北京の大気汚染問題も、重要な「公共政策」課題です。このような市民の生活無視の工業化・成長至上主義は、「中国」の政治体制の問題だ、と感じる若い読者も多いかもしれません。しかし、同じような公害問題は、実は1960〜70年代の日本にも存在していたのです。
　日本でも1960年代から1970年代にかけては、工場排水による水質汚染、排気ガスによる大気汚染、など、公害や環境汚染がひどかった時期でした。この頃は、マスコミも含めて多くの有識者の間に、公害や環境汚染は、資本主義の失

敗の証左である、と主張する人が多くいました。自由競争の市場メカニズムに任せておくからこのような深刻な公害問題が生じる、というような主張でした。公害問題の解決には、市場メカニズムに代わる政治経済システム（福祉国家？社会主義国家？）が必要だ、という意見も見られました。一部の経済学者も、新古典派経済学では社会的共通資本が欠如する、という主張をしていました。

しかし、中国という社会主義国家で公害が起きていることからわかるように、どうやら公害問題の発生は政治体制の問題ではなく、社会主義にも資本主義にも共通の何かがあるようです。

このような大気汚染問題がなぜ発生するのか、これをどのように解決したらよいのか、ということについて、経済学は重要な指針を提示します。公共政策の「経済学的アプローチ」を考える上で、大気汚染問題は格好の応用例になります。これを本章では分かりやすく説明します。

まず、経済学の有効性について懐疑派の人たちからはつぎのような問題提起がされています。

第1の疑問、このような大気汚染問題が発生することは経済学が解けない問題が存在していること（経済学の適用可能性の限界）の証ではないか。

第2の疑問、このような大気汚染問題の解決には、温暖化ガスや有害物質の排出を「規制」することが重要で、経済学の出る幕はないのではないか。

では、経済学者は、このような疑問にどのように答えるのでしょうか。

第1の疑問とは、前章で説明した「厚生経済学の第1定理」に疑問をつきつけていることになります。市場メカニズムにゆだねれば、最適な資源配分を実現できると、この定理は主張しますが、地球環境の悪化や公害の発生は、このような純粋理論の定理が現実には無力であることを示している、と言い換えることができます。これに対する経済学者の回答は、環境問題や公害の問題は、「厚生経済学の第1定理」で暗黙のうちに仮定していた条件が満たされないために、問題が生じているので、定理が間違っているわけではない。しかし、仮定を吟味する必要がある、というものです。問題となる仮定については、後ほど詳しく説明しますが、生活の満足度（効用）にとって重要な変数（この場合「きれいな空気」などの環境一般）に、他の人の利用を排除できるような「所有権」が付与されていなかった、ということです。問題の再発を防ぐためには、

概念的に「所有権」の付与が必要だ、ということになります。

　第2の疑問は、問題があることはわかった。（伝統的な）経済学の枠組みでは問題の「発生」を止められなかったのだから、起きてしまった問題の「解決」にも経済学は役に立たないはずだ、と言い換えることができます。これに対する経済学者の回答は、解決手段を考える上で、経済学は非常に重要だ、ということになります。たしかに、温暖化ガスや有害物質の排出を「規制」すればよいのですが、では誰の排出をどのようにして、規制するのでしょうか。そしてそれをどのようにモニターするのでしょうか。ここでも、「効率的な」（つまり、パレート最適です）解決方法を探るうえで、市場メカニズムは重要な役割を果たします。これも後ほど詳しく説明しますが、「所有権」の付与をして、その「権利」の取引を認めればよいのです。これが「排出権取引」という市場メカニズムです。

2　市場の失敗

　前章では、競争均衡はパレート最適である、という厚生経済学の第1定理を中心に議論しました。さらに、パレート最適という基準では、「公平性」を議論できないのが弱点ですが、これについては初期保有量の偏在を解決するための「社会契約」が必要であることを説明しました。競争均衡という資源配分メカニズムは望ましい点をいくつも備えていることも強調しました。したがって厚生経済学の第1定理が成り立つ世界では、政府の役割は、「初期保有量」の公平性を確保することと、「競争」が公正に行われるように、市場という制度を監視する役割に限定されていました。（もちろん、それぞれも重要な役割です。）

　本章から3章にわたって、厚生経済学の第1定理が成り立たないケースを説明します。つまり市場均衡は存在するのですが、それがパレート最適ではないケースです。これは、市場メカニズムの重大な欠陥となります。市場の失敗の場合には、政府の出番です。まさに、公共の利益のために、政府が市場に「介入」することが正当化されるのです。政府は課税、補助金、数量規制という「介入」手段を持っています。これらの手段を使うことで、資源配分をパレー

ト最適に近づけることができるのです。

ここで、ひとつ間違いやすい「言葉」の定義の問題がありますので、気をつけましょう。**「市場の失敗」というのは、市場が存在して、価格や取引も行われるのだけれども、その結果の資源配分が効率的ではない、つまりパレート最適ではない、という場合を指しています。**そもそも、「市場が存在しない」場合、「市場メカニズムでは配分が決められない」場合は、市場の失敗の場合もありますが、そうとは呼べない場合が多いのです。あるいは、「市場で決められる資源配分が著しく不公平、不平等になる」場合というのは、「市場の失敗」とは呼びません。効率性の問題ではなく、所得分配の問題だからです。

市場が存在しない(つまり、需要と供給を一致させるような価格が存在しない)場合には、市場の失敗の場合もあれば、そうでない場合もあります。取引されている財・サービスについての情報が売り手と買い手で異なる(情報の非対称)場合には、取引を実現するような価格が存在しなくなる場合があります。これは、市場の失敗と呼べる場合です。しかし、そもそも、非経済的理由で「市場が存在しない」、というのは、通常は「市場の失敗」とは呼びません。

これから説明しようとしている「市場の失敗」は、取引は成立しているのに、それがパレート最適ではないケースです。そして、政府の介入でパレート最適を達成する可能性がある場合です。いずれも、厚生経済学の第1定理の成立に必要な暗黙の仮定が成り立たないケースです。

まず、これからの議論の道筋をあらかじめ示すために、市場の失敗の4つのタイプを簡単に解説してから、具体的な分析に進みます。

市場の失敗、**タイプ1：外部性**(externality)
市場の失敗、**タイプ2：公共財**(public goods)
市場の失敗、**タイプ3：情報の非対称性**(informational asymmetry)
市場の失敗、**タイプ4：規模の経済性**(scale economies)

外部性、というのは、ある消費者の消費活動(音楽演奏)、あるいは企業の生産活動(銅の精錬)が、ほかの消費者や企業の経済活動に、「市場取引を経ずに直接影響」する場合を指しています。外部性は、プラスの影響の場合もマ

第4章 市場の失敗(1)外部性：公害はなぜ発生するのか？

イナスの影響の場合もあり得ます。隣家でのピアノの練習の音が聞こえてくるのを、心地よいバックグラウンド・ミュージックと受け取れば、正の外部性であり、騒音と受け取れば負の外部性ということになります。外部性は、消費者同士でも起きますが、生産者から生産者（例、工場排水の漁業への影響）でも起きますし、生産者から消費者（例、工場からの煙による周辺住民の健康被害）に対して起きる場合もあります。

　公共財、というのは、多くの人が同時に利用することができて、費用を払わないからといって利用を断ることが難しい財・サービスです。国家としての究極の公共財は安全保障や警察、消防です。道路網、電気供給網、電話網、上下水道網など、いわゆる「インフラ」（infrastructure）と呼ばれるものの多くは、公共財です。通常の財（パン、お米など）と違うのは、ある人がサービスを利用しても、他の人も同時にサービスを利用できることです。したがって、費用を負担しない利用者を排除することに大きな費用がかかる場合は純粋の公共財になります。ただし有料道路のように、費用負担のない利用者を排除できるものもあります。

　情報の非対称性のタイプには、実はいくつもの変化形があるので、ひとくくりで説明するのは難しいのですが、一般的に、売買している商品・サービスについて、売り手と買い手が異なる情報をもっている場合を指します。中古車や中古住宅などの品質、新規に雇用する労働者の能力、などがあげられます。このように外見は同じでも品質が異なる財を取引している市場では、買い手はなんとか品質についての情報を見つけようとしますし、品質の良い財・サービスを販売する人はなんとか高い品質であることを伝えて高く売ろうとしますが、品質の確認は難しいことが多いのです。

　規模の経済性、とは、生産活動の規模が大きくなればなるほど限界費用が下落し続ける産業活動を指しています。生産規模が大きい企業がコスト面で有利になりますから、製品の値下げ「競争」が起きると、いちばん大規模な生産者が勝ちます。こうなると、いずれ1人の生産者が独占的な地位を得て、独占的な価格付けを行うようになります。完全競争の市場均衡では、多数の買い手、売り手からなっているので、買い手も売り手も市場価格を与えられたものとして行動すると仮定していました。1人の需要量の変更、あるいは、供給量の変

更は、市場価格に影響を与えないのです。このような仮定のもとで「厚生経済学の第1定理」が導かれていました。独占的な売り手が登場すると、この仮定が崩れてしまうのです。

> 余談ですが、東京大学在職中は、公共政策大学院を志望する学生さんの入試面接をしていました。志望動機という定番の質問のつぎによく聞いた質問は、「市場メカニズムが最適な資源配分をもたらすので政府は不要である（あるいは最小限でよい）という意見がありますが、どう考えますか？ 公共政策（大学院）も不要ではありませんか？」という意地悪なものでした。あるいは、より直接的に「市場の失敗とはどのようなことですか？ その原因は？」というものです。（私はもう東大教授ではありませんから、今も同じ質問が繰り返されているとは限りません。念のため。）

3 外部性

3.1 騒音

「外部性」というのは、ある消費者（C夫）の消費・生産という経済活動が、市場で売買するような財・サービスではないものを通じて、他の消費者（D子）の消費・生産活動あるいは生活満足度に直接影響を与えるような場合です。たとえば、C夫が大音響で、ジャズ・ドラムの練習をしている、としましょう。その騒音が隣家のD子の生活満足度を著しく低下させる。この状況を、C夫からD子への「負の外部性」が発生している、と表現します。消費者を企業と置き換えてもよいです。山奥の鉱山から銅鉱石を採掘、そこで銅の精錬を行い、汚水を川に垂れ流し、煙をあたりに撒き散らすことで、周辺住民の被害が発生する、川の下流の農作物に被害が出る場合も「負の外部性」です[1]。

---

1) 銅山による公害、つまり鉱害、として具体的な例は、19世紀後半から約1世紀にわたり起きていた「足尾銅山鉱毒事件」があります。

第4章 市場の失敗(1)外部性：公害はなぜ発生するのか？

　このような外部性の問題の本質は、「市場を通さずに」というところです。騒音発生の場合には、「静けさ」に排除可能な「所有権」が付与されていないため、市場が成立しない、ということが、この騒音問題を引き起こしている「外部性」の本質です。そこで、経済学者は、「静けさ」に所有権を確定すれば、外部性の問題を解決できると考えます。「静けさ」の所有権をD子に与えると、D子はそれを行使して、C夫に「静けさ」を侵さないように要求することで、騒音は止むと考えます。

　法律の専門家の回答は、「静けさ」を住民の基本的な権利として、たとえば午後8時以降、午前6時までの、一定音量以上の騒音を禁止するのが騒音問題の解決方法だと考えます。

　一見、騒音問題に対する、経済学者の回答も法律家の回答も同じだ、と考えるかもしれません。ところが、上にあげた経済学者の回答の、D子がC夫に騒音発生を止めさせる、というのは、可能な資源配分の結果の一部でしかありません。これをつぎに考えます。

　つぎのような場合を考えてみましょう。D子が「静けさ」の所有権を保有した場合でも、D子が実はそれほどジャズが嫌いではないかもしれない。午後8時をすぎていても1時間くらいなら我慢可能かもしれない。一方、C夫は、帰宅が午後8時をすぎるので、なんとか1時間練習したいと考えています。D子は保有している「静けさ」の所有権を切り売りすることにします。午後8時から午後9時までの「静けさ」を1000円で売ることを提案します。C夫は、1000円払ってでも練習したければ、この「静けさ」を破る権利＝騒音を出す権利を購入します。つまり、経済学では、外部性と呼ばれる問題には、うまく所有権さえ付与すれば、市場が生まれて、効率的な資源配分、つまりパレート最適が達成される、と考えるのです。こうして厚生経済学の第1定理はよみがえるのです。ポイントは、所有権さえどちらかに付与すれば、あとは2人の間の交渉で、「静けさ」の消費からみたパレート最適が達成される、ということです。

　このように、外部性が発生する問題の根源（この場合「静けさ」）に所有権さえ付与して、当事者の交渉にまかせれば、パレート最適の資源配分を達成することができる。ただし、どちらに所有権を付与するかにより、所得分配（あるいは満足度）は異なる。このような一般的な原則を「コースの定理」

(Coase Theorem) と呼びます。

一方、立法と規制を重視する人たちは、騒音問題は当事者の交渉に任せることはできない、政府の出番だ、と考えます。政府が規制で、「静けさ」とは70デシベル以下である、適用時間帯は午後8時から午前6時まであまねくすべての人に保証されるべきである、というように考えます。この場合は、平均的な人の平均的な生活を基準にしないと法律にはなりません。経済学者からみると、当事者同士の満足度をあらかじめ法律で規制すると、パレート最適な資源配分には到達できない、と考えます。ここが経済学者のアプローチと法学者のアプローチの違いになります。

3.2 理論と現実のギャップ

ここまでは、「静けさ」を破る騒音の主がはっきりしているという前提で話をしてきました。つまり、外部性発生源→発生事実→被害者の不利益という因果関係を特定することができる、という前提で話をしてきました。そのうえで、「静けさ」の所有権を問題にしていたのです。

しかし、現実的な外部性の例では、この因果関係の立証は難しい場合が多いのです。高層ビルが立つことで、日照が妨げられるということは因果関係がはっきりしていますが、電波障害や風向きや風速の変化については、なかなか立証が難しいと思います。因果関係から争うような場合には、たとえ所有権を付与したとしても、当事者同士の話し合いで金銭解決することは難しいかもしれません。

さらに、工場排水から水質汚染がうたがわれる場合には、そもそも汚染源の特定が難しい場合があります。被害者がすべてを立証するのが難しい場合には、なかなか当事者同士の交渉にゆだねるわけには、いきません。

もうひとつの問題は、所有権の主張、つまり違反者に対する取締りができるか、という問題です。実効性のある約束を交わすこと、また違反者を取り締まることは、当事者同士にゆだねられた場合には、難しいこともあります。このような立証費用、交渉費用が高い場合には、「午後8時から午前6時まで騒音は出してはいけない」というような直接的な数量規制をかけて、公権力（環境省、警察）に取り締まってもらうことが、次善の策（second best）になるか

もしれません。

3.3 モデル(1) 数値例

まず簡単に外部性の意味を理解するために、余剰分析の数値例の応用問題を考えます。いま、余剰分析の数値例とした需要関数と供給関数から決まる市場で、生産にともなって外部性が発生しているケースを考えます。

ここでは、第1章の余剰分析で考えた、需要関数、供給関数が分かっていて市場均衡が達成される数値例を考えます。この市場の財の生産・消費活動は、騒音や粉塵を周辺にまきちらして、周辺住民に多大な迷惑をかけるという「外部性」を仮定します。外部性というのは、いま市場で取引されている財の生産者や消費者には直接コストがかからないものの、「第三者」に対してコストがかかる場合を考えています。そこが「外部」なのです。あとで説明しますが、この「外部性」が引き起こされている環境（静寂、きれいな大気、あるいはきれいな河川）には、明示的に財産権が設定されていない場合が多く、「第三者」が個人として損害賠償を請求するにはハードルが高いのです。ここが外部性のやっかいなところです。

さて、まず簡単な数値例で、外部性があるときには、第1章の市場均衡では、社会的な余剰が最大化されていないことを確認します。

数値例（外部性つき）

$$Q^s = \frac{1}{2}P$$

$$Q^d = 60 - P$$

ただし、外部性のコストは（金額表示が可能として）、生産量に比例して発生する騒音・粉塵が周辺住民に与える、つぎの関数で表されます。

$$C = -Q$$

ここで、外部性を無視した均衡は、第1章でもとめたように、

$$Q^d = Q^s$$

であり、$P^* = 40$、$Q^* = 20$ です。

しかし、ここでは、外部性のコスト（負の値）は、

$$C = -20$$

です。

　　　　　社会的余剰＝消費者余剰＋生産者余剰＋外部性コスト

です。「外部性」が今回付け加わった部分になります。

　図1では、第1章の図7に生産と比例して起きる負の外部性を下部のグラフに示しています。上部と下部の横軸は共通です。

　社会的余剰は、上部のグラフで表される「消費者余剰＋生産者余剰」の面積と、下部のグラフで表される外部性（マイナス）の面積です。

　さて、直感的に考えてみましょう。外部性のない余剰分析では、社会的余剰が最大化されていた均衡、$P^* = 40$、$Q^* = 20$ では、外部性がある場合には、社会的余剰が最大化されていないことがつぎのようにして分かります。いま、$Q^* = 20$ から、ほんの少しだけ Q を減らすことができると、「消費者余剰＋生産者余剰」の減少分は、0 にきわめて近い金額になります。一方、外部性のコストによる余剰の減少分は、20に近い金額だけ減少しますから、少し Q を減らすことは社会的余剰を増加させることが分かります。

　そもそも外部性が無視されて $Q^* = 20$ まで生産が行われるのは、静寂やきれいな空気について周辺住民の所有権がないから、かれらの声が無視されているからです。社会的余剰は最大化されていません。しかし、生産をまったく止めてしまうと社会的余剰がゼロになってしまいますから、これも最適ではありません。

　では、外部性を含む社会的余剰の最大化はどのようにして考えればよいのでしょうか。結論からいうと、Q を少しだけ変化させることで増える、上部のグラフの余剰の増加の程度と、下部のグラフの損失の増加の程度が一致するところです。これは、$Q = 15$ のときに、「消費者余剰＋生産者余剰」の増分は15、外部性の損失の増分が15であることから、$Q = 15$ が、外部性を含む社会的余剰の最大化になっていることが分かります。

　この直感的な理解を、数式を使って考えます。

　消費者余剰プラス生産者余剰は、図1-Aの縦軸と需要関数と供給関数に囲まれた面積になります。Q が増えるにしたがって、余剰は変化します。Q が20以下の場合には、Q が決まると生産者余剰と消費者余剰が、台形の面積になり

第4章 市場の失敗(1)外部性：公害はなぜ発生するのか？

図1 外部性のコストがある場合

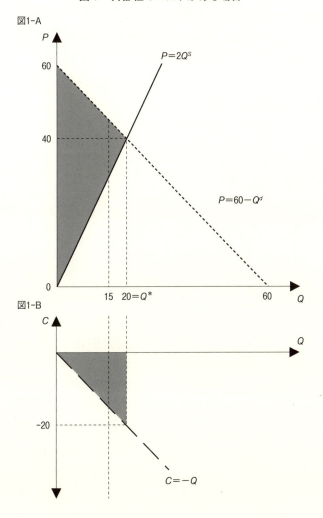

ます。これは、つぎの式で定義されます。

$$生産者余剰＋消費者余剰 = \frac{\{60+(60-3Q)\} \times Q}{2}$$
$$= 60Q - \frac{3}{2}Q^2$$

外部性がない場合に{生産者余剰＋消費者余剰}を最大化するQは、図から、$Q = 20$であることが分かります。数学的には、上の式をQで微分することで、1階の条件として、$Q = 20$を発見することができます。（微分については、第1章の付録を参照してください。）

さて、外部性がある場合にはどうなるでしょうか。まず社会的余剰が、生産者余剰＋消費者余剰＋外部性コストになります。外部性コストは、数量がQのとき、図1-Bの横軸と外部性コスト関数に囲まれる面積です。数値例でみると

$$\frac{1}{2}Q^2$$

となります。そこで外部性も考慮にいれた社会的余剰は、つぎのように定義されます。

$$\text{社会的余剰} = \text{生産者余剰}＋\text{消費者余剰}＋\text{外部性コスト}$$
$$= 60Q - 2Q^2$$

社会的余剰が最大化されるようなQは、この社会的余剰をQで微分して1階の条件を求めることで、$Q = 15$であることが分かります。つまり、外部性のコストがあるときには、市場均衡の生産・消費活動は、「行き過ぎ」ということが分かります。1960年代から1970年代にかけての日本、あるいは現代中国において、成長至上主義が環境を破壊して市民生活を劣悪なものにした、というのは、この「行き過ぎ」に対応します。

これは成長を目指すのが間違っていたのではなく、財産権が設定されていないところに「外部性」が発生していて、これを十分に政府が考慮していなかったことが原因なのです。つまり、市場だけに任せてはいけない、ということを十分に認識していなかったことが原因です。

3.4 モデル(2) ボックス図

では、外部性があるとどのように厚生経済学の第1定理が成り立たなくなるのかを、エッジワースのボックス図を使って説明します。

図2では、第3章で使った漁師のA夫と、畜産農家のB子からなる経済を考えます。ここで、畜産農家のB子から農家からの廃棄物が適切に処理されずに、

図2 厚生経済学の第1定理（第3章図7の再掲）

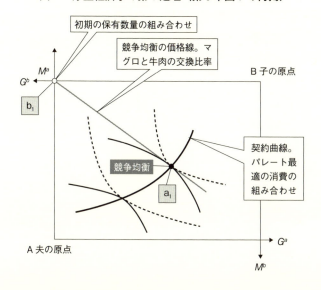

汚水が垂れ流され、水質汚染を引き起こしていたとしましょう。この水質汚染が海に流れ出し、漁獲量を減らしていたのです。この汚染源→汚染物質→漁獲量減少が特定化され（現実の世界ではこの立証がいちばん難しい）、A夫とB子の間で、話し合いがもたれたとしましょう。まだ畜産業の廃棄物・排水についての環境基準が設定されていないので、河川の水質の「所有権」は確立していないとします。

　A夫は、水質汚染の原因である汚物の適切な処理を要求します。B子は排水の環境基準には違反していないので、自分に義務はない、汚物の処理にかかる費用を負担してくれるならば、処理をしてもよい、と主張します。このA夫とB子の係争はどのように処理されるべきでしょうか。

　この係争の状況を、ボックス図を使って分析しましょう。図2は、前章で分析した市場均衡はパレート最適である、という図（133ページ）を再掲しています。ボックス図とパレート最適を復習します。まず汚物処理がされない場合を考えます。A夫の原点からみて、A夫が、交換という経済活動を始める前に保有している財（初期保有量）──これで、縦軸の高さが決まります──と、B子の原点からみて、B子が、交換という経済活動を始める前に保有している

財（初期保有量）——これで横軸の長さが決まります——を組み合わせると、ボックス図の大きさと、初期保有量の点（交換活動を始める前の状態）、これは図2では左上隅の点、が決まります。A夫とB子が収穫してもちよった、交換開始前の初期保有の組み合わせが、b_1の点で表されています。

つぎに、この図の中のパレート最適点（の組み合わせ）を考えます。パレート最適点とは、とりあえず初期保有量は無視して、A夫は（図中左下の）自分の原点 (0, 0) の点からみて、2財の消費の組み合わせから決まる無差別曲線を描き、B子は（図中右上の）自分の原点からみて無差別曲線を描きます。

ボックスの大きさはそのままにして、とりあえず初期保有量は無視して、この持ち寄った財を初期の所有権を無視して、二人の間で分配したときの効率的な分配がパレート最適点の集合です。

図中では、A夫とB子のパレート最適点の一つが、無差別曲線が背中合わせになるa_1点で表されています。ここで市場均衡が成り立っていました。

ここで、汚物処理を実施したとしましょう。その処理費用がかさむので、畜産の生産量が落ちて、漁獲量は増えるものとします。これが、**図3**において外部性排除による初期保有点の変化（$b_1 \to b_2$）で表されます。このときに、ボックスの形状が変化したので、a_1点に対応していた無差別曲線は、A夫にとっては、右にシフト、B子にとっては上方にシフトすることになります。A夫にとって、a_1点と同じ消費の組み合わせはA夫の原点の右への平行移動の分だけ移動してa_2点、B子にとってのa_1点の同じ消費の組み合わせは、a_3点になります。この外部性の排除がA夫とB子の間の交渉で実りのある結果をうむかどうかは、A夫にとってa_2の満足度（効用）を上回り、同時にB子にとってa_3の満足度（効用）を上回る、消費の組み合わせがあるかどうか（パレート改善）が行われるかどうかを考えればよいのです。これは、a_2点で表されるA夫の無差別曲線とa_3点で表されるB子の無差別曲線で囲まれるラグビーボールの形状の部分があることから、答えは「パレート改善」が可能である、ということになります。つまり、外部性を無視していた旧市場均衡は、「パレート最適」ではなかったことになります。A夫とB子の間の交渉がうまく行けば、汚物処理の合意が形成されることが合理的であることが分かりました。あとは、A夫とB子の「交渉」のなかで、外部性排除による漁獲量の増加と、牛肉生産

図3 外部性の排除によるボックス図の変化

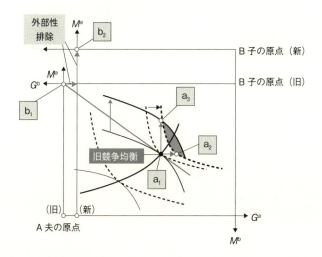

の減少をうまくわかちあうことになります[2]。

つぎに、外部性の問題の本質は水質の所有権が誰にも付与されていないことだ、と述べました。そこで、ここで水質の所有権を付与すると、どのようにパレート最適が回復されるのかを説明します。水質の所有権を、A夫に与えると、初期保有点は、図3のb_1点からb_2点に移動します。A夫はB子に対して水質汚染を禁止することで、漁獲量は上昇、牛肉生産は減少するからです。その初期保有点を前提に市場メカニズムを適用すると、新しい市場均衡が見つかります。外部性を排除したあとのボックス図と新しい市場均衡を**図4**で示しています。

より現実的な解決策としては、良い水質は漁業者の権利である。河川を汚してはいけない、という「規制」を導入することが考えられます。これは事実上、水質の所有権をA夫に与えるのと、経済的には同じことになります。「交渉」

---

[2] この例では、汚染禁止による牛肉生産の減少に比べて漁獲量の増加が大きいので、規制導入が（交渉を経て）両者にとって満足度が高まる（パレート改善）となっている。牛肉生産に比べて漁獲量増加が非常に小さければ、規制導入後のB子の原点移動後の無差別曲線がほぼ規制導入前の位置をかわらず、ラグビーボール状のパレート改善領域が存在しないケースもありうる。

図4 外部性排除後の新パレート最適

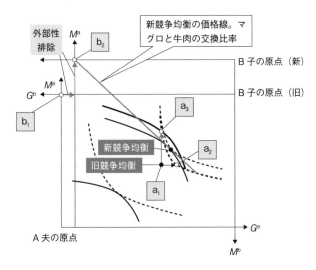

をする必要はなく、「水質」の所有権を確立さえすれば、あとは市場メカニズムに任せればよいのです。

3.5 モデル(3) 余剰分析

前小節の外部性の分析では、外部性の排除が汚物処理施設を導入するかどうか、という二択でした。現実には、牛肉の生産量に比例して水質汚染量が増えていき、その汚染量に比例して漁獲量が減っていく、というモデルを考えることができます。最適な牛肉の生産量を、外部性を考慮して算出するという生産者の問題を余剰分析で考えてみましょう。牛肉生産者は牛肉を生産して、市場で売却しています。漁師は、マグロを漁獲して、市場で売却しています。牛肉の価格 (p^G) とマグロの価格 (p^M) は決まっています。それぞれの生産にかかる限界費用は、生産量に応じて次第に上昇する場合を考えます。限界費用とは、牛肉を追加で1単位（kg）を生産することで発生する費用です。限界費用は、生産が増加するとともに増加していく（限界費用逓増）と仮定されています。牛肉1単位の生産は、p^G の収入を生み、$C'(G)$ の限界費用を発生させますから、その差額（垂直差）が、その1単位から生まれる限界的な利潤になります。

第4章 市場の失敗(1)外部性：公害はなぜ発生するのか？

図5 牛肉生産量の限界費用、利潤

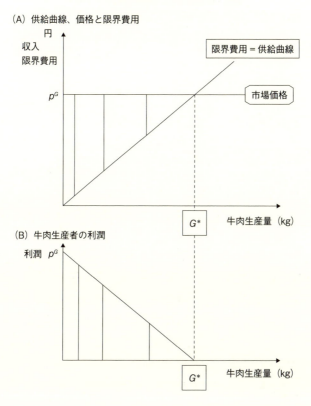

利潤を最大化するような生産量は、p^G と、$C'(G)$ が一致するような、G（これを、G^* と呼ぶことにします）です。**図5**(A)で、このような、G の価格、限界費用、利潤の関係を図示しています。なお、$C'(G)$ の曲線は、p^G が決まれば、そこまで G を生産する用意があるというように読み替えることもできるので、その場合は、供給関数として考えることができます。また、ここで利潤と呼んでいるのは、第1章で説明した生産者余剰のことです。そして、図5(B)では、利潤を G の関数として図示しています。さて、数式にアレルギーのない読者は、ここからの説明を「コラム　外部性」と対比させて確認してください。

さて、ここからがいよいよ外部性のキモの説明になります。牛肉生産は、処

図6 外部性の解決方法 その1

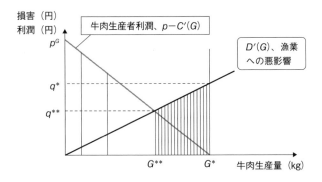

理をせずに汚物を河川に放出すると水質の悪化をもたらし、下流の漁業に悪影響を与えると考えましょう。この漁業への悪影響は、牛肉生産 (G) を拡大する（飼養頭数を増やす）とともに大きくなる、と考えます。漁業への悪影響を金額ベースで、$D(G)$ と書くことにします。この悪影響の（牛肉生産を1単位追加する）限界費用は、$D'(G)$ となります。水質の「所有権」が不確定の場合、換言すると排水についての規制がない場合には、牛肉生産者は、この漁業への悪影響を考慮しません。しかし、漁業者にとって、また社会的には、この漁業への影響を無視することはできないはずです。

図6では、悪影響（$D'(G)$）をさきほどの牛肉生産者の利潤の図（図5（B））に重ねています。

牛肉生産がこのような悪影響を発生させているという技術的な情報が公に明らかになった場合、どのようなことが考えられるでしょうか。まず、政府が何もせず、当事者間の交渉に任せた場合は何が起こるでしょうか。汚染は垂れ流し続けられるでしょうか。おそらくなんらかの当事者間交渉、あるいは規制により社会的利益が最大化されるように生産調整が行われると考えます。

第1の解決策の前提は、B子が汚染を無視して利潤を最大化している G^* が交渉の出発点です。水質の「所有権」がB子に帰属する場合と考えてもよいです。排水による水質汚染からの被害を受けている漁業者A夫は、汚染者である、牛肉生産者B子に対して、お金を払ってでも汚染を止めてほしいと考えるでしょう。G^* の点では、追加的1単位の牛肉生産による、漁業での損害は、

第4章 市場の失敗(1)外部性：公害はなぜ発生するのか？

$D'(G)$ の高さ（q^*）で、これがA夫が汚染を止めてもらうために、払ってもよいと考える金額になります。B子にとっての追加的生産から得られる利潤（ゼロ）をはるかに上回っています。A夫はB子に対して、ゼロを少し上回る金額を提示して、この追加的生産を止めてもらいます。このようにA夫がB子に対して、B子がこれだけもらえば生産を削減してもよいという金額を提示しつつ生産を削減してもらうと考えてみましょう。つまり、G^*点からしだいに、左に移動して、どこまでA夫はB子に対して、生産削減をお願いするかということを考えてみましょう。A夫がB子に対して支払ってもよいと考える金額が、B子がその金額を受け取れれば生産を削減してもよいと考える金額を上回るかぎり、生産削減は続きます。A夫の支払ってもよい金額とB子が生産削減に同意する金額とが一致するのは、追加的生産によるA夫の損害と、B子の利潤が一致する、G^{**}点になります。

このような交渉の結果、A夫がB子に支払う総額は、図6のなかの底辺 $\{G^{**}, G^*\}$ 高さ q^{**} の三角形の面積です。一方、生産削減から得るA夫の漁獲回復の総利益は、台形 $\{G^{**}, G^*, q^*, q^{**}\}$ です。したがって、このような生産削減交渉の純利益は、A夫の総利益から、A夫がB子への支払を差し引いた、三角形 $\{q^{**}, q^*, G^*\}$ になります。この純利益が、社会的利益（余剰分析ですから、A夫とB子の利益の合計）です。

このように、汚染源の人（または会社）に（補助金）を支払って生産削減してもらう、というのは、「盗人に追い銭」ではないか、と抵抗感を持つ読者も多いかもしれません。これというのも、水質の所有権を決めず、排水に規制がない中での、当事者交渉だからです。

第2の解決策の前提は、水質の所有権を漁師であるA夫に与えることです。A夫がどれくらいの汚染を許すかを決める権利を持ったとしましょう。このときに、A夫は、いかなる汚染もゆるさずに、B子の畜産を休業に追い込むでしょうか？ 水質の所有権がA夫にある、とすると、交渉の出発点は、B子の牛肉生産がゼロである点、$G=0$ であると考えることができます。この場合には、B子がA夫に対して、漁業への悪影響を完全に補償するので、少しの汚染を認めてほしい、という提案をすると考えられます。図7の $G=0$ からしだいに、G の生産を増やすのをA夫に認めてもらうように、B子は補償額を増やしてい

図7　外部性の解決方法　その2

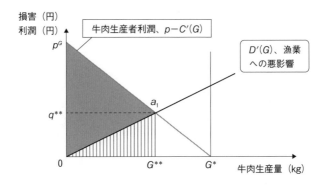

きます。B子が支払ってもよいと考える額は $p-C'(G)$ 線で、A夫がB子による汚染を認める要求補償額は、$D'(G)$ です。前者が後者を上回る限り、B子は、補償を払っても牛肉生産を拡大したいと考えます。結局、牛肉生産が G^{**} になるまで、このプロセスは続きます。G^{**} まで牛肉生産を拡大するときにB子がA夫に支払う補償金は、底辺が $(0, G^{**})$、高さが q^{**} の三角形の面積であり、その生産の結果得られるB子の利潤は、台形 $(0, G^{**}, a_1, p^G)$ の面積から、補償金の三角形を差し引いた三角形の面積となります。

第1の解決法（水質の所有権をB子に帰属させる）と第2の解決法（水質の所有権をA夫に帰属させる）では、牛肉生産量、汚染の程度は一致します。しかし、2つの解決法では、A夫とB子の所得分配が大きく異なります。ここで、<u>**所有権が汚染者に帰属しても、被害者に帰属しても、当事者間の交渉により効率的な資源配分（パレート最適）を達成できる、という「コースの定理」が成立していることが分かります**</u>。注意すべき点は、資源配分は効率的でも、所得分配は異なることです。

第3の解決策は、（全知全能の）政府が汚染を引き起こしている牛肉の生産に政府が課税する方法です。課税対象は汚染水の排出に課税する方法と、牛肉生産そのものに課税する方法があります。ここでは、牛肉生産1単位に対して t 円の課税をするとしましょう。生産者B子の手取りは、1単位当たり (p^G-t) となります。そうすると、t をうまく選ぶことによって、社会的に最適牛肉生産量に誘導することができます。このように**汚染源の活動に直接課**

第4章 市場の失敗(1)外部性：公害はなぜ発生するのか？

図8　外部性の解決方法 その3（課税）

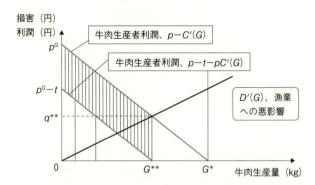

税するときの税を「ピグー税」（Pigouvian tax）と呼びます。図8でこのような状況を示しています。

　第4の解決策は、政府が汚染を引き起こしている牛肉の生産者に「補助金」を与えて、生産を削減してもらう方法です。この解決策は、結果的には第1の解決策と生産量など、一致します。補助金を出すのが、漁業者なのか、政府なのか、という違いだけです。これを、ピグー補助金とよびます。このように汚染源に補助金を与えて生産を抑制してもらう場合は第2の解決策に一致します。

　牛肉生産者余剰は、縦軸の切片 p^G-t と、横軸 G^{**} と原点で囲まれる三角形の面積、税収による政府の余剰が、縦軸切片 $\{p^G, p^G-t\}$ の長さと横軸 $\{0, G^{**}\}$、そして G^{**} の点で高さ q^{**} の平行四辺形の面積（図のなかで、縦線で示した部分）、そして、漁業者の損失は、これまでと同じ、$\{0, G^{**}, q^{**}\}$ の三角形になります。B子の生産者余剰、政府の余剰をすべて足して、A夫の損失部分は相殺すると、図7で示したのと同じ社会的余剰部分が現れますので、社会的資源はパレート最適になっていることが分かります。

　第5の解決策は、政府が規制によって、許容される汚染の程度、つまり牛肉生産量、を決めることです。生産量の直接規制、という手段です。政府が p, $C'(G), D'(G)$ の形状について全知全能であれば、政府は、G^{**} にせよ、という規制を発表するはずです。それが、社会的余剰（A夫の余剰とB子の余剰の合計）を最大化するからです。つまり、政府が牛肉生産から汚染、汚染から漁業被害という数量的因果関係をすべて承知していれば、市場メカニズムにゆだね

ることなく社会的最適を達成できます。一方、水質に所有権さえ付与すれば、あとは当事者が解決するので、政府は全知全能である必要はない、という考え方もあります。政府を信用するのか、市場メカニズムに頼るのか、ここは考え方の違いが現れるところです。

> **外部性（数式による説明）**
>
> 　B子は牛肉生産量 x^G に応じて収入 $p^G G$ を得ます。ただし、$C(G)$ というコストがかかるので、利潤 π^G を得ます。
> $$\pi^G(G) = p^G G - C(G)$$
> ここで限界費用が上昇しているという仮定は、数式では、$C'(G) > 0$ と表現します。簡単な数値例としては、$C(G) = G + (1/2)G^2$ が考えられます。そうすると、$C'(G) = 1 + G$ です。
>
> 　利潤を最大化させるような G を発見するために、利潤の式を微分すると、
> $$d\pi^G/dG = p^G - C'(G) = 0$$
> この式を成り立たせるような G が、B子の、外部性を無視した場合の最適生産量になります。数値例の場合は、
> $$d\pi^G/dG = p^G - (1+G) = 0$$
> 利潤最大化の G では、$G^* = 1/pG$ が成り立っています。
> このときに利潤総額は、
> $$\pi G(G^*) = p^G G^* - C(G^*)$$
> となります。
>
> 　一方A夫が、M の漁獲量をあげると、利潤 π^M を得ます。
> $$\pi^M(M) = p^M - F(M) - D(G)$$
> ここで、$F(M)$ は漁業の費用であり、$D(G)$ が畜産農家の生産からの「外部性」を現しています（$D'(G) > 0$）。この外部性から決まる額のいかんにかかわらず、A夫の利潤最大化は、つぎの式で決まる M です。
> $$d\pi^M/dM = p^M - F'(M) = 0$$
> 利潤最大化の M を M^* で表すことにします。

水質の所有権をA夫が持たない場合で、当事者間交渉も規制もない場合には、$D(G)$ の (G) 値は、$D(G^*)$ で決まります。ただし、この点はパレート最適ではありません。

まず費用関数や外部性をすべて知る政府は、この問題をどのように解くか考えてみましょう。全知全能の政府を社会的計画者（social planner）と呼ぶと、社会的計画者が解く問題は、$\pi^G+\pi^M$ を G と M について最大化することです。
$$d(\pi^G+\pi^M)/dG = p^G-C'(G)-D'(G) = 0$$
これで決まる G を G^{**} で表すことにします。$G^{**} < G^*$ が成り立ちます。なお、
$$d(\pi^G+\pi^M)/dM = p^M-F'(M) = 0$$
これで M^* が決まります。

外部性の問題を解決して、この G^{**} を実現する方法はいくつかあります。第1に、当事者間どうしの交渉を考えてみましょう。G による汚染1単位について、T の所得移転が起こるとしましょう。
$$\pi^G(G) = p^G G-C(G)-TG$$
$$\pi^M(M) = p^M M-F(M)-D(G)+TG$$
この2つの式を G で微分すると、
$$d\pi^G/dG = p^G-C'(G)-T = 0$$
$$d\pi^M/dG = D'(G)+T = 0$$
これを解くと、
$$p^G-C'(G)-D'(G) = 0$$
この式を満たすような G は、G^{**} と一致します。

つぎに、政府が、牛肉の生産に税金を課す場合を考えましょう。
$$\pi G(G) = (p^G-t)G-C(G)$$
利潤最大化問題を解くと
$$(p^G-t)-C'(G) = 0$$
そこで t の値をうまく選ぶことで、G^{**} をこの式の解とすることができます。

4 金銭的外部性

4.1 私鉄モデル

　外部性と呼ばれる経済現象のなかには、上の3.1小節で説明したような市場取引を経ずに他人の消費や生産に影響を与えるのとは、少し違うチャンネルで、他の人の経済活動に影響を与える場合もあります。たとえば、ある町（例、金沢）に新幹線が延伸してくると、ビジネス客や観光客の増加で、駅前周辺の商店、ホテルの収益は上昇、それを反映して、地価も上がると期待できます。このような場合、新幹線が駅前のビジネスや土地保有者に、「正の外部性」をもたらす、と表現します。直接的に金銭的に計測できる価値の上昇（あるいは下落）という影響が起きる場合です。このような場合、新幹線運営会社が、すでに駅前に存在している商店や土地の保有者から、外部性による値上がり益を徴収することはできません。通常、この手の金銭的外部性の受益者は、そのまま利益を保有し続けることができます。

　ただし、このような値上がり益が顕著であれば、当然「新幹線をわが町へ」という陳情が起きます。政治的なコスト（陳情費用）を払っても、新幹線を誘致できれば、長期的利益になるからです。あるいは、すでに町を通っているが駅がない場合に、新幹線の駅の新設を陳情することもありえます。この場合には、駅舎の建設費用を町が負担する、ということもありえます。

　また、鉄道会社にしてみると、鉄道を敷設すれば、駅周辺の土地が値上がりする、というのであれば、最初から土地を購入しておけば、金銭的外部性による利益を自分のものにすることができます。あるいは巨額の建設費用の足しにすることができます。さらに駅ビルに企業グループ内百貨店を併設する、沿線の駅周辺の宅地開発をすることも同様の効果を持ちます。外部性による利益を自分のものにすることを、「外部性の内部化」(to internalize externalities) と呼びます。これは決して悪い意味ではなく、インフラ開発（鉄道建設）だけでは採算が取れないときには、インフラによる外部性も含めて事業として採算性があるかを判断する必要があります。

第4章 市場の失敗(1)外部性：公害はなぜ発生するのか？

　外部性の内部化を行ったベストの例は、東京近郊と関西の私鉄です。旧国鉄（現JR各社）が国家予算を使って全国に路線網を張り巡らせたのとは対照的に、東京近郊と関西の私鉄は基本的には、民間の資金で建設されたものです。私鉄のビジネスモデルは、鉄道の旅客収入のみならず、沿線の宅地開発、デパートやスーパーなどの商業施設の建設、ターミナルビルを商業施設として建設、さらにテーマパークや球場を沿線に誘致することで、旅客を増加させることでした。

　鉄道が通勤に便利であれば、沿線の宅地価格は上昇します。宅地開発が大規模であれば、最寄り駅までのバス便もつくります。買い物は鉄道会社系列のデパートやスーパーで済ませることになります。沿線住民が増加すれば鉄道の旅客収入も安定的に確保できます。たとえば、東京急行電鉄（東急）の田園都市線建設と沿線の宅地開発はこのような外部性の内部化のモデルになるものです[3]。

　野球の西武球場は西武線の沿線に建設され、観客の多くは西武線を利用します。同様の例は阪神球場と阪神電鉄の関係にも見られます。阪神、阪急、近鉄、京阪、東急、西武、東武、いずれもターミナルビルにはデパートを備えています。

　同様に、インフラの外部性を取り入れられるかどうかが問われるのが、高速道路、空港などです。高速道路も、よほど交通量の多い道路でなければ、なかなか通行料金だけで建設費返済、補修費を捻出することは困難な場合が多いのです。そのような場合には、沿線の宅地開発や、パーキング（サービス）・エリアの施設を充実させて、その賃貸料収入あるいは事業収入を確保する、ということが考えられます。

---

3) 東京急行電鉄の資料によると、田園都市構想はつぎのように説明されています。「東急多摩田園都市開発事業は、田園調布・洗足などの高級住宅地開発のノウハウを引き継ぎ、1953年に故五島慶太会長が東京の人口過密を予測して優良な住宅地の供給を目指した「城西南地区開発趣意書」を発表したことが起点となっています。「東急多摩田園都市」は、川崎、横浜、町田、大和の4市にまたがる東京西南部の多摩丘陵の一部エリアで、都心から15～35kmの位置にあり、開発総面積は約5,000ha、人口は約60万人（2012年3月31日時点）と、民間主体の街づくりとしては、国内最大規模を誇っています。」http://www.tokyu.co.jp/company/business/urban_development/denentoshi/

空港運営にも民営化が行われるようになりましたが、この場合にも、ターミナルビルなどの空港施設からいかに収益を上げられるように工夫するかが、成功のカギになると考えられています[4]。

4.2　上下分離方式

多くのインフラ（鉄道など）事業について、線路など施設の建設・保有・補修・管理などの下部と、車両運行の上部を分離して管理する、という「上下分離」方式が提案、実施されています。欧州（フランス、イギリス、ドイツ）の国鉄や、日本の地方第三セクターの鉄道などがその実施例です。下部の保有会社が、利用料・通行料を適切に設定できるか、インフラとしての独占があるか、（たとえば高速道路などとの）競合があるか、上部の運営会社に新規参入が起きるか（同じ路線を複数の会社の車両が走るようになるか）など、多くの要因によって、上下分離方式は成功したり失敗したりしています[5]。外部性の理論からは、上下分離方式の利点を考えることは難しく、これが成功するためには、インフラが十分に需要の高い地域に存在していて、運営会社に参入がおきることが条件のように思われます。

また、第三セクターの鉄道のように、インフラが地域の生活にとって必須である一方、事業としては採算が取れない場合、地方公共団体が下部を保有、その費用を税金でまかなう一方、車両運営などを民間に任せるという方式をとることがあります。この場合には、地方公共団体の責任の範囲と、赤字補填の上

---

[4] 2016年7月1日に、国が管理している空港の民営化第一号になったのが仙台空港です。仙台空港は、滑走路、空港ビル、貨物ターミナルが別々の会社であったものを、統合した上で、同じ民間企業に運営を任せるというものです。一体的な運営を行うことで、たとえば、ターミナルビルの物品販売収入を上げることで、着陸料を引下げ、さらなる増便を目指す。便数が増加すれば、ターミナルビルの利用客も増加する、ということを狙っています。

[5] ちなみに、イギリスとフランスの間に建設された英仏海峡トンネルも上下分離方式で運営されており、トンネルの保有会社である「ユーロトンネル会社」は、線路の利用を旅客会社、貨物会社に貸し出すことで収入を得ていました。しかし、当初は利用が芳しくなく、この会社は2006年に破綻してしまいました。もちろん破綻してもトンネルが閉鎖されるわけではなく、債権者（日本の大銀行も含む）からの借金を大幅減額してもらう、などの方策を講じました。

第4章 市場の失敗(1)外部性：公害はなぜ発生するのか？

限を明確にする効果があります。

4.3 PPP

官民パートナーシップ（Public Private Partnership, 略してPPP）というのは、インフラ事業のように（外部性が大きいと思われる）大規模プロジェクトを政府（官）と民間が協力してすすめる方策のことで、これまでは政府が税金（あるいは借金）によって建設していたようなプロジェクトに民間の資金を導入しようというものです。狙いは財政支出を減らそうという理由とともに、民間のプロジェクト運用やファイナンス技術を利用しようというものまであるようです。ただし、PPP になにか具体的な方式が特定化されているわけではなく、民間の関与についての、いくつかの方式の総称といえます。

具体的な官民の分業の方法として、建設・運営・移転（Build Operate and Transfer, 略してBOT）という方式があります。これは、民間にインフラなど公共事業の建設を発注して、その運営による収入で建設費を償還、かつ適正な利潤を確保した上で、ある年限の後に施設の所有権を国に移転する、という方法です。たとえば、鉄道、上下水道、発電所、送電線網、などが考えられます。これはインフラ事業そのものが利益を産むような期待利益が高いものでなくてはなりません。外部性のあるプロジェクトであれば、その外部性を内部化できることが条件になります。BOT でしばしば問題が起きるのは、インフラが完成して、料金（運賃）を設定する段になって、国がその料金（運賃）に上限を導入しようとする場合です。インフラは往々にして独占的サービスを提供しますから、料金を高めに設定することで収入を引き上げることができます。一方、国は社会政策やインフラを利用する産業、地域経済や住民の利便性（外部性）を重視して料金を低めに設定するような要請をおこなう可能性があります。そうするとインフラを建設、運営する会社にとっての利益率は悪化します。このように、公共サービスの価格設定に政府が介入しないという条件をつけておかないと、BOT では、運営するステージになってから問題が生じることがあります。

4.4 インフラ輸出

　人口減少が続く日本国内ではしだいに大規模なインフラ事業の採算性が悪化しています。国内だけでは、鉄道、陸運、航空も産業として、成長には限界があります。インフラの建設業、インフラのシステム設計会社も、良い事業を国内で発掘するのは難しくなっていくでしょう。そこで、政府も民間も「インフラ輸出」を振興しようとしています[6]。この場合も、インフラ建設を受け入れる政府との間の交渉が重要になってきます。

　つぎの新聞記事は、このようなインフラ輸出には、輸出したい日本と受入国との間で大きなギャップがあることが分かると思います。

　「インドネシアが日本と共同で建設を目指すジャワ島を横断する鉄道計画で、全路線を電化して、鉄道車両や運行システムも総取り換えする計画案が浮上した。当初案の既存鉄道の改修と比べて約4倍の約100兆ルピア（約8500億円）まで計画が膨張する。日本側は慎重姿勢を崩しておらず、政府間での調整が今後本格化する。

　ジャワ島横断鉄道は首都ジャカルタと第2の都市、スラバヤ間（約750キロメートル）を結ぶ鉄道計画。既存の鉄道を生かし、800以上ある踏切を減らしたり、急カーブを緩やかにしたりして、鉄道のスピードを出せるようにする工事を行う。現在利用しているディーゼル機関車のまま、2019年までに所要時間を現在の11時間から、約半分の5時間台にする。

　この既存鉄道の改修工事にかかる費用は25兆ルピア前後とみられる。2016年5月に日本を訪問したジョコ大統領が安倍晋三首相に共同で計画を検討したいとの意向を示した。日本はインドネシア政府に対する円借款の供与を軸に検討していた。」
　　　　　　　　　　　　　　　　　（『日本経済新聞』2017年1月3日）

　記事は続けてつぎのように説明しています。その後、インドネシア側で、7月に就任した新しい運輸相が、電化やそれにともなう車両の新造を提言、事業

6）たとえば、「インフラシステム輸出戦略（平成28年度改訂版）」を参照。http://www.kantei.go.jp/jp/singi/keikyou/dai24/kettei.pdf

費が膨れ上がった。また、7月に就任したスリ・ムルヤニ財務相は、財政赤字への懸念から、インドネシア政府に財政負担が生じない官民パートナーシップ方式（PPP）での建設を主張、政府保証も原則として認めない方針に変更した。一方、日本では、民間だけでは不可能との意見が強く、調整が難航しそうだ。

　さて、読者はもうお分かりでしょう。このようなインフラ輸出の成功のカギは、外部性の内部化です。とくにPPPを採用する場合には民間がリスクを勘案のうえで、十分に採算性がとれると思われるプロジェクトにしか参加しません。鉄道のみならず、沿線開発や大都市の終着駅（ターミナル）周辺の開発も一体化したプロジェクトにしたてることが重要でしょう。日本の新幹線方式で採算がとれるのは、中所得の人口密集都市が連なっているような地域であり、場所は限られています。途上国ではむしろ、東京郊外の私鉄システムの輸出が適切でしょう。インフラ事業に付随するプロジェクトでどのような外部性を享受するのかの分析が重要になってきますが、これこそ「公共政策」の真骨頂です。

5　まとめ

　本章では、なぜ政府の関与が必要になるのか、つまり「市場の失敗」のケースとして、最初の例である「外部性」を取り上げました。「公共政策」を考える上で、提起されている政策課題のどこに「市場の失敗」があるかを考えることが重要です。本章でとりあげたいくつかの現実のケースや理論の例が、これからの公共政策の課題発見や政策立案のヒントを提供していると思います。

第5章 市場の失敗(2)公共財
地球温暖化は防げるか？

1 公共財の性質

　「公共財」というと、社会の構成員全員にとって重要で、構成員全員が何らかの形で、共同利用するような財を思い浮かべるかと思います。おおまかなイメージとしては、それで間違いはありません。いわゆる社会インフラ（鉄道網、電話システム、道路網、銀行間の決済システム）を思い浮かべる人もいれば、きれいな空気、水質の良い河川、のような自然環境を考える人もいるかもしれません。これらはいずれも公共財の例になります。

　現実の社会でも、代表的な公共財である、維持可能な「環境」について、地球規模の環境問題についての枠組みが話し合われています。

「パリで開かれた第21回国連気候変動枠組み条約締約国会議（COP21）で、京都議定書に代わる「パリ協定」が採択された。……地球の平均気温の上昇を産業革命前に比べ2度未満、できれば1.5度までに抑える、という目標をパリ協定は掲げた。南極の氷床融解など後戻りできない環境の変化を防ぐためだ。……協定により、世界は化石燃料の使用に強い制約を受けることになる。大切なのは、エネルギーの効率的な利用や自然エネルギーの活用で二酸化炭素（CO_2）の排出を減らす「低炭素社会」の実現を着実に進めることだ。」

（『日本経済新聞』2015年12月15日）

最初に、公共財の定義を述べておきます。公共財とは、多くの人が同時に消費することができて（非競合性）、消費したいひとを排除することが難しい（非排除性）ような財・サービスです。清浄な大気や水質はそのもっとも典型的なものです。また、橋や道路などのインフラストラクチャー（infrastructure）も公共財です。橋や道路は（混雑がない限り）多くの人が同時に利用（需要）しても、供給がなくなることはありません。同時に消費をすることを妨げない、という意味で非競合です。また、短い橋や生活道路でいちいち利用状況を確認して利用料をとるというのは現実的ではありません。もちろん、空気の利用制限できません。その意味で非排除性なのです。一言でいうと、多くの人にあまねく同時に便益を与えるのが公共財です。一方、大気汚染や地球温暖化は、負の公共財と呼ばれます。多くの人に同時に不利益をもたらすからです。

大気汚染の問題も、騒音や鉱害のような外部性の問題と似ている側面もあります。他人（あるいは会社）の活動により、損失・損害を被っているからです。しかし、外部性の場合とちがって、公共財では汚染源を特定できないものが多くなります。たとえば、北京の大気汚染は、北京周辺の工場すべて、北京市内を走る車のすべてが、汚染源です。だれがどれくらい汚染の物質を排出しているか計測は難しいでしょう。地球温暖化にいたっては、地球上で、化石燃料を燃やすようなすべての経済活動が温暖化の原因です。

さて、では公共財をどれくらい作る、負の公共財をどれだけ減らす、ことが社会にとって最適なのでしょうか。そしてそれを達成するメカニズムはどのようなものか、これを考えるのが経済学的アプローチです。

2 　問題提起

例を考えます。橋を架けることで、川のこちら側の村民と対岸の村民が容易に行き来できるようになると考えましょう。それまでは、一日一回の渡し舟で行き来するしかなかったとします。橋ができると、作物を売りに行くことができるし、親戚に頻繁にあうことができるようになるわけです。橋を利用したいと思う人は、橋が建設されることによって得られる便益を（心の中で）計算で

きるとしましょう。この橋が建設されることに対して払ってもよい、と考えている価格を「払う用意のある価格」(willingness to pay) と表現することにします。この橋の潜在的な利用者がいま10人いるとして、橋を架けるかどうかをどのように決めればよいか考えてみましょう。

公共財を提供するかどうかの社会的な判断は、各潜在的利用者の「払う用意のある価格」を合計することによって得られる社会的な総合価値と、この橋を建設する費用を比較して、前者（価値）が後者（費用）を上回れば、橋を建設すべきだし、後者が前者を上回れば橋は建設すべきではない、というのは簡単に分かると思います。

公共財の1つの特徴が、「非競合性」「非排除性」であることは、すでに触れました。これは、この例では、利用者が同時にこの橋をわたることができるので、「払う用意のある価格」を利用者全体で足し合わせることができるのです。「排除性」がある、つまり橋は1人しか渡ることができない、のであれば、この橋に「払う用意のある価格」のなかで最高価格が建設費すべてを賄うかどうかが、建設の目安になります。これはたんなる通常の財・サービスの需要供給と同じで、市場メカニズムに任せておけばよいのです。政府の出番はありません。

公共財が建設されるべきかどうかは、社会的な総合価値（橋の周辺の住民の「払う用意のある価格」の合計）が橋の建設費用を上回るかどうかで決まるとしましたが、どうしてこれが、市場メカニズムでは達成されないのでしょうか。どうして厚生経済学の第1定理が、公共財が存在すると成り立たない、と考えるのでしょうか。

最大の問題は、「払う用意のある価格」の集計が、市場メカニズムでは難しいということに帰着します。たとえば、つぎのような「市場」を考えてみましょう。建設業者（供給者）が、橋を建設する計画をもっているので、利用者（需要者）から建設費用を払ってほしいと考えたとしましょう。そこで、「払う用意のある価格」を申告してください、もし建設が決まったら、他人の提示した価格とは無関係に、その申告価格を払っていただきます、という呼びかけをしたとしましょう。潜在的利用者は正直に自分の「払う用意のある価格」を申告するでしょうか？　答えは、必ずしも正直に申告するとは限らない、です。

理由は、他人がこの橋の建設を強く願っている（つまり、「払う用意のある価格」が高い）と思えば、自分がすこし低めに申告しても橋は建設されるだろう、と考えるからです。橋が建設されてしまえば、こっちのもの、（非排除性があるので）誰でも通行できるわけです。このように他人の努力（高い価格）によってできたものをただで使うという行動を「ただ乗り」（free rider）問題と言います。この「ただ乗り」が起きるので、公共財の供給は、市場メカニズムでは最適なレベルには到達しないのです。つまりパレート最適な資源配分は達成されません。民間だけに任せておくと、フリー・ライダー（free rider）問題などから、公共財は過小供給になります。

では、政府はどのようにして公共財を最適なレベルで供給することができるのでしょうか。橋の建設費用は税金（間接的に利用者も利用者ではない人も社会的に負担）で賄うこととして、建設に値するかどうかは、判断する必要があります。政府も個人個人の「払う用意のある価格」を聞き出すのは容易ではありません。そこで、政府は利用者にとっての便益をなんらかの方法で推計することが必要になります。利用についてアンケートをとることもできるでしょうし、より科学的な推計も可能かもしれません。しかし、アンケートなど利用者の「払う用意のある価格」を聞き出す試みは、民間に任せる場合と異なって、過大な供給に結びつくおそれがあります。なぜなら、税金で建設するといったとたんに、個人の「申告」と「負担」が分離されるので、この場合は、「払う用意のある価格」、あるいはより正確には、「申告価値」は高めに回答することになるからです。

多くの社会インフラと呼ばれるもの、道路網、橋、トンネル、などは、公共財と考えることができます。かつては、鉄道網（国有鉄道）、港湾設備、空港設備、電話、なども国が供給する公共財と考えられていましたが、いまでは民営化されるようになってきました。

あまりにも多くの人が利用することで、混雑現象が生じたときには公共財の議論は、少し修正が必要になります。これは後で議論します。

第5章 市場の失敗(2)公共財：地球温暖化は防げるか？

3 公共財の最適供給

3.1 橋を架ける問題

川を挟んで、漁業を営む村と畜産を営む村が向かいあってあるものとしましょう。政府は、両方の村が、この橋ができるなら、負担してもよいと考える（willingness to pay）建設費しだいで、どの程度の規模（車道、歩道の区別や幅など）の橋を建設するかを決める、という公共財供給の決定問題を考えましょう。いったん橋が建設されると、どちらの村民かを区別することなく、通行の自由は保障されます（排除は技術的に不可能であるとします）。

A夫の住むA村は村民会議を開いて、どの程度の規模の橋（z）を作るのならば、どれくらいの負担をするか、という意思決定をしました。これが、A村の橋という公共財の需要曲線で表されています。

$$P_A = 10 - z$$

いっぽうB子の住むB村でも、同様に橋という公共財の需要曲線の意思決定をしました。

$$P_B = 20 - 2z$$

このときに、政府はA村とB村から需要曲線を聞き出し、この需要曲線と、政府が知る橋の建設費用から計算される供給曲線で決まる公共財の数量（z）を決めます。まず、A村、B村ともに、正確に、正直に需要曲線を申告して、政府がこれをもとに公共財の供給量を決めるものとしましょう。供給曲線は、

（公共財供給曲線）　$P = 15$

であるとしましょう（公共財を1単位追加する限界建設費用は一定と仮定しています）。このような供給曲線、A村の需要曲線、B村の需要曲線は、**図1**で描かれているとおりです。

「公共財」である、ということが、A村とB村の需要曲線をどのように社会的需要曲線に合計するか、という最初の重要な課題につながっています。公共財であるということは、いったん建設した橋はA村の住民もB村の住民も同時に利用できます（消費の非排除性）。そうすると、あるzの値について、払

図1 最適供給

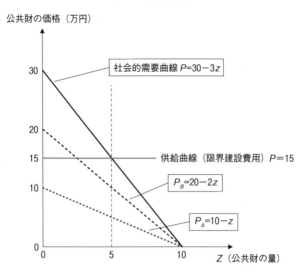

ってもよいと考えるA村の価格とB村の価格を合計するのが、社会的需要曲線となります。A村の需要曲線を

$$P_A = 10-z$$

B村の需要曲線を

$$P_B = 20-2z$$

という例を考えます。そこで、社会的需要曲線は、

(社会的需要曲線) $P = 30-3z$

と書くことができます。図1でいうとA村とB村の需要曲線を「垂直方向に足す」ということになります（私的財の場合には、社会的需要曲線は、個別の需要曲線を水平方向に足していました）。こうして社会的に最適な公共財の供給量は、社会的供給曲線と社会的需要曲線を一致させる $z = 5$ であることが分かります。このときにA村は、z の1単位当たり、$P = 5$ で総額 $Pz = 25$(万円)、B村は $P = 10$ で、総額 $Pz = 50$(万円) を支払うことになります。橋の規格（幅など）は $z = 5$、建設費総額は $15 \times 5 = 75$(万円) です。これが、社会的に最適な公共財（橋）の供給量の決定と、A村とB村の費用分担となります。

第 5 章　市場の失敗(2)公共財：地球温暖化は防げるか？

図 2　社会的余剰

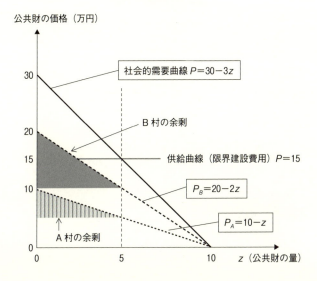

このときに、A村の消費者余剰は、12.5（＝高さ 5、底辺 5 の三角形の面積）、B村の消費者余剰は、25（＝高さ10、底辺 5 の三角形の面積）となります。これが、**図 2** で示されています。

以上、両村が、正直に、公共財のために支払ってもよい（willingness to pay）と考える関数形（公共財の個別需要関数）を申告した場合です。ところが、公共財の場合には、A村とB村は、それぞれの需要関数を偽って申告する（いわゆるフリー・ライダーとなる）誘惑があることを数値例に基づいて説明します。

3.2　ただ乗り（フリー・ライダー）問題

いま、A村の村長に新しく就任したA夫が、戦略的に行動することを思いついた場合を考えましょう。橋が建設されてしまえば、だれでも使えるのだから、ここで真の費用負担の用意があるとする額（willingness to pay）をうんと低く申告すれば、自分の負担は少なくてすむ。たとえば、この橋はA村にとっては無価値であると表明しようと考えたとします。A村の需要関数 P_A はどのような z の値に対してもゼロです、$P_A = 0$。需要曲線は 0 の点で、水平です。

183

図3 Aのただ乗り

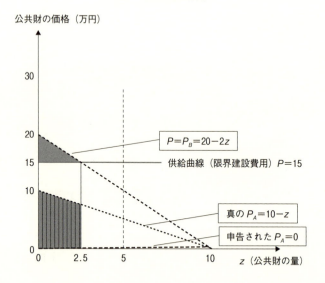

このときには、A村は、費用負担を拒否するので、B村の個別公共財需要曲線が、社会的公共財需要曲線に一致します。その結果、B村の需要関数と供給曲線の交点である$z=2.5$まで公共財が建設されます。その結果、消費者余剰は、**図3**のように、B村は、6.25、A村は、21.875になります。両者が正直に申告することで建設されたであろうパレート最適の消費者余剰に比べてA村の余剰が大幅に増加、B村の余剰が大幅に減少、しかし、それを合計した社会的余剰は、減少しています。公共財の過小供給が起きています。このように公共財の建設費負担を拒否したとしても、その利用に制限が加えられなければ、「私には無価値」と言っておきながら、できてしまったら利用することで、公共財の文字通り「ただ乗り」が実現します。

ただし、現実には、このようなあからさまな「ただ乗り」はさすがに目立ってしまう（B村から、A村の人も橋を渡っている、と抗議がくるのは目に見えています）ので、A村も、「私には無価値」という極端なことは言わないかもしれません。そこで真の需要関数から少しだけ低い価値を申告して、負担を減らそうと考えるかもしれません。そこでA村がつぎのような、少しだけウソをつく動機を持つかどうかを検証します。

第5章 市場の失敗(2)公共財：地球温暖化は防げるか？

図4　過少申告

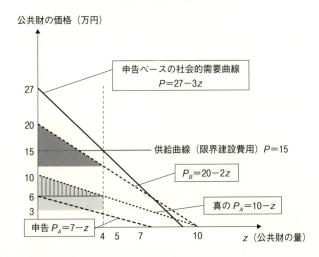

　　　A村の真の需要関数　$P_A = 10 - z$
　　　A村の（ウソの）申告需要関数　$P_A = 7 - z$
　この場合の公共財の供給を考えて見ましょう。社会的な需要関数は、

$$P = P_A + P_B = 27 - 3z$$

となります。限界費用15は変わりません。このときの公共財供給は、$P = 15$ を成立させる $z = 4$ となります。この状況が**図4**に描かれています。Bの余剰はパレート最適の場合の25から16に減少する一方、Aの余剰は、12.5から20に上昇します。文字通りではありませんが、AがBに「ただ乗り」している状況は同じです。

　申告ベースの需要関数をもとに、公共財供給を決定するメカニズムには過少申告の問題があり、その場合に公共財が過小に提供される可能性があることがこれで分かりました。

3.3　封印競争入札の理論

　ここですこし寄り道になるのですが、入札制度と入札者の行動について説明します。掘り出し物を購入しようとしてオークションに参加する購入希望者の行動を考えます。購入希望者は、自分が払っても良いと考える購入最高価格

185

(buyer's reservation price) を持っているものとします。購入最高価格を、支払っても良いと考える価格（willingness to pay）と呼ぶこともできます。いま、「時計」がオークションにかけられていて、それを3人の購入希望者が入札する、という場合を考えます。

(1) 封印1位価格入札（first-price sealed-bid auction）
ある商品が売りにだされます。購買者は、購入希望価格を記入して、それを封印のうえ、出品者へ提出します。この封印された価格（sealed bid）は購入希望者同士には知られていません。また、個々人が記入する購入希望価格は購入最高価格である必要はありません。封印された札が開封されると、最高価格を提示した購入希望者が、提示した価格を支払うことで、入札は完了します。

(2) 封印2位価格入札（second-price sealed-bid auction）（別名 Vickrey auction）
封印入札と同じプロセスを経て入札は行われます。唯一の違いは最後のところで、最高価格を提示した購入希望者が落札するのですが、支払う金額は、第2位の人が提示した価格となり入札は完了します。

競りへの参加者（需要者）は3人いるものとしましょう。3名の入札参加者（一郎、次郎、三郎）それぞれの、ここまでならば支払っても良いと考える購入最高価格（willingness to pay）が、$B_1 = 80, B_2 = 90, B_3 = 100$ であるとしましょう。お互いに他人の購入最高価格は知りません。

封印1位価格入札を考えます。購入希望者が記入する価格は、他の購入希望者がどのような価格を記入するかについての予想に基づいて、自分の余剰をどれくらい獲得しようとするかにかかってきます。一般に一郎も次郎も三郎も、自分の購入最高価格より低めの価格を書いて提出します。どれくらい低めに出すかは、他の人の記入価格の予想に依存します。非常に特殊な場合ですが、三郎にとっても競りに参加している他の参加者のうち一番高い入札をするであろう人、次郎、の入札価格について確信をもって予想できる場合には、それを少しだけ上回る価格を提示すればよいのです。この状況を**図5**で表しています[1]。

最後に封印2位価格入札を考えましょう。封印2位価格入札では、購入希望者は皆、自分の最高購入価格を書くことが合理的であることを証明します。購

第5章　市場の失敗(2)公共財：地球温暖化は防げるか？

図5　封印1位価格入札

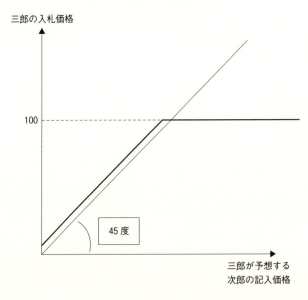

入最高値が100である三郎にとって100以上の価格を書くインセンティブはあるでしょうか。三郎の頭のなかでは、つぎのような損得勘定が行われます。三郎が例えば102と書いて最高値のとき、次郎が101と書いたとすると、三郎はこの「時計」を落札して、101を払うことになります。これは最高購入価格を上回っていますから、競りの前よりも満足度が低下します。いくら2位価格を払うといっても、自分の最高購入価格を越えた価格を書き込むことはありません。

では逆に三郎が最高購入価格100を下回って95と書くことはあるでしょうか。三郎が95と記入した場合、次郎の価格が95を上回るか、下回るかで状況が異なります。次郎が97と記入すると、三郎は残念ながら、「時計」を落札できません。三郎が払っても良いという価格が100なのですから、後悔が残ることになります。一方次郎が90の価格を記入した場合には、三郎が落札して、次郎の記入価格、90を支払うことになります。

---

1) なお、一般的には、「確信」をもって予想はできないので、相手の申告価格について、確率分布関数を仮定するなどの手続きを仮定することになります。そこでも、一般的に、購入希望者は、全員が、「過少申告」をすることが知られています。

図6 封印2位価格入札

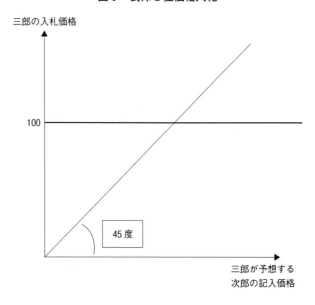

そこで、三郎が95ではなく、98を提示していたら、状況はどうかわるでしょうか。次郎の97を上回るので、今度は落札できて97の支払となります。落札できて満足度が高まるとともに「余剰」が発生しますが、後悔しません。一方、もし次郎が90の場合も、同じように落札のうえ、支払いは、90のままです。つまり、次郎がどのような価格を提示していても、三郎は95ではなく、98を提示すべきということが分かります。そして次郎が99であるかもしれない場合を考慮に入れると、三郎は100を記入することで、自分の満足度をいちばん高めることができる、ということが分かります。このプロセスを続けると、2位価格入札の場合、三郎は、他の人の価格がそれを下回る限り、自分の最高購入価格（willingness to pay）を正直に記入すべきである、ということが分かります。この状況を図6で表しています。

　ここで明らかになったことは、**封印2位価格入札の場合には、購入希望者は、正しく自分の購入最高価格（willingness to pay）を表明する、ということです**。この性質は、これから議論する、公共財へのひとりひとりの支払ってもよいと考える価値を聞きだすうえで、便利な性質です。

3.4 真の需要曲線を申告させるメカニズムはあるか

つぎに真の公共財需要曲線を申告する気になる（動機付けされている）社会的メカニズムがないかどうか考えてみましょう。申告で自己負担が変わらない（したがって正直に申告する動機がある）一方で、申告内容が社会的な決定に生かされるという難しい問題を解くことになります。これはクラーク・メカニズム（Clarke Mechanism）、あるいは、ヴィッカリー・グローブズ・クラーク・メカニズム（Vickrey-Groves-Clarke Mechanism）として知られています。以下では、少し強い仮定を置いた上で、分かりやすく、そのサワリを解説します（一般的なケースについて、詳細は中級のミクロ経済学の教科書を参照してください）。

公共財の供給にあたり、政府は、橋を建設するときには、A村には、公共財供給曲線（$P = 15$）とB村の申告需要（P_B^{bid}）の差を支払わせる、一方、B村には、公共財供給曲線（$P = 15$）とA村の申告需要（P_A^{bid}）の差を支払わせる、ということを、ルールとして伝えます。橋の建設が決まれば、そのときの支払額が自分の申告額ではないことから、申告でウソをつく動機がないことが想像できます。では、なぜ申告は重要なのでしょうか。それは、A村とB村から提出された申告額と建設費用を比較して、建設に値する橋かどうかを政府が検討しなくてはならないからです。

政府が解かなくてはならない問題は、橋を建設すべきかどうか、建設するとしたら、どれくらい立派な（公共財の量 z）橋を建設すべきか、です。そこでつぎのメカニズムを考えます。いくつかのステップに分けて順を追って説明します。

(1) 政府は、橋の立派さ（公共財の量 z）を特定したうえで、この橋が建設されることが、どれくらいの価値（willingness to pay）を持つか、A村、B村に質問します。その際に、申告された価値をもとに政府が建設を決めるメカニズムを考えます。

(1-1) Aが公共財単位あたりに支払っても良いという P_A^{bid} を申告。

(1-2) 同様にBが公共財単位あたりに支払っても良いという P_B^{bid} を申告。

この時点で、AもBも申告価値はウソでも構いません。

(1-3) 公共財の限界生産費用（P）は一定。ただし、数値例では $P = 15$ としてあります。この申告時点では、z は提示されているものの、P や相手の申告額は知らない、と仮定しています。知っているのはどのようにして公共財を供給するか否かのメカニズムです。

(2) $P - P_A^{bid}$ および、$P - P_B^{bid}$ が政府に対して明らかにされます。政府は、$P \leq P_A^{bid} + P_B^{bid}$ ならば橋を建設します。$P > P_A^{bid} + P_B^{bid}$ ならば橋を建設しません。

(3) 橋を建設する場合、Aは $(P - P_B^{bid})z$ を支払い、Bは $(P - P_A^{bid})z$ を支払います。ここで、Aの支払が、他人の申告支払額（のマイナス）には依存するものの、自分の申告額には依存しないことが重要な点です。

このような方法で、公共財を供給するか否かを決定するメカニズムでは、最初の(1)のステップで、過大申告、過少申告がないかを検証します。まず、なぜ過大申告をしないかを考えて見ましょう。

(4) Aにとっての余剰は、P_A、P_B、P によって決まります。

(4-1) $P > P_A^{bid} + P_B^{bid}$ ならば、橋は建設されず余剰はゼロ。

(4-2) $P_A + P_B^{bid} < P < P_A^{bid} + P_B^{bid}$ ならば、橋は建設され、Aは $(P - P_B^{bid})$ を支払います。余剰は $P_A < P - P_B^{bid}$ なのでマイナス。

(4-3) $15 < P_A + P_B^{bid} < P_A^{bid} + P_B^{bid}$ の場合、橋は建設されます。余剰は $P_A - (P - P_B^{bid}) > 0$ となります。

(5) このプロセスを理解したうえで、P_A^{bid} はどうあるべきかを考えてみます。

過大申告 $P_A^{bid} > P_A$ ならば、(4-2) のケースで余剰がマイナスになります。P_A^{bid} を少し低くすると、余剰がマイナスになるケースは少なくなります。このプロセスを続けていくと、$P_A^{bid} = P_A$ に行き着きます。$P_A^{bid} = P_A$ と申告すると、(4-2) の損失のケースがなくなり、(4-1)、(4-3) の場合の余剰には影響を与えません。したがって、過大申告の動機はありません。

このような状況が**図7**で示されています。

つぎに過少申告する動機があるかどうかを検討してみましょう。

図7　過大申告のケース

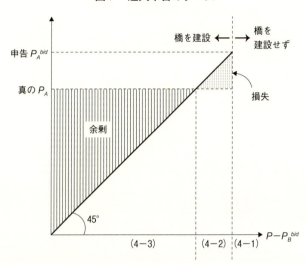

(6) 過大申告の説明のうち(1)〜(3)はそのまま適用します。(5)はつぎのように修正をします。

(6-1) $P > P_A + P_B^{bid}$ ならば橋は建設されず、余剰はゼロ。

(6-2) $P_A^{bid} + P_B^{bid} < P < P_A + P_B^{bid}$。この場合も橋は建設されず、余剰はゼロ。

(6-3) $P < P_A^{bid} + P_B^{bid}$。この場合は橋が建設され余剰は $P_A - (P - P_B^{bid}) > 0$ となります。

(7) 過大申告の場合と違って余剰がマイナスになることはありませんが、(6-2)の場合にはもう少し高い余剰をあげることができたのに……という逸失利益があったということが分かります。したがって P_A^{bid} を少し高くするとプラスの余剰が発生するケースが拡がることが分かります。このプロセスをつきつめると、$P_A^{bid} = P_A$、つまり、真の価値を申告することがベストであることが分かります。このような状況は、**図8**で示されています。

(8) 同じ思考実験はB村にも当てはまるので、このような他人の申告価値をもとに自分の支払額が決まるようなメカニズムの下では、真の価値（willingness to pay）を申告することがベストの戦略（dominant strategy）であることが分かりました。

図8 過小申告のケース

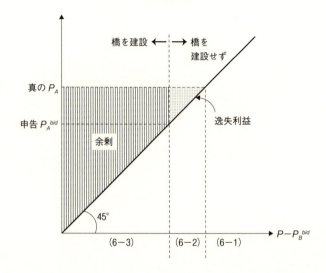

(9) 以上の(1)～(8)はある一定の公共財の量（z）について行われた思考実験です。このあと、公共財の量（z）を変化させつつ P_A, P_B を発見していくことができます。その結果、政府は $P_A + P_B = P$ となるような z を発見することができます。これがパレート最適の供給量となります。

4 理論と現実のギャップ

4.1 費用便益分析

　以上のように、理論的には、公共財の最適供給量を定義したり、それを発見するメカニズムについての研究が進んでいます。では、実際に、道路や橋という公共財の建設は、このような潜在的な利用者の払っても良いと考える価値を見つけ出して、公共財の最適供給を行っているのでしょうか。現実には、道路や橋の建設は、もちろん住民説明会や建設の是非を検討する審査会などは行うものの、基本的には政府が決定します。そこでは、「費用対効果」の推定が重要な役割を果たします。つまり、政府が独自に計算する「便益＝効果」と、

建設・維持のための「費用」を比べるのです。費用便益分析（cost-benefit analysis）と呼ばれる手法です。そこで道路や橋の「便益」が「費用」を上回るとされると、建設費は税金で賄われる、つまり一般歳出費が捻出されることが普通です。

道路や橋は全国民に便益がいきわたるものであり、費用は全国民で支払うのが当然と考えているので、税金で支払うことが正当化されます。その集計にあたり、個別の便益を、真の申告をするようなメカニズムを使って受益者から個別に聞き取って集計するという作業はしません。そうすると、その最大の受益者は、便益（理論モデルでいうところの willingness to pay）を過大に申告（ロビー活動）することになります。こんな便益もある、あんな用途もある、というように、できるだけ建設に持っていこうとするでしょう。

実際には、橋や新しい道路の場合には、それができたときの利用者の数と、利用者が経験する時間短縮効果（とその金銭換算）が便益の大きな部分です。利用者の数を多めに見積もれば、便益は大きくなります。

4.2　数値例

では、実際に費用便益分析はどのようにして行われるのかを考えてみましょう。橋や道路など交通手段の公共事業施設（以下、「橋」と総称します）の建設による便益はなんでしょうか。これは橋ができることで、それまでは川上や川下の橋を迂回していたのが近道になることです。同様に、あるいは渡し船（フェリー）などで行き来していた人たちも、新築の橋を利用することで、地点Aから地点Bへの通行時間を短縮することができます。そこで便益はそれぞれの人が時間短縮効果を金銭換算したものになります。これは橋の耐用年数がくるまで、毎年累積することになります。ただし将来の価値は、一般消費者物価のインフレ率で調整した実質価値、さらに時間割引率をつかって現在価値に割り引くことが必要となります。たとえば割引率が4％という場合には、来年の100万円の収入の現在価値は、96万円（＝(1/1.04)×100）と計算されます。

走行時間短縮便益は{利用者数×平均短縮時間×1時間あたりの金銭価値}を橋の耐用年数だけ累積した総和ですが、将来の価値については実質価値の割引現在価値となります。

さらに、迂回路よりも短距離であることから走行経費の減少を加算することができます。走行費用減少便益は（利用者数×平均短縮距離×距離あたり燃料価格）を橋の耐用年数だけ累積した総和ですが、将来の価値については実質価値の割引現在価値です。

　さらに、橋であれば、フェリー事故による死者を出す可能性もなくなります。中央分離帯を設ける高規格であれば、正面衝突の事故も起きません。交通事故減少便益も期待できます。

　　　　　　便益＝走行時間短縮便益＋走行費用減少便益＋交通事故減少便益

　便益の推計は将来の利用者の数や属性についてなので、評価者の裁量・判断に左右される部分があることは否めません。とくに利用者数の予測は決定的に重要です。このあたりが、橋を欲する自治体は、水増しへの圧力として楽観的な見通しを使いたいところです。さまざまな資料や仮説から利用者は多くなる、という推計をしていきます。

　1時間あたりの金銭価値も本来は、かなり緻密な推計を必要とするのですが、実際には、その地域の平均的な時給などを代理変数にすることが多いようです。理論的には、この金銭価値そのものが、利用者が支払っても良いと考える金額（willingness to pay）と対応しています。理論的には、潜在的利用者から、この金額を聞き出して、費用便益分析に組み込むのが正しいということになりますが、上で説明したように、本当の金額を申告するかどうか、あるいはそのようなメカニズムを構築できるかどうかが課題となります。

　一方、費用のほうは、供用開始できるまでの建設費用と、供用開始してからの維持・修繕・管理費用に分けて考えることができます。後者については、将来部分については、実質価値の割引現在価値に直して考えます。

　　　　　　　費用＝橋の建設費用＋将来の維持・修繕・管理費用の割引現在価値

ということになります。

　費用便益分析は、政府が税金を投入して行う事業の是非、あるいは有料の高速道路や橋の採算性を計算する上では、基本中の基本となります。それだけ応用範囲も広い手法ですので、いくつかのケースを検討して内容をしっかりと頭にたたみこむことが重要です。

第5章　市場の失敗(2)公共財：地球温暖化は防げるか？

表1　費用便益分析の例

路線名	事業名	延長	事業種別	現拡・BPの別	計画交通量（台/日）	車線数	事業主体
国道468号	圏央道（海老名〜厚木）	10.1Km	高規格	BP	32,700〜46,600	4	国土交通省関東地方整備局日本道路公団

①費用

	改築費	維持修繕費	合計
基準年	平成15年		
単純合計	2,001億円	385億円	2,390億円
基準年における現在価値(C)	1,819億円	163億円	1,980億円

②便益

	走行時間短縮便益	走行費用減少便益	交通事故減少便益	合計
基準年	平成15年			
供用年	平成20年			
基準年における現在価値(B)	5,046億円	546億円	117億円	5,710億円

③結果

費用便益比（事業全体）	2.9

出所）http://www.ktr.mlit.go.jp/yokohama/ir/03_tori/007/02.pdf

4.3　ケース1：「国道468号線、圏央道（海老名〜厚木）」の費用便益分析

　2003（平成15）年に、圏央道、海老名〜厚木間の費用便益分析が行われました。詳細な計算前提条件や、結果は、ネットで得られるので、そちらを参照してください。
http://www.ktr.mlit.go.jp/yokohama/ir/03_tori/007/02.pdf
　ここでは結果のサマリーだけを表1として紹介します。
　便益は、上記で説明したように、便益＝走行時間短縮便益＋走行費用減少便益＋交通事故減少便益、となりますが、供用開始の平成20年から40年間にわたる便益を計算しています。割引率は4％です。また、走行時間、走行経費は、乗用車、バス、小型貨物、普通貨物を区別しています。
　便益の大きい部分は、走行時間短縮便益で、現在価値で約5000億円です。走行費用減少便益は、約10分の1で、約500億円、交通事故減少便益は117億円と少なくなっています。
　費用は、建設費用が、約1800億円、維持修繕費の現在価値合計は約160億円、合計1980億円です。便益の費用に対する比率は、2.9＝5710/1980と計算され

ます。つまり、便益が費用の2.9倍なので、このプロジェクトは実行すべき、という結論になります。

費用便益分析では、このB/C比が重要な役割を果たします。この比率は、1以下であれば、その公共事業を行うことは論外ですが、1を超えていればすべて建設すべきかどうかは、明らかではありません。将来の利用者数など楽観的に見積もられている可能性はありますし、有料橋で建設費をすべて回収するという場合は別として、税金投入で作るのであれば、公共事業にまわす予算には毎年の限度がありますから、B/C比の高いところから建設を進めることが重要になります。

さらに、事後評価も重要で、本当に当初計画のとおりの利用者数が実現しているか、実現していない場合には、なにを間違えたのかを明らかにして、同じような間違いを繰り返さないことが重要になります。

4.4 公共財の過大供給

公共財の理論モデルでは、過少申告をして他人に負担を押し付けようとする問題、その結果として公共財の過少供給の問題の克服が課題なのですが、現実には、多くの公共事業が税金で賄われているため、潜在的受益者の個別の費用負担はゼロに近くなります。そのため、地元政治家が、官邸、担当官庁、財務省、マスコミにロビー活動することで、その便益を誇大に強調する動機が発生します。その結果、現実には、公共財が過大供給になることが多いのです。これは、政府が関与することで、便益の享受とコストの負担の間に関連性が失われ、公共財の理論との間にギャップが発生する原因となります。

1980年代、90年代の日本では、橋や道路のような、ハコモノの「公共事業」をつくりすぎた、という評価が一般的です。もちろん良いものもたくさんつくったのですが、明らかにつくりすぎ、というものも多くあります。たとえば、新鮮な農作物を空輸する、という目的のもとに作られた（農道の拡幅による800m×25mの）農道空港（正式名称、農道場外離着陸場）が挙げられます。1988年に農林水産省の予算で第一号が建設され、事業が廃止された1998年までに8箇所が建設されました。いずれも利用実績は予想をはるかに下回り、建設コストの回収はおろか、維持管理費も賄えない状況が続いています。

4.5 ケース2：本州四国連絡橋

　本州と四国の間には、3本の連絡橋があります。最初に全国的な計画に載ったのは、1969年の新全国総合開発計画で、3ルートの建設が明記されました。翌1970年には、建設の主体として、本州四国連絡橋公団が設立されました。その後、オイルショックで一時凍結されるなど、紆余曲折を経て、3ルートのうち、児島・坂出ルート（瀬戸大橋および本四備讃線）の全線開通は1988年でした。神戸・鳴門ルート（明石海峡大橋）の全線開通は、1998年でした。さらに、尾道・今治ルート（瀬戸内しまなみ海道）の全線開通は1999年でした。

　この3本の本四連絡橋は、有料道路として建設され、本州四国連絡橋公団がその運営にあたりました。事前の予想では、通行料金収入や、鉄道部分の貸与収入などで、建設にかかった費用や維持費用を返済できるという計算だったと思われます（事前に厳密な費用便益分析が行われなかったようです。1960年代には、費用便益分析は一般的ではありませんでした）。

　さて、建設されてみると、実際の交通量は予想をはるかに下回り、公団は赤字続きとなりました。そのため債務が蓄積され、まったく返済のメドが立たなくなったのです。それぞれの橋の起点終点の自治体からの支払いを条件に、通行料金を引き下げていたのですが、公団の累積債務が巨額に上ったため、2003年に、公団を廃止するとともに、債務を「一般会計において承継する」という決断が行われました。これにより国庫は1.34兆円を負担しました。平成15年度末の資産合計は3.9兆円、負債合計は2.9兆円とされていました。

　つまり、独立採算の公団運営で採算がとれるほど利用者が多いと思って建設したのですが、大赤字になって解消のメドが立たないために、国全体で面倒をみることにした、ということです。利用者見通しの難しさ（推計の甘さ）、公共財の費用負担のメカニズムの難しさ、を示すケースです。

　地元自治体が公団に支払をしていた金額は、理論モデルで説明した、橋を利用することの料金引き下げのために支払っても良いと考える価格（willingness to pay）に相当すると考えられます。もちろん現実には、より政治的に決まっていますし、真の価格が申告価格になるようなメカニズムを使っていたわけではありません。

197

5 政治メカニズムと財政ルール

5.1 経済財政諮問会議での指摘

2000年代に入ると、1980年代〜1990年代の公共事業に対する批判の声が大きくなります。2001年に誕生した小泉政権では、増税なき財政再建を一つの柱に掲げて歳出削減に取り組みます。特定財源のように税金や利用料を徴収して公共事業を行う仕組みになっている場合には、不用なものが作り続けられるという仕組みになりがちです。そこでは、作ったあとの維持管理費用は考慮に入れられていないばかりか、そもそもそれが費用にみあうだけの便益をもたらすのか、という検討はされてきませんでした。小泉政権では、硬直的な財政を打破するために、(小泉政権誕生直前に設置された) 経済財政諮問会議という仕組みが活用されました。

経済財政諮問会議の目的はつぎのように書かれています。
「(1)内閣総理大臣の諮問に応じて、経済全般の運営の基本方針、財政運営の基本、予算編成の基本方針その他の経済財政政策に関する重要事項についての調査審議。(2)内閣総理大臣又は関係各大臣の諮問に応じて、国土形成計画法に規定する全国計画その他の経済財政政策に関連する重要事項について、経済全般の見地から政策の一貫性・整合性を確保するための調査審議。(3)上記(1)(2)について、内閣総理大臣等に意見を述べること」
つまり、かなりのことをここで決めることができて、総理が議長ですから、内閣がコミットするということで実行も担保されています。

小泉政権の改革姿勢は国民の支持をうけて、小泉政権の6年間 (2001年4月〜2006年9月) のもとで、歳出は微減、歳入は成長率の回復を得て大きく伸びて、財政再建に道筋をつけました。財政赤字とほぼ同義である国債の新規発行は、30兆円超から、おおよそ25兆円まで減少しました。歳出に占める公共事業費の比率も2001年度の15.4%から、2006年度の8.9%まで減少しました。ただし、公共事業比率の低下は、小泉政権誕生の以前から起きていたことです。このような流れを汲んで誕生した第1次安倍政権 (2006〜2007年)、福田政権

第5章　市場の失敗(2)公共財：地球温暖化は防げるか？

図9　本州四国連絡橋の需要予測

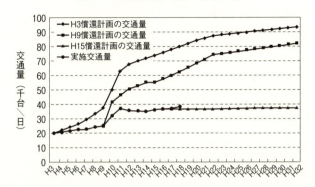

(2007〜2008年）でも、公共事業の歳出削減が継続されて、2008年度には、7.9％まで落ちました。（数字はいずれも決算ベース。）

　私事になりますが、安倍政権、福田政権では、経済財政諮問会議の民間議員をつとめさせていただきました。そこでは、経済政策全般についていろいろとアイディアを出して提案をしていきましたが、公共投資・公共事業については、つぎのようなやりとりをしたことが思い出されます。政府の失敗を考えるうえでの証言になるので、収録しておきます。

　2007年11月26日に開催された経済財政諮問会議（議長は福田康夫総理大臣、4人の民間議員、5名の大臣、日銀総裁がメンバー）では、冬柴国土交通大臣を臨時議員として招いて、公共投資の問題が取り上げられました。ここで、民間議員の八代尚宏教授と伊藤隆敏から、本四連絡橋を例に挙げて、公共投資のありかたを冬柴大臣に質問しています。民間議員は、本四連絡橋の現実の交通量が需要予測をはるかに下回ったことを指摘して（**図9**として引用掲載しています）、国土交通大臣に質問しています。

　以下、公表されている議事録から、引用します。(http://www5.cao.go.jp/keizai-shimon/minutes/2007/1126/shimon-s.pdf（2017/ 6 /28時点))

＊　＊　＊

（八代議員）本州四国連絡橋の需要予測の数字が出ているが、現実の交通量と比べ、事前の見通しは著しく過大なものになっている。前回いただいた国土交

199

通省の資料でも、例えばニュージーランドの事業実施の可否基準は日本と変わらずB/Cが1以上だが、結果として、実施された事業のB/Cは特定分野で非常に高く、例えば4以上になっている。日本でも実際には1.2とのことだが、かなりぎりぎりのB/Cである場合が多いのではないか。貴重な予算なので、より高い水準のものを求める必要がある。

（伊藤議員）八代議員からも説明のあった本四連絡橋について。費用便益分析が、中間評価という形で2000年12月に行われているが、B/Cが1.7であった。これをどう見るかという問題で、1.7あったから3本架けたのは成功だったと評価するのか、それとも、どう見ても本四連絡橋については、多額の税金を投入するなど無駄が多かった、それなのに1.7という数字が出てくるのはおかしいのではないか、むしろ費用便益分析の計算方法に問題があるのではないか、という見方もあると思う。多額の税金が投入される路線について、本当に費用便益分析が適切に行われているのか。1.7という数字はちょっと違和感がある。

（冬柴国土交通大臣、臨時議員）本四連絡橋についての御指摘は、これは本当に申し訳ない話で、予測が大きく狂っている。最近はこの反省に立って、厳重にチェックをするということで、ずっとやっている。B/Cが1.7という御指摘があったが、平成15年度に一般会計に1兆3,400億円を承継した。それ以降のところは予測値と実績交通量がぴったり一致ないし予測値よりも多い。そういうことを反省して、こういうふうにやっている。

* * *

つまり、便益・費用比率は、1.7では建築するに値しない可能性がある（すでに建築してしまっていたが、それは無駄だった）、と八代議員は指摘しています。政府の行う費用便益分析について疑問があると伊藤は言っています。

5.2 政府の失敗

以上みてきたように、市場の失敗を矯正するために政府が介入（規制、課税、補助金）することは、理論モデルでは正当化されるものの、公共財の供給の難しさから分かるように、現実にはうまくいかないことも多いのです。地元への利益誘導の政治的判断、あるべき課税を回避して選挙を有利にしようとする動

機、利用者にとっての真の価値の情報の欠如と情報収集の困難さ、政策を実行する過程で必要となる経費などが、課題です。このように、理論モデルのなかのような全知全能、公益のために無償で働く政府は、現実には存在しません。市場も効率的な資源配分に失敗することがありますが、政府もまた失敗するのです。日本における公共事業の作りすぎという問題は、政府の失敗の典型的な例です。

6 地球温暖化問題の理論モデル

6.1 地球温暖化問題

ここで、地球規模の公共財の問題の例として、地球温暖化問題を取り上げます。地球温暖化問題とは、二酸化炭素など地球温暖化につながる気体が、人類の経済活動（特に化石燃料など炭素物質の燃焼）によって大気中に蓄積することで、大気の平均気温が上昇して、これが南極やグリーンランドなどの万年氷を溶かすことで、海面上昇を引き起こし世界的に大きな被害を与える、というものです。

地球温暖化を防止するための国際的な取組は、おもに、1992年に設置された国際連合の気候変動枠組条約締約国会議（COP）です。第三回会議（COP3）は京都で開催され、「京都議定書」（Kyoto Protocol）が採択されました。京都議定書は、2005年に発効しましたが、先進国に対しては、温暖化ガス排出削減の義務を課す一方、発展途上国には義務を課さないという条約でした。2008年から2012年までの第一約束期間内に、温暖化ガス排出量合計を対1990年で少なくとも5％削減として、約束が守られない場合には、その後の期間について罰則的加算がされるとされていました。一方、いくつかの方法で、排出権取引を認めることで、先進国の国内の負担を軽減する方法も含まれていました。

しかし、京都議定書は発効したものの、最大の温暖化ガス排出国であるアメリカ、さらにカナダが離脱する一方、新興国の中国やインドの温暖化ガスの排出量が急増したことから、京都議定書の限界が指摘されるようになりました。それでもEUと日本は排出量削減に力をいれていましたが、地球全体の公共財

（温暖化ガス削減）を一部の国だけで行っても、アメリカ、中国などが、「ただ乗り」するという構図でした。これを日欧で維持するのは、国内政治的に、しだいに困難になってきました。

京都議定書に代わる枠組みは、すべての国が参加しなくてはいけない、現実的な目標を設定しなくてはいけない、先進国と発展途上国の公平性にも配慮しなくてはいけないなど、多くの問題を抱えていましたが、2015年11月30日からパリで開催された第21回締約国会議（COP21）では、削減幅について、参加各国の自主的な削減目標を掲げる一方、長期的には意欲的な目標を盛り込みました。産業革命前からの気温上昇を2.0度未満に抑制することを目標に据えつつ、できるだけ1.5度未満に収まるように努力する。世界の温暖化ガス排出量の増加を止めて、今世紀後半には実質的にゼロを目指す、というものです。

パリ協定では、各国の削減目標は「義務」ではなく、あくまでも自主的に宣言された努力目標です。しかも、現在の各国目標がすべて満たされても、2100年までに、大気の気温は2.7度上昇すると予想されているので、2.0度未満の目標達成は、ここからさらなる努力が必要になります。

6.2 分析の枠組み

地球温暖化問題は、外部性の問題（産業活動により温暖化ガスが発生）と公共財の問題（大気に影響されるのは、産業活動を行う周辺住民ではなく、全世界の市民）が入り混じっている複合的な問題です。ここでは、つぎのような数値例を考えて、分析の理論的枠組みを提示します。まず、外部性のパートですが、火力発電会社2社、A社とB社を考えます。（あるいは、A国とB国を考えても良いです。）発電会社が電力を供給するにあたって、発電（x）とともに温暖化ガス（C）を排出すると考えます。

電力の供給曲線は、A社、B社同一で、
$$x^A = (1/10)P、あるいは、P = 10x^A$$
$$x^B = (1/10)P、あるいは、P = 10x^B$$
火力発電所2社からの発電量は、
$$x = x^A + x^B$$
で表されます。ここで、P は電力の市場価格とします。以下では、計算を簡単

にするため、$P=50$ で固定されているものとします。買い取り価格が一定であるような需要曲線があるものと仮定しています。あるいは、火力発電以外に、$P=50$ で無限に供給する、固定費用が大きいものの限界費用は一定であるような原子力発電や太陽光発電が $P=50$ で供給している、と考えてもよいでしょう。火力発電所からの2社合計の供給曲線は、

$$x = (1/5)P$$

となります。さて、火力発電に伴い、温暖化ガスが発生します。規制導入前には、市場を通さない影響を与えるということで、負の外部性です。A社の温暖化ガス排出量とB社の温暖化ガス排出量は、電力供給に比例して、

$$C^A = 12x^A$$
$$C^B = 8x^B$$

で決まるとします。2社の温暖化ガス排出の係数の違いは、この2社の間の温暖化ガス排出防止の技術の違いを表しています。2社から排出される温暖化ガスは、空気中に累積され、社会的な温暖化ガスは2社の排出の和となります。

$$C^S = C^A + C^B$$

さて、つぎに、規制や課税がない場合の解、温暖化ガス排出抑制のために「炭素税」が課された場合の解、温暖化ガス排出抑制のため、排出量上限という直接規制が課された場合、そして最後に「排出権」取引が許された場合について検討します。

6.3 ケース1：規制、課税なし

第1のケースは、火力発電にまったく規制がない場合を考えます。火力発電所の周辺の「公害」問題（外部性）はあっても、世界規模の影響はないと考えられていた場合といってもよいでしょう。**図10**で描かれているように、2社は個別供給曲線が $P=50$ となるまで、発電を続けると考えられます。

$$x^A = x^B = 5$$
$$C^A = 60$$
$$C^B = 40$$
$$C^S = C^A + C^B = 100$$

となります。図10の上のパネルが発電市場、下が温暖化ガス発生のメカニズム

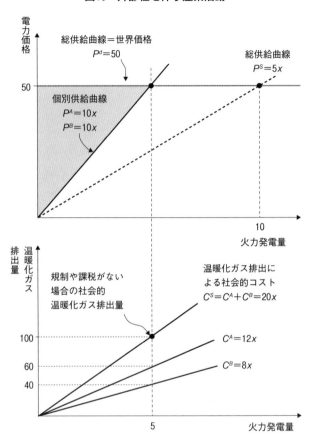

図10 外部性を伴う産業活動

です。

このときには、2社それぞれの生産者余剰（利潤、Y）は、上のパネルの「網掛け」部分になります。

$$Y^A = Y^B = 125$$

つぎに、近い将来の COP-X 会合が、$C = 100$ では地球温暖化を2.0度以内に防止できない、$C^S = 80$ にすべきだ、と決定したとしましょう。このような総排出規制を達成するには、大きく分けて2つの手法があります。炭素税（carbon tax）と個別排出規制（emission quota）です。それぞれの手法に一長

一短があり、どちらの手法を望ましいと考えるかについては専門家の間でも意見が分かれます。京都議定書もパリ協定も、各国に排出削減を課すという意味では、個別（国）排出規制の立場をとっています。以下の数値例では、COP-Xが、最大排出量を80としたケースを考えます。課税か、規制で、なんとしても、$C=80$を達成する、という国連の枠組みが採択されたと考えましょう。

6.4　ケース2：炭素税

火力発電所は、化石燃料を燃焼して発電することで温暖化ガスを発生させています。したがって、火力発電所によって発電される電力に対しては、「炭素税」を課税することで、温暖化ガスの排出を抑制する効果が期待できます。ここでは火力発電所からの電力には、税率25％を課す決定をした場合を考えます。供給曲線は、**図11**のように、税金分（0.25）傾斜がきつくなります。

$$P = 10(1+0.25)x^A$$
$$P = 10(1+0.25)x^B$$

となります。そうすると$P=50$は変わりませんから、発電量xは、各社4となります。発電市場では、図11のように利潤と税金の総額が（2社それぞれに対して）決まります。

そして、発電量の減少にともなって温暖化ガスの排出も減少して、2社合計の社会的排出量は、ちょうど目標の80を達成することが分かります。もちろん、税率25％を選択するときに政府は、社会的排出量関数（$C^S=20x$）の形状、火力発電所からの総供給曲線の形状（$x=(1/5)P$）を知っている（あるいは試行錯誤の末、発見する）必要はありますが、個別の供給曲線や個別の温暖化ガス排出曲線を知っている必要はありません。

6.5　ケース3：排出量直接規制

排出量の上限を守らせるのが至上命題であるならば、社会的な目標排出量を各社に対して個別排出量として割り振ることが一番確実です。もちろん、各社（あるいは各国）にどのように割り振るかは、政治的に大きな議論を巻き起こすことになります。

規制が入る前（京都議定書で言えば、議定書合意の直前、つまり1990年）の

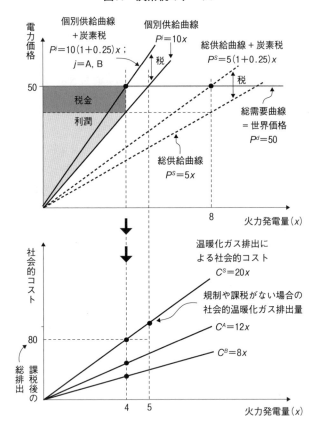

図11 炭素税のケース

排出量を基準にして、そこから各社一律に減少させるという手法がまず頭に浮かぶでしょう。数値例でいうと、規制前の総排出量が100で、それを80にしようというわけですから、規制前(ケース1)の100の排出量が、A社が60、B社が40でしたから、2割削減の規制の下では、A社が48、B社が32まで認められることになります。この結果は、炭素税の場合と同じです。直接規制の結果を**図12**で描いています。

炭素税(図11)と直接規制(図12)の違いのひとつは、炭素税の場合、発電量(上のパネル)が決まり、それが排出量を決めるのに対して、直接規制の場合には、排出量関数(下のパネル)で個別排出量が決まって、それが発電量を

図12　排出規制のケース

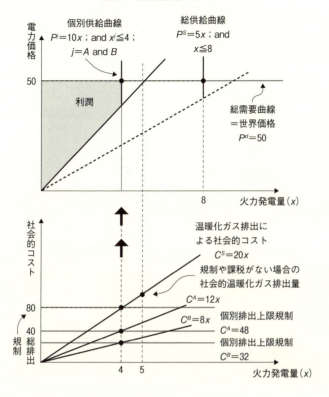

決めるということになります。上下パネルの間の矢印は、このロジックの方向を示しています。

　もうひとつの違いは、図11では、社会的余剰の一部が「税金」として政府に納められるのに対して、直接規制の場合には、各社の余剰として各社に帰属していることです。（このような所得分配の問題はパレート最適だけを重視する経済学者は重く考えませんが、企業にとっては死活問題です。）

6.6　ケース4：直接規制プラス排出権取引

　排出権の直接規制の図12の場合を考えます。発電量は、A社もB社も4です。この発電量のもとでの限界利潤（すこしだけ発電量を変えるときの利潤の変化）は、A社もB社も一致しています。一方、温暖化ガス排出量と発電量の関

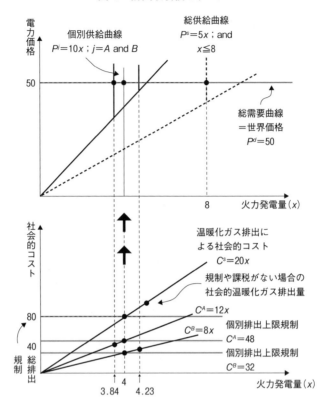

図13 排出取引後のケース

係(温暖化ガス排出曲線)の形状はA社とB社で異なっています。そこで、同じ発電量の変化に対して、A社よりもB社のほうが排出量の変化は少ないことになっています。そこに注目して、A社が少しだけ個別排出量を減らして、B社が同量だけ個別排出量を増やすことで、社会的排出量を不変に保つという思考実験をして見ましょう。

数値例では、台形の面積は、$(50+(50-10x))x/2$ となります。つまり $(50x-5x^2)$ です。これを x で微分すると、$50-10x$ で、これがA社とB社で共通です。一方、排出量1単位を変化させたときの x の変化(dx/dC)は、A社が、$(1/12)$、B社が、$(1/8)$ です。したがって、A社が排出量を1単位減少させ、B社が排出量を1単位増加させると、A社の x の減少よりもB社の x の増加の

ほうが大きくなります。(1/12) ＜ (1/8)。そうすると、排出量のA社からB社へのシフトで、B社の利潤の増加がA社の利潤の減少を上回ることがわかります。つまり、A社が排出量を減少させるという「排出権」の売却をB社に対して行い、排出量減少の損失をB社に完全に補償してもらっても、B社にはおつりが来る、ということです。ここで排出権取引が成り立つのです。

この論理を突き詰めて、温暖化ガス総排出量（C^A+C^B）一定（＝80）のもとで、総利潤（Y^A+Y^B）を最大化する問題を解くことで、排出権取引導入によるパレート最適な資源（排出権）配分問題を解くことができます。詳細な計算は省略しますが、答えは、最適な x^B は、約4.23ということになります。x^A は約3.84となります。このような結果を、**図13**で示しています。

7 まとめ

ここで、炭素税と排出量直接規制の違いをまとめておきます。技術的な情報（生産関数、温暖化排出関数）を全知全能の政府が知っていれば、目標排出量を達成することは、炭素税によっても排出規制によっても可能です。その意味では「コースの定理」のようなメカニズムが働いています。たとえば、国が総排出量の目標を決めて、これを企業に遵守させることを政府が決断したとしましょう。炭素税の導入・実施については、その行政コスト、モニタリング・コストは非常に安価にすみます。個別企業の技術情報を知る必要もありません。ただし、排出量をぴったり目標に一致させるための税率を発見するためには、多少試行錯誤が必要になるかもしれません。

一方、排出直接規制の場合には、総排出量をぴったり目標に合わせることができます。ただし、総排出量を各社にどのように割りふるかについては、政治的な抗争が起きる可能性が高いでしょう。さらに、本当に排出規制を守っているかどうかを確認するためには、モニタリングを強化する必要があります。実施のための情報コスト、行政コスト、モニタリング・コストは炭素税の場合よりもはるかに高いものになる可能性があります。なお以上の説明は、政府と個別企業でしたが、これを国連と各国とよみかえると、よりCOPの難しさが分かります。

しかし、これはまだ第1段階の議論です。つぎに考えなくてはいけないのは、どちらの方式のほうが、排出量の制約を満たしつつ「より効率的な資源配分」（パレート最適）を達成できるか、新規参入や技術開発インセンティブについて、炭素税と直接規制のどちらが優れているか、という問題です。

炭素税の場合には、税金を払いさえすれば発電できるわけですから、より発電効率の良い技術（しかし必ずしも温暖化ガスの排出が少ないわけではない）を持つ企業は、この火力発電に参入することを考えるでしょう。そうすると、しだいに温暖化ガスの総排出量が増えていきます。そうすると税率を上げていかなくてはなりません。新規参入やより効率的な発電技術の開発で発電量の増加と税率引き上げの悪循環が起きる可能性があります。

排出規制と排出権取引の組み合わせでは、温暖化ガス排出を抑制する（排出量関数の係数を小さくする）技術開発インセンティブもあります。同じ発電量に対して、より排出量が少なくなるような技術を開発すると、より発電量を増やすか、排出枠を売却することで利益を生むからです。

上で考えてきた総排出量規制（$C^S = 80$）のもとでの発電の問題で、パレート最適はどのように定義されるでしょうか。これは、排出量規制の制約つき総利潤（A社の利潤プラスB社の利潤）最大化問題を解いて、最適な、x^A, x^Bを発見することに帰着します。

このようなパレート最適は、排出直接規制を課したうえで、排出権取引を認めることで達成されます。排出権取引は、排出権を限界的に変化させるときの各社の利潤の変化分が一致するまで取引が続くと考えるからです。

これらのことを勘案して、どうしても地球温暖化を防ぐために温暖化ガスの総排出量の上限を守らせる必要がある、という場合には、直接規制と排出権取引を組み合わせることが効果的であることが分かります。もちろん、これを現実に実施するためには、各社の最初（排出権取引が始まる前）の個別排出枠を決めるところで、まず政治的困難さがあります。現実には、各社が規制開始直前に排出していた排出量を「既得権」(grandfather) として認めてそこから一律削減を課す、という政治的解決が図られることが多いでしょうから、じつは新規参入者にとってのコストは高くなります。最初の「既得権」としての排出量の決定問題は、社会的余剰（利潤）の取り合いという所得分配の問題なので

す。

　この排出権取引前の個別規制をどうするかということの難しさは、現実の国連のCOPの会議で、発展途上国が先進国に対して、これまで地球を汚してきたのは先進国なのだから先進国の削減目標は途上国よりも厳しくなくてはいけない、という主張につながります。

　たしかに個別排出権を決めて排出権取引をみとめればパレート最適は達成される、と理論的には言えても、現実には最初の個別排出権を決めるところが、(エッジワースのボックス図の初期保有量を決める問題と同じで) 所得分配の問題になっているために非常に困難なのです。

第6章

市場の失敗(3)不確実性
公正な保険とは？

1　イントロダクション

　ここまでの章では、取引される財やサービスの「質」については売り手も買い手も確実に知っている、と仮定してきました。(A)車種が同じ車であれば、その耐久性には差がない、(B)同じ品番のコンピューターならば、不具合が生じるまでの日数には差がない、(C)同じ棚で売られているマグロの刺身であれば、味は同じである、このように仮定していたわけです。しかし現実には、品物を買ってから、すぐに壊れてしまって、こんなはずではなかった、という状態も発生します。さらに、会社の新人採用（人的資本の雇用）でも労働サービスの売り手（就活生）のほうが、買い手（会社）よりも潜在能力、性格、生活態度についてより多くの情報を持っています。

　本章では、取引される物やサービスの質について、売り手と買い手が異なる情報をもっている場合を考えます。車、コンピューター、刺身、労働など、みかけは同じでも売り手のほうが、「質」に関して、より多くの情報をもっていると考えられます。この情報の差に注目して分析します。

　では、現実の例からみていきましょう。最近こんなニュースがありました。

(1) 自動車保険

　「トヨタ自動車とあいおいニッセイ同和損害保険は今月、米国で共同出資の保険会社を設立、来年中にも自動車に載せたセンサーで集めた膨大な運転デー

タを保険料に反映する新型の自動車保険を開発する。世界の保険大手はビッグデータを生かした保険商品の開発を進めており商品化を急ぐ。」(『日本経済新聞』2016年4月13日)[1]

(2) 中古車

「修復歴のある中古車を『修復歴なし』と偽ってインターネットのオークションサイトに出品したのは景品表示法違反(優良誤認)に当たるとして、消費者庁は25日までに、販売会社ペルシャンオート(神奈川県厚木市)に再発防止を命じた。

消費者庁によると、同社は2014年2月～15年6月、ヤフーが運営する『ヤフオク！』にメルセデス・ベンツやプリウスなど中古車17台を出品。ボンネットやバンパーなど重要な部分が修復されていたにもかかわらず、商品説明の修復歴の項目に「なし」と記載していた。17台のうち半数以上が売れたという。同社は『社長が海外にいるため詳しいことは分からない』とコメントした。」(『日本経済新聞』2016年3月25日)[2]

(3) 大学入試

「大学入試改革を議論する文部科学省の有識者会議は25日、大学入試センター試験に代わり2020年度に始める新テストに記述式問題を導入するなどとした最終報告をまとめた。長く入試の課題とされた知識偏重を改め、思考力や表現力を測る試験内容にする狙いだ。

共通1次試験から1990年にセンター試験に代わって以来、約30年ぶりの入試改革。だが、記述式とマークシート形式の実施日程など結論が先送りされた課題は多く、『一発勝負』を避けるための年複数回実施は当面見送られるなど、改革が後退した面もある。」(『日本経済新聞』2016年3月25日)[3]

　この3つの記事で問題とされている事象の経済学的共通点はなんでしょうか？　前回までで繰り返し述べていますように、ミクロ経済学の基本は、市場メカニズムに任せることで「効率的な資源配分」が達成される(厚生経済学の

---

1) http://www.nikkei.com/article/DGXLASGC12H0J_S6A410C1MM8000/
2) http://www.nikkei.com/article/DGXLASDG25H8V_V20C16A3CR8000/
3) http://www.nikkei.com/article/DGXLASDG24H49_V20C16A3EA2000/

第1命題)、という考え方です。もちろん、この命題が成立するためには、いくつもの前提条件が満たされていなくてはなりません。現実には往々にして、前提条件のいくつかが、満たされていないことが多いのです。いくつかの前提条件が満たされないために、市場に任せておいたのでは「効率的な資源配分」を達成できない「公共財」と「外部性」のケースを前章までに説明しました。本章は、情報の非対称性という問題を考えます。

まず、「情報の非対称性」とは何かを定義します。市場の売り手（供給者）が売りたい物またはサービスが同質ではなく、良質な物と悪質な物が混在している状況を考えましょう。買い手（需要者）には、売り手が提供しようとしている物が、「見かけ」では区別できないため、良質か悪質かは、区別をつけられない状況を考えます。売り手は自分の商品・サービスが良質か悪質かは、分かっているとします。良質の商品の売り手は、なんとか自分の商品は良質である、ということをアピールしたいのですが、見かけは同じなので、なかなか買い手を説得できません。このような状況を「情報の非対称性」（information asymmetry）がある、と呼びます。

冒頭に掲げた3つの記事、自動車保険、中古車市場と大学入試は、この情報の非対称性にまつわる問題なのです。それぞれの問題を説明します。しかし、その前に、「不確実性」があるときに、消費者行動をどのように説明するかを考えましょう。

2 不確実性と期待効用

2.1 不確実性

本章では、「不確実性」をテーマに取り上げます。前章までは、消費活動、投資活動、需要曲線や供給曲線などの情報は、「確実なもの」であり、手段をとれば、結果は確実に分かっていた、と仮定していました。また、売買している商品の品質や労働者の生産性の高さなども、正確かつ「確実に」売り手と買い手に認識されている、と（暗黙のうちに）仮定されていました。本章では、これらの仮定の一部を緩めて、「不確実性」のあるもとでの、取引を考えるこ

とにします。

不確実性のひとつは、天候（旱魃や洪水、冷夏や猛暑など）、病気、交通事故、などある確率で発生するものの、事前には何が起きるか分かっていない場合です。もう一つの不確実性は、商品の質（中古車の質の良し悪し、住宅の耐久性）、サービスの質（レストランのサービス内容や食事の良し悪し）など、売り手が買い手よりも正確な情報をもっているものの、買い手にその情報を伝えられない、伝えても信用されない、あるいは伝えたくないような場合です。買い手には、市場で取引されている商品やサービス内容が、取引の前には正確には分かりません。購入して使ってから、買ってよかったとおもう場合と、後悔する場合があるでしょう。

このような不確実性がある場合に消費者の「効用」（満足度）がどのように計算されるのかを説明します。質が違えば「効用」も異なりますから、不確実性を持つ財やサービスの「効用」を事前に測るのも難しいようにおもわれます。

2.2 効用関数

まず不確実性のある場合に、消費者はどのようにその不確実性を捕らえるかを、効用関数の分析枠組みで考えることにします。まず数値例から考えます。所得 y の大きさにより効用（満足度）が決まる、という関係（一変数の関数）を考えましょう。

まずつぎのような数値例を考えます。
$$U = 2\sqrt{y}$$
ここで、U は効用、y は所得（円）です。y が 1（万円）のときに効用は 2 単位の満足度となることが分かります。さらに所得と効用の関係を暗算でできる範囲で書くとつぎのようになります。

U (効用単位)	y (所得)
2	1
4	4
6	9

より厳密に、y を横軸にとり、0 から始めて連続的により高い所得になるときの効用 U を縦軸にとって、関数形を表すと、図 1 のようになります。

第6章　市場の失敗(3)不確実性：公正な保険とは？

図1　効用関数 $U=2\sqrt{y}$

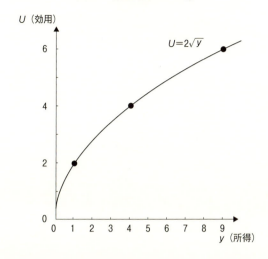

　ここでは、効用単位は、加減乗除できるものとします。$U=4$ は、$U=2$ の2倍の満足度です（その点が、無差別曲線を描いていた効用関数とは、実は考え方は、異なります）。この数値例では、効用関数が、上に張り出すように湾曲しています。このような関数を凹関数（concave function）と呼びます。

　さて、つぎに「不確実性」をどのように定義するかです。不確実な事象であっても、その結果が出たあとの利得の分布や、それぞれの利得が起きる蓋然性（確率）について、予想がついている状況を考えます[4]。ここから先は、（高校で学習したかもしれない）確率・統計論の基礎になります。

2.3　「くじ」と賞金の期待値

　例から入りましょう。いま、所得によって効用が決まる場合を考えています

---

[4] したがって、漠然と抱く不安や、何百年に一度と言われる自然災害のように客観的確率すら分からないような場合は、不確実性の分析には適していません。このように確率も分からないような不確実性をナイトの不確実性（F. Knight の uncertainty）と呼ぶことがあります。これに対して、本章で分析するような、確率が付与された事象の場合を、リスク（risk）と呼んで区別することがあります。このような区別をする場合には、本書で分析するのはリスクです。ただし、本書では、リスク（risk）と不確実性（uncertainty）を用語としては厳密に区別して用いません。

図2 くじの期待値

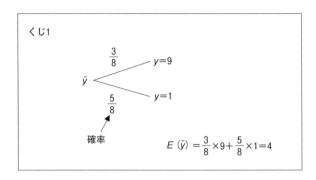

が、つぎのような「くじ」を購入するかどうか、つまり「くじを購入することで効用が上がるかどうか」という問題を考えます。

第一の例として、つぎのような「くじ、その1」を考えましょう。

（くじ、その1）「8分の3の確率で、9（万円）の賞金が当たり、8分の5の確率で1（万円）の賞金があたる。

このくじの価格は、いくらであれば、購入するでしょうか？ つまり、不確実な事象から得られる「効用」を考えようとしています。まず、このくじの賞金の数学的な「期待値」を考えます。確率をウェイトとした賞金の金額の加重平均のことです。期待値 $E(\tilde{y}) = \frac{3}{8} \times 9 + \frac{5}{8} \times 1 = 4$ はつぎのように計算されます。ここで、$\tilde{y}$ は不確実性を含む確率変数です。経済学の教科書では、確率変数であることを明示するために、y の文字の上に〜をつけて表示します。

$$E(\tilde{y}) = \frac{3}{8} \times 9 + \frac{5}{8} \times 1 = 4$$

これを分かりやすい図にすると**図2**になります。

2.4 期待効用仮説

ここで、「期待効用仮説」（expected utility hypothesis）を説明します。さき

図3 くじの期待効用

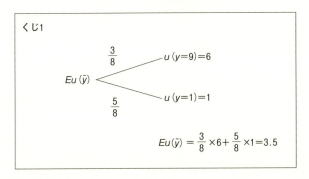

ほど説明した効用関数を使って、不確実性がある「くじ」の（期待）効用を考えてみましょう。考え方は、期待値の計算に似ていますが、くじの賞金の代わりに、くじの賞金から得られる効用を使います。つまり、8分の3の確率で9（万円）の賞金が当たり、その場合の効用は、$2\sqrt{9} = 6$、8分の5の確率で1（万円）の賞金が当たり、その場合の効用は、$2\sqrt{1} = 2$ となります。これはあくまでくじを引いたあとの「事後的」な効用です。では、くじを引く前の事前的、不確実な状態の効用はどのように計算するのでしょうか。これは、事後的な効用に、確率をかけた加重平均を計算します。

$$Eu(\tilde{y}) = \frac{3}{8}u(y=9) + \frac{5}{8}u(y=1)$$

$$= \frac{3}{8} \times 6 + \frac{5}{8} \times 2$$

$$= \frac{1}{8}\{18+10\}$$

$$= \frac{28}{8} = 3.5$$

期待効用は、3.5であることが分かりました。つまり、**図3**のように考えると分かりやすいでしょう。

　つまり期待効用仮説とは、不確実性がある場合の（事前的）効用は、くじの結果それぞれの（事後的な）効用を、くじの（客観的）確率でウェイトづけした加重平均で計算される、という仮説です。ただし、これはあくまでも仮説で

あり、不確実性がある場合の（事前的）効用には別の計算が適用されるという考え方もありえます[5]。

2.5 リスク回避

ここで、「くじの賞金の期待値」から計算される「くじの賞金の期待値の効用」と、「くじの期待効用の違い」をしっかりと認識することが重要です。くじの賞金の期待値は、2.3節で計算したように、

$$E(\bar{y}) = \frac{3}{8} \times 9 + \frac{5}{8} \times 1 = 4$$

となります。くじの賞金の期待値の効用は、この賞金の期待値（4（万円））の効用（$u = 4$）になるのです。

$$u(E(\bar{y})) = u(4) = 2\sqrt{4} = 4$$

さて、期待効用は、前節で解説したように、

$$Eu(\bar{y}) = \frac{3}{8} \times 6 + \frac{5}{8} \times 1 = 3.5$$

です。すこし紛らわしいですが、「くじの賞金の期待値の効用」$u(E(\bar{y}))$ と「くじの期待効用の違い」$Eu(\bar{y})$ の違いを効用関数の図にあてはめて、さらに説明します。図4を見てください。

くじの数学的な期待値は4ですから、期待値の効用は、$y = 4$ の賞金の効用、$y = 4$ の点に対応する効用関数の点（$y = 4$ から直線を上に引いて効用関数にぶつかるところ）で、$u = 4$ になります。

一方、「期待効用」は、効用の期待値ですから、効用関数上の $u = 6$ の点と $u = 2$ の点を直線（図では破線）で結び、その線上で、8分の5と8分の3にあたる点の効用（高さ）になります。もうすこし詳しくこれを図内に書き込んだのが、図5になります。

さて、この図からあきらかなように、この数値例で使った効用関数では「く

---

[5] たとえば、非常に悲観的な人は、不確実性がある場合には「最悪の結果」のみに注目して、その効用が期待効用であると考えるかもしれません。つまり、くじ1の場合には、最悪の結果、$u = 1$ が事前的な効用である、と考えて行動するかもしれません。これは、ここで説明した期待効用仮説に反しています。

図4　期待効用と、期待値の効用

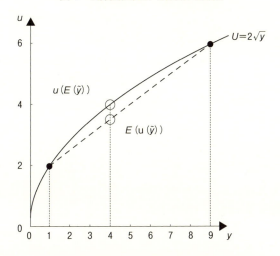

図5　期待効用と期待値の効用の求め方

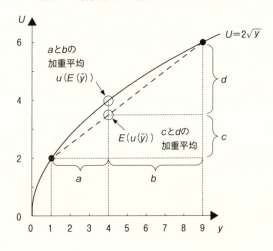

じの期待値の効用」が「くじの期待効用」よりも効用が高い（図上では位置が上）ことが分かります。つまり、破線は、図4で、$(y, U) = (1, 2)$ と、$(y, U) = (9, 6)$ の2点を直線で結んだものになっています。効用関数（実線）はつねに、直線部分（破線）よりも上にあります。もうすこし別の説明をしましょう。くじの期待値は、まず水平方向に加重平均をとり、その効用の高さを

計算したのが、くじの期待値の効用です。一方、期待効用は、くじのふたつの結果の効用の高さから垂直方向に加重平均を求めたものになります。

「くじの期待値の効用」＞「くじの期待効用」

とは、得られる賞金が平均値で確定してくれれば、そちらのほうがはるかに好ましいということになります。くじを引くことを何回か繰り返すなかで平均的に得られる賞金額が「確定」していれば、その効用のほうが、一回のくじを引く不確実性に直面した消費者の期待効用よりも高いということです。具体的には、何千回もくじを引いた結果の平均の賞金額をだれかが保障してくれれば可能かもしれませんが、現実的ではありません。このように、リスクがある状態（リスクの加重平均の賞金（利得）に確定できたときよりも（期待）効用が低いこと）を、この経済主体（消費者あるいは企業、または政府）は、「リスク回避的」(risk averse) である、と呼ぶことにします。ここの数値例は「リスク回避的」な性質をもっています。

さて、ここで、効用関数の形状とリスク回避的であることの関係性について、考えましょう。効用関数の形状のところで、数値例（$2\sqrt{y}$）は、「上に張り出すように湾曲している」（＝凹関数）と説明しました。この形状が「リスク回避的」であることのカギになります。もう少し厳密に考えて見ましょう。

利得、y_1 と y_2 がそれぞれ確率 p_1 と p_2 で起きるとします。このときに、効用関数、u が、どのような y_1 と y_2 にたいしても、つぎの性質をもつときに凹関数であると定義します[6]。

$$u(p_1y_1 + p_2y_2) > p_1u(y_1) + p_2u(y_2)$$

図で示すと、u のどの部分をとっても、u 上の2点を結ぶ直線よりも、u 関数は上にある、ということになります。そして、凹関数の効用関数をもつ経済主体（消費者あるいは企業、または政府）をリスク回避的と呼びます。

では「リスク回避的」ではない効用関数とはどのような形状と性質を持っているのでしょうか。効用関数が線形（図上では直線）の場合にはつぎのようになります。

---

[6] 厳密には、不等号が不等号もしくは等号の場合には、準凹関数とよびます。また、ここでは一変数の関数形をみていますが、多変数の関数形でも同様に凹関数や準凹関数を定義することができますが、これはミクロ経済学の教科書に譲ります。

$$u = a + by \quad (ただし、a と b は定数)$$

線形の関数ではつぎの関係が成り立ちます。

$$u(p_1 y_1 + p_2 y_2) = p_1 u(y_1) + p_2 u(y_2)$$

となります。この場合には、

「くじの期待値の効用」=「くじの期待効用」

となります。このような効用関数をもつ経済主体は、「リスク中立的」(risk-neutral) であると呼びます。

さらに、ギャンブルが好き、という人の効用関数はさらに異なる性質をもっているかもしれません。つまり、

$$u(p_1 y_1 + p_2 y_2) < p_1 u(y_1) + p_2 u(y_2)$$

であるときに

「くじの期待値の効用」<「くじの期待効用」

が成り立ちます。このような効用関数をもつ経済主体はリスク指向的 (risk-loving) であると呼びます。期待値の金額をもらうよりも、むしろ「くじ」を引くほうを好むという場合です。

2.6 リスク・プレミアム

さて、もう一度、図4を**図6**として再掲します。ただし、$E(u(\bar{y}))$ と同じ効用レベルを確実に（確率1で）もたらす所得を、y^{eq} で表しています。

$$3.5 = 2\sqrt{y^{eq}}$$

ですから、計算すると、

$$y^{eq} = \left(\frac{3.5}{2}\right)^2 = 3.0625$$

であることが分かります。ここで、くじの期待値と、y^{eq} の差（図6中の ↔ 部分にあたります）を、「リスク・プレミアム」(risk premium) とよびます。これは、リスク回避的な経済主体が、リスクを回避するために払ってもよいと考える金額です。つまり、経済主体にとっては、3.0625(万円)を確実にもらうことと、「くじ1」をもらうことは、効用として同じとなる（無差別である）ということになるからです。また、このような、くじと同じ効用をもたらす、確実な所得水準を、期待効用レベルと同値の確実な所得 (certainty equiva-

図6　リスク・プレミアム

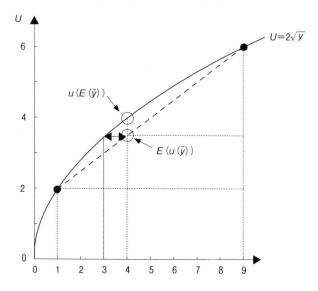

lent）と呼びます。

　ではリスク・プレミアムの概念を使っていくつかの現実の実例を解説することができます。

2.7　投資は債券か株か

　投資家は、自分の資産の投資先として、確定利子が得られる銀行預金や国債か、価格変動の大きい株に投資をするかを選択しています。いま、投資資金2（万円）を運用する問題を考えます。これまで見てきた数値例でいうと、株への投資は、「くじ」のようなものです。10年後には、確率8分の3で、利得（配当プラス値上がり益を含む価格）は9（万円）になっているかもしれませんが、逆に確率8分の5で、1（万円）しかないかもしれません。いっぽう、10年国債を購入すると、確定の利子所得がありますから、10年後の元利合計の利得は、（確率1で）決まっています。では、投資家が、「くじ」のような株を購入するか、確実な利子所得ねらいで国債を購入するかは、どのように決まるのでしょうか。

一般的な答えは、株を購入することで得られる期待効用と国債を購入することで得られる（確実な）効用を比較して、株に投資することの期待効用が、国債に投資することの効用よりも大きければ株に投資するし、逆であれば国債に投資することになる、というものです。単純化のため、小口投資家で、すべての資金を株に投資するか、国債に投資するかの2択の問題として考えます[7]。

　前小節で計算したように、数値例では、株（くじ）の期待効用は、3.5（効用単位）となります。この期待効用と一致する確定所得（certainty equivalent）は、3.0625（万円）ですから、ここで例にあげた効用関数をもつ個人は、国債の利子率が、10年後に元利合計3.0625（万円）を少し上回る国債があれば、株を購入することなく国債を購入することになります。

　一方、資金量が大きな投資家は、リスク回避度も低く、リスク中立であるとします[8]。その場合は、投資家は、リターンが3.0625（万円）の国債ではなく、期待値が4（万円）の株を購入することになります。こちらのほうが、高い期待値も持っているからです。リスクをとることで確定利得よりも高い期待利得を得ることができます。このリスクのある期待利得、4（万円）とリスクを避けるための確実な利得（certainty equivalent）、3.0625（万円）の差を、「リスク・プレミアム」と呼びます。この約1万円の差が、リスクをとることへの報酬と考えることができるのです。ファイナンス理論および欧米の実証研究では、一般的に、株への投資は、長期的には、国債への投資を上回るリスク・プレミアムを得ることができると、証明されています。

2.8　リスクの程度の増大

　ここで、くじの当たり方をすこし変更して、「リスクの程度」あるいは、「リスク量」が変化することで、期待効用がどのように変化するのかを分析します。もう一度これまで分析してきた「くじ、その1」を復習します。

---

[7] 一般的には、株と国債に一定の割合ずつ投資をする場合を考えるべきで、多くの場合において、何割かずつ両方の資産に投資する「分散投資」が最適という結果になります。また、ここでは、満期までの持ちきりを考えています。

[8] あるいは、ファンド・マネージャーは、資金量が多いので、多くの株に同時に投資することができて、長期的にはリスクのある資産でも数学的期待値を達成できると考えているかもしれません。

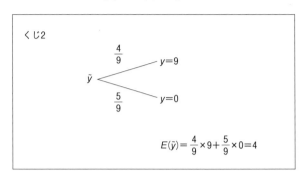

図7 くじ、その2

(くじ、その1)「8分の3の確率で、9(万円)の賞金が当たり、8分の5の確率で1(万円)の賞金があたる。」

これに対して、第2のくじを考えます。

(くじ、その2)「9分の4の確率で、9(万円)の賞金が当たり、9分の5の確率で0(万円)の賞金があたる。」

くじ2を図示すると、**図7**のようになります。

賞金の数学的な期待値は、どちらも4万円で同じです。くじ2のほうが、不運なときの所得が、1から0に減少しています。賞金の範囲が広がった、分散が大きくなった、といえます[9]。分散をリスク量として考えることが一般的です。つまり、くじ2は、くじ1と期待値(加重平均値)は同じであるにもかかわらず、リスク量が大きくなっています。このときに、この「くじ2」の期待効用はどう計算されるでしょうか。期待効用の計算式に当てはめると、つぎのようになります。

$$Eu(\tilde{y}) = \frac{4}{9} \times 6 + \frac{5}{9} \times 0 = \frac{24}{9} = 2\frac{6}{9}$$

これを図示すると、**図8**のようになります。

くじ2の期待効用の水準、$2\frac{6}{9}$は、くじ1の期待効用3.5よりも低くなりま

---

9) 確率変数 $\tilde{y}$ の分散 V はつぎのように定義されます。
  $V(\tilde{y}) = E[\{\tilde{y} - E(\tilde{y})\}^2]$.

第6章 市場の失敗(3)不確実性：公正な保険とは？

図8 くじ2の期待効用

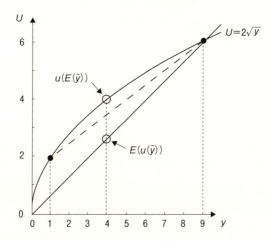

す。リスク回避的である経済主体にとって、期待値が変わらないままリスク量が大きくなる（分散が大きくなる）ような「くじ」の変更は、期待効用を下げることが分かりました。（ここでは数値例ですが、これは一般化することができます。）

2.9 保険のしくみ

損害保険というのは、消費者や企業が保険料を保険会社に支払うことで、災害（火災、自然災害被害、事故など）によって損害が生じた場合には、保険会社が損害を補償してくれるものです。この保険の仕組みを、「くじ」に当てはめて考えることができます。

そこで、「くじ」の例を、自然災害の例に読み替えます。所得は9（百万円）であるとしましょう。自然災害がなければ、これをそのまま受取ります。損害を被ったときには、−8（百万円）の損害を被るので、純所得（＝所得−損害）は1（百万円）に減るものとします。そして損害を被る確率を8分の5と仮定すると、この損害のリスクの確率的な構造は、「くじ1」の例と同じであることが分かります。図2がそのまま適用可能です。

経済主体のひとりひとりは、このリスクに直面しています。しかし社会には、同じリスクに直面する経済主体（＝損害保険会社の顧客）が大勢いて、その大

勢を相手にする損害保険会社にとっては、多くの顧客の損害の加重平均は、くじの数学的期待値に近づいていきます。これを大数の法則（law of large numbers）といいます。

「リスク回避的顧客と、リスク中立的で、数理的に公正な保険を提供する保険会社が存在する場合」を考えます。

保険会社は、大多数の顧客に保険を提供することで、災害発生の数理的確率と同じような経験的確率が得られます。そこで、保険会社は、特に利益を出すこともなく、「公正」に顧客に接するものと仮定します。つまり、

　　　　　保険料収入 ＝ 損害が起きたことによる保険金支払いの期待値

という保険を提供するものとします。この条件を満たす保険を保険数理的公正（actuarially fair）である、といいます。では、くじ1の状況で、保険数理的公正な保険とはどのようなものでしょうか。保険料（insurance premium）を P で表します。いっぽう、災害の場合の保険金を X とすると、顧客の純所得はつぎのように計算されます。

災害がない場合、　純所得＝収入－保険料支払＝ $9-P$

災害がある場合、　純所得＝収入－損害－保険料支払＋保険金受取
$$= 1-P+X$$

P がどちらの場合からも控除されているのは、保険料は事前に徴収され、災害があってもなくても、顧客は支払わなくてはならないからです。一方、保険会社が数理的公正な保険を提供するということは、つぎの条件が満たされることです。

$$P = \frac{5}{8}X$$

（保険料収入）＝ 保険金支払いの期待値

保険会社はこの条件を満たす保険であれば、どのような (X, P) の組み合わせの保険でも提供する用意があります。この条件を、保険購入を検討している顧客はつぎのように解釈します。つまり保険料 P（百万円）を支払うと、災害が起きたときに、$\frac{8P}{5}$（百万円）の保険金が支払われる。この保険料と保険金を純所得に代入すると

第6章 市場の失敗(3)不確実性：公正な保険とは？

災害がない場合、　純所得 $= 9-P$

災害がある場合、　純所得 $= 1-P+\dfrac{8}{5}P = 1+\dfrac{3}{5}P$

となります。その結果、期待効用はつぎのように書き換えられます。

$$Eu = \frac{3}{8} \times 2\sqrt{(9-P)} + \frac{5}{8} \times 2\sqrt{\left(1+\frac{3}{5}P\right)}$$

どこまで保険料 P を支払って保険を購入するかは、顧客が決めます。つまり、顧客は、Eu を最大化するのです。早速、1階の条件を求めてみましょう。

$$\frac{dEu}{dP} = -\frac{3}{8} \times \frac{1}{\sqrt{(9-P)}} - \frac{3}{8} \times \frac{1}{\sqrt{\left(1+\frac{3}{5}P\right)}}$$

1階の条件は、$\dfrac{dEu}{dP} = 0$ ですから、この条件を満たす P を求めると、つぎの式を満たす P になることが分かります。

$$9-P = 1+\frac{3}{5}P$$

これを解くと、$P = 5$ であることが分かります。つまり、顧客は、保険料 5（百万円）を支払い、災害が起きたときには保険金 8（百万円）を受け取ることになります。災害がある場合とない場合の純所得は、4（百万円）で一致します。つまり、顧客は、事後の純所得が災害時でも災害のない場合でも同一になるように行動する、ということが分かりました。これは、数値例の場合ですが、より一般的な結果です。リスク回避的な経済主体は、保険数理的に公正な保険が提供されている場合には、災害があった場合の純所得と災害がない場合の純所得を一致させるように保険を購入する、というものです。顧客は、保険のおかげで、期待効用レベルよりも高い「期待値の効用」レベルを達成できることになります。図4を思い出してください。保険のおかげで、顧客は、$Eu(\bar{y})$ よりも高い $u(E(\bar{y}))$ を達成できるのです。現実には、保険数理的に公正な保険を提供する会社はありません。保険業務の営業費用をカバーする必要もありますし、利潤を上げる必要もあるからです。また、保険数理的に公正な保険が提供された場合には、後節で説明する「モラル・ハザード」が発生するかもしれ

ません。

2.10 次節以降に解説する概念

次節以降、情報の非対称性がある場合の、保険にまつわる、さまざまなトピックを導入します。ここではあらかじめ、いくつかの概念を本節で用いた損害保険の数値例に基づいて紹介しておきます。

まず数値例では、災害の確率を、全国一律、同じであると仮定していました。しかし、気候や地形によって、リスクは異なるでしょう。このようなとき保険料率が、全国一律でなくてはならないという規制を設けると、より災害が発生しやすい場所の保険料率は、リスクに比べて割安となり、発生しにくい場所の保険料率は、リスクに比べて割高になります。そうすると、災害が発生しにくい場所に特化して営業する保険会社が現れるかもしれません。このように市場のよいところだけをとる行動を「クリーム・スキミング」といいます。しかし、このような行動が起きるのは、そもそも場所によってリスクが異なるのに、保険料率を一律にするような規制があるからです。これを自由化すれば、リスクの高い場所では高い保険料率（あるいは低い保険金）、リスクの低い場所では安い保険料率が適用されるようになります。これを、「リスク細分化」した保険と呼びます。

また、保険料が一律の場合には、安全な地域に住んでいて、安全な建築構造物にすんでいる人たちは、割高な保険料率に直面しています。このようなときには、そもそも保険には入らないという行動をとるかもしれません。すると、保険会社にとって利益をだしていた顧客がいなくなって、残りの顧客では、いままでの保険料率では利益を稼げなくなるかもしれません。このように、保険という商品の買い手が自分の災害リスクについて保険会社よりも知識を持っている場合には、市場から退出する（保険を買わない）可能性があります。この行動を逆選択（adverse selection）とよびます。

さらに、災害があっても、なくても、純所得が同じとなるような保険数理的に公正な保険料率がオファーされているときには、減災の努力を怠るようになるかもしれません。あるいは災害のダメージが大きいような場所（例えば、河川敷や、急峻な崖下）に建物を建てるようになるかもしれません。このように

第6章 市場の失敗(3)不確実性：公正な保険とは？

顧客の行動で、保険でカバーしているリスクを決めている確率そのものが変化する場合を、「モラル・ハザード」(moral hazard) が起きる、といいます。

さて、いよいよ次節以下、具体的な例に基づいて、このような情報の非対称性によって引き起こされる事象について分析をすすめていきます。

3 自動車保険のリスク細分化

自動車保険とは、自動車を運転する人が事故を起こした際に相手の車・人に対して保障するもの、また追突されるなど事故を起こされた場合に自分自身と自分の車両への損害を保障することにもなります。事故は一定の確率で起きると考えます。保険加入者による、事故の確率とその平均損害額が分かっているとしましょう。そうすると、保険料収入と保険金支払いで（期待値の意味で一致する）保険料率を計算することができます。これが、自動車保険の基本です（ここでは、事務コストや保険会社の利益を当面、無視します）。たとえば、保険加入者のうち、1年間に10,000人に10人の割合（事故率0.1％）で、平均的に1億円の損害額の事故を起こす、としましょう。そうすると、事故による期待損失は、1人あたり10万円です。したがって、年間保険料は10万円が、1億円の損害補償について損益トントンの保険料率になります。このように、前小節で定義したように、事務手数料や保険会社の利益を無視して、「保険料収入＝保険金支払い」となるような公正保険料率を提供しているものとします。

ところが、自動車保険加入者のなかには、安全運転を心がける人と乱暴な運転をする人が混在している可能性があります。ここでつぎのような状況を考えましょう。安全運転を心がける人と乱暴な運転をする人の人数の割合は、保険加入者のなかで半々の割合でいると仮定します。事故の確率は、安全運転者は、0.08％（5,000人中4人）、乱暴運転者は0.12％（5,000人中6人）とします。両タイプの人たち全員の平均では、事故率0.1％は変わりません。

このようなときに、もし安全運転者と乱暴運転者を完全に区別することができれば、安全運転者にはより安い保険料率0.08％（1億円に対して8万円）を、乱暴運転者にはより高い保険料率0.12％（＝1億円に対して12万円）を課すことができて、これは安全運転者には喜ばれます。安全運転者たちは、このよ

表1　事故率

人口比		(A) 自動車事故、 事故率	(B) 事故件数 （期待値） 1万人あたり	(C) 事故1件あた り損害額 （期待値）	(D)=(B)×(C) 総損害額 （期待値） 1万人あたり	(D)/10,000 公正保険料率
1.0	全運転者	0.10%	10件	1億円	10億円	100,000円
0.5	安全運転者	0.08%	8件	1億円	8億円	80,000円
0.5	乱暴運転者	0.12%	12件	1億円	12億円	120,000円

うな保険料割引が、安全運転への公正な対価（ご褒美）であると考えるでしょう。

　この事故率や事故による損害額から決まると公正保険料率の計算は、**表1**に示したとおりです。

　自動車保険の契約に来たときには、安全運転者と乱暴運転者を、保険会社は見分けることができないものです。そして、見分けがつかない場合は、全員に同じ料率を課すしかなかったわけです。全保険者向けの保険が販売されます。ところが、よくよくデータを調べてみると、安全運転者と乱暴運転者では、いろいろな特徴があることが分かってきました。つまり、事故率と相関関係のある変数が見つかってきたのです。そこである特徴を満たすと、この人は事故を起こす確率が低い（つまり安全運転者である確率が高い）ので保険料を割り引く、また別の特徴を満たすと、この人は事故を起こす確率が高い（つまり乱暴運転者である確率が高い）ので保険料を割り増しする、ということが可能になりました。このように、運転者のリスクを見極めて保険料率に差をつけることを、「リスク細分型自動車保険」といいます。1997年に認可されました。

　リスクが高くなるのは、運転技術や判断力が未熟な25歳までの若者、瞬時の判断力が衰えてくる60歳以降の高齢者がまず挙げられます。さらに、大きな車体の車、輸入高級車は、当然ながら保険料は高くなります。逆に、安全装備や盗難防止装置をつけると保険料は安くなります。アメリカの場合には、性別、既婚・独身の別、住所によっても保険料率は異なります。これらすべてが、事故率と相関を持つ変数として使われています。

　そして一番重要なのは、運転履歴、事故履歴です。5年間無事故無違反で獲得できるゴールド免許の保有者は事故率が低い安全運転者である可能性が高く、

保険会社もこれを確認することができるため、保険料率が低くなります。

さて、冒頭の「自動車に載せたセンサーで集めた膨大な運転データを保険料に反映する」自動車保険の開発は、このようなリスク細分化をさらに推し進め、個人ごとにリスクを量ることが可能になる仕組みといえます。いわゆる個別の運転者についてのデータを集め、それを集計することで、どのような運転（たとえば急発進、急ブレーキ）をする人の事故率が高いかを推計するわけです。

このような保険会社による運転者の真の事故率の推計は、「情報の非対称性」の問題を克服するための努力と考えることができます。

4 クリーム・スキミング

さて、リスク細分化保険の導入は、安全運転者には、保険料率が安くなることで、歓迎されるものの、乱暴運転者には、保険料率が高くなることで、嫌われます。乱暴運転者は、「われわれを差別するのか」と怒るかもしれません。もし、政策担当者あるいは政策に影響力を持つ政治家が乱暴運転者だとすると、リスク細分化保険の導入には反対するかもしれません。しかし、二種類の運転者を同一の保険に入れる（「プール」(pool)する、と表現します）ことは、安全運転者が乱暴運転者に「補助金」を出している、ということもできますから、逆に安全運転者が怒ってもおかしくありません。

つぎのような政策の思考実験をしてみましょう。それまでは、全運転者をプールする保険しか認められていなかったところへ、リスク細分型が導入された、という状況を考えてみましょう。これは、実際に日本で1997年に起きたことに似ています。新規参入の保険会社（B保険会社と呼びましょう）は、安全運転者を確実に見分ける方法を確立したとしましょう。安全運転者に有利な（つまり安価な）保険料率を提供して、顧客を獲得することができます。それまでよりも安い保険料なので顧客は喜んでB保険会社と契約します。数値例でいえば、これまで、10万円の公正保険料を払っていた安全運転者には、8万円の保険料を提供することが可能になります。

他の保険会社が追随しない（できない）うちは、B保険会社が新商品開発利益を獲得できて、例えば保険料を9万円と設定すると、保険会社と安全運転者

が、このリスク細分化保険解禁の恩恵を半々に受け取ることになるかもしれません。さらに、安全運転者ばかりなので、事故対応のスタッフも少人数で済むなど会社の事務コストも安くすみます。ただし、このような利益は、長続きはせず、ほかの生命保険会社も、安全運転者を見分ける方法を開発して、競争の結果保険料は8万円近くになると思います。

　B保険会社が安全運転者を囲い込んでしまったあとに、市場にとりのこされるのは、乱暴運転者です。保険料は、10万円から12万円に引き上げられることになります。乱暴運転者は面白くないかもしれません。あるいは、乱暴運転者のみに保険を提供することになる保険会社も事務コストが高くなります。

　このように、不確実性がある（顧客）のうち、良質な人たちだけをみつけて「囲い込んでしまう」行為を、クリーム・スキミング（cream skimming）と呼びます。イメージは、生乳（牛からしぼったばかりの乳）を、「生クリーム」（高級品）と「脱脂粉乳」（低級品）に分けて、生クリームだけを食べてしまう、ということです。日本語に訳すと「いいとこどり」でしょうか。

　同じようなことは、自動車保険のみならず、健康保険や、医療サービスなどでもありますし、少し異なる分野で、通信、教育、交通など公共性が高く、規制産業として全員にサービスを提供する（ユニバーサル・サービス）既存会社がある場合には、その一部（高付加価値）の客だけにサービスを提供する新規参入会社、を指すこともあります。

　政策論としては、このようなリスク細分化をどこまで認めるか、というのは重要かつ難しい課題です。リスク細分化商品を自由化することで、被保険者のリスクを減らす努力を引き出すというメリットもありますし、保険会社同士の「競争」が促されて、被保険者と保険会社双方にメリットのある商品開発が進むと期待されます。一方で、クリーム・スキミングされたあとの顧客と保険会社は、自由化前よりも状況は悪くなります。あまりにも保険料率が高くなると、保険料を払えずに無保険で運転するものも出てくるかもしれません。それほど、社会にとって危険なことはありません。全員が最低限の保険に加入することを政策的に義務付けることが必要となります。（これはリスク細分化保険を許可する前でも、プール制の保険料でも高いといって加入しない人がいるかもしれないので、強制保険は必要ですが、リスク細分化保険を認可すると、さらにそ

の必要性が増す、ということです。）自動車保険の場合、強制加入保険（部分）を、自動車損害賠償責任保険（略して、自賠責）と呼びます。全員加入が義務付けられますから、保険料率は「プール」保険料率になります。ここで議論したリスク細分化保険は、任意部分の自動車保険の話です。

　保険に関する政策論では、どのような人に対して、どのような理由で「強制保険」を課すのか、どのような保険については自由な競争に任せるべきか、「クリーム・スキミング」が社会的、倫理的に許容されるものか、などをバランスよく判断する必要があります。画一的な答えはありません。

5　モラル・ハザード

　さて、ここまでは、安全運転者と乱暴運転者の区分と、それぞれの事故率は、このような自動車保険の仕組みの設計によって変化しない、と仮定してきましたが、現実には、制度の導入や変更によって、人の行動が大きく変わることがあります。

　たとえば、安全運転者と乱暴運転者との間で保険料率に大きな差があることが分かると、これまで乱暴運転者であった人が、安全運転を心がけるようになり、ゴールド免許取得を目指すようになるかもしれません。これは、乱暴運転者の事故率を引き下げるよい効果が期待できます。また安全運転者であっても、事故率はゼロではありません。運転履歴が保険料率に影響するとなると、安全運転者も、いったん事故を起こすと、翌年からは保険料が引き上げられる可能性があります。そこで、さらに安全運転をこころがけて、事故率を減らすことに貢献します。これらの例は、リスク細分型により、事故率そのものが低くなる可能性を示しています。

　しかし、逆の可能性もあります。保険によって損害が全額カバーされるということであれば、多少荒っぽい運転をして、万が一事故を起こして、車を全損しても保険金が入るので、損失はない、と考えると、かえって事故率は上がるかもしれません。このように、保険という制度があるために、かえって事故率が上がるような事象を、モラル・ハザード（moral hazard）と呼んでいます。これは「道徳的危険」、あるいは「道徳的陥穽（かんせい）」と訳すこともあり

ますが、誤解を招くおそれがあるので、本書では、カタカナのままにします[10]。

このように保険をかけることで安心してしまい不注意となり、事故の確率が高くなるというのは、火災保険においてもあるかもしれません。健康保険も十分にカバーされていると、健康に不注意となりかえって風邪を引いたり、事故にあって怪我をする確率が高まるかもしれません。

このように、保険の導入やその仕組みの変更が人々の行動を変える可能性をもっていることは、政策を立案するうえで、十分に考慮に入れる必要がありますが、往々にして政策立案する人たちは、個人や企業が、政策に反応して行動を変えるということを考慮に入れることは苦手のように思われます。

モラル・ハザードの問題を最小にするためには、リスク細分型の導入（とくに事故履歴に応じた保険料率の変更）が有効であることは上で述べたとおりです。さらに、事故の補償金を損害の100％ではなく、多少なりとも自己負担を課すということで、不注意や不摂生をある程度防止することになります。自己負担分というのは、モラル・ハザードを防ぐための側面が大切なのです。

ここでここまでをまとめます。第1の例では、保険会社が被保険者のリスクタイプが分からない「情報の非対称性」の場合には、個人のリスクに応じた保険料率が提供できずに低リスクの人には（保険数理的）公正な料率よりも高めとなり、高リスクの人には公正な料率よりも安めになることが分かりました。つぎに、リスクと相関関係のある変数を保険会社が発見できれば、被保険者の年齢などの属性に応じ保険料率を変えることが可能になります。これをリスク細分型保険と呼びます。

一方、保険は、モラル・ハザードを引き起こす可能性があります。被保険者が、保険の仕組みに応じて行動を変えることで、本来観察されていた事故の確率が変化してしまう場合です。不注意な運転が増える、不摂生が増える、とい

---

10) 保険数理におけるモラル・ハザードには、「倫理感の欠如」とか、「道徳的に問題だ」という意味は含まれません。たんに、インセンティブ構造の変化により、人々の行動が変わり、保険金支払いが対象となる事象が起きる確率が変化することです。日本では、倫理感が欠如して悪いことをする（詐欺）ような場合にも「モラル・ハザード」といいますが、これはどちらかというと、誤用です。

う形で、保険導入前に観察されていた確率分布が変化してしまう場合です。多くの保険で、「自己負担分」があるのは、このようなモラル・ハザードを防ぐ効果があるからです。

6 中古車市場

つぎに、冒頭の新聞記事の第2の例を考えます。中古車市場の取引の特徴を考えてみましょう。中古車の売り手は、これまで保有・使用してきた人ですから、この車の特徴（まったく故障しない、あるいは、故障しがちだ）をよく知っているものの、買い手には、見た目でその区別がつかないという場合がほとんどです。これを「情報の非対称性」があるといいます。

まず売り手の行動を考えてみましょう。売り手 (j) は、自分が保有・使用してきた車の自分にとっての価値 (Q_j) を知っていて、その価値以上の価格がつけば売りたいと行動すると仮定しましょう。いま、売り手の分布ですが、10万円で1台、100万円で10台、200万円で20台というように比例的に増えていくものと仮定します。新規の売り手が10万円につき1台ということです。したがって供給曲線は、

$$Y^s = 10p$$

または、

$$P = Y^s/10 \tag{1}$$

となり、**図9**のように描かれます。ただし、注意しなくてはならないのは、これらの車は同じ品質ではない、ということです。たとえば、市場の価格が、100万円とすると、10台市場に供給されますが、そのときの平均品質は、5台目の品質となり、それはちょうど（供給者にとっては）50万円の価値しかないということになります。より高い価格が提示されると、より高い品質の車が市場に出てきますが、平均品質は常に、価格の半分の価値でしかないことになります。この市場を熟知している買い手もこの状況を理解するでしょう。「不確実性があるものの平均的な状況を正確に把握している」という意味で、「合理的な期待」を持つ買い手は、平均品質は価格単位で、

$$Q^{av} = p/2 \tag{2}$$

図9　売り手の行動

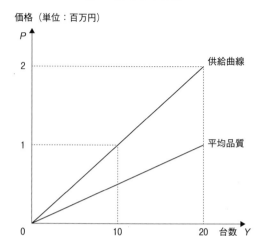

であることを理解しています。たとえば、価格（p）が200万円と提示されたとすると、平均品質は100万円分ですが、市場にある車のうち100万円の価値を越える車が10台、100万円の価値を下回る車が10台という計算になります。

　さてつぎに買い手の行動ですが、買い手は、価格と品質の両方を参考に購入するかどうかを決めるものとします。買い手が考える市場に出ている車の平均品質の「主観的」期待を、Q^eとすると、何人（何台）の需要があるかは、pとQ^eによって決まります。

　いくつかのケースが考えられます。

　第1に、買い手が売り手と同様に、価格が品質を下回らないと買わないというならば、需要曲線は**図10**の破線となり、供給曲線は図11の実線になります。つまりここでの需要曲線は、通常の右下がりの曲線ではなく、右上がりであり、しかも供給曲線よりも下にあることで、この市場では取引が成り立たないことが分かります。

　このような状況を、「需要と供給の交渉の経過をともなう物語」にしたててみるとつぎのようになります。はじめは、買い手も価格が2（百万円）であれば、品質も2あると考えて市場に来てみますが、よくよく車を見てみるとどうも半分くらいは品質が1にも満たないことが分かります。残りの半分くらいの車の

第6章　市場の失敗(3)不確実性：公正な保険とは？

図10　均衡が存在しない場合

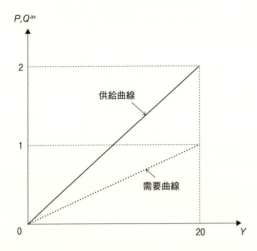

品質は1を上回っているようです。しかし、どの車が良質でどの車が悪質かは、どうしても分かりません。そこで、買い手は、価格が1なら買います、という意思表示をするでしょう。支払ってもよいという価格（＝willingness to pay）が、1ということです。ところがそうなると、売り手で自分の車の価値が1以上の人たちは、価値以下でしか売れないと分かり、市場から退出してしまいます。すると、価格1を提示したとたんに、市場に供給されている車の平均品質がぐっと落ち込みます。半分の車は品質が0.5以下、半分の車は品質が0.5以上、つまり、平均品質は、0.5になってしまいます。その平均品質の変化を感じとった需要者は、支払ってもよいという価格を0.5に引き下げます。そうすると品質が0.5以上の売り手は退出し……というように、ついに価格がゼロ、需要と供給もゼロという原点まで落ち込んで、取引は成立しません。

　第2のケースとして、買い手は、売り手とは異なる嗜好（効用関数）を持ち、たとえある程度、質が悪くても車が欲しいと考えている人達の集まりであるとしましょう。例えば需要曲線がつぎのようであるとしましょう。

$$p = 2 - Y^d/10 + k(Q^e - 1) \tag{3}$$

ここで、k は需要の品質に関する不確実性の忌避度と解釈できます。不確実な品質の期待値が1を下回ると、需要が減少します。もう少し正確にいうと、購

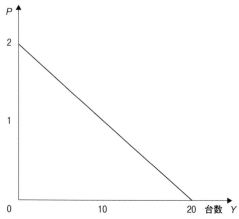

図11 需要曲線（$Q^e = 1$の場合）

入してもよいという価格（＝willingness to pay）が下落します。その下落の程度を表す係数がkです。この需要曲線は、買い手は、平均的な質が1であると期待できれば（$Q^e = 1$）、通常の右下がりの需要曲線

$$p = 2 - Y^d/10$$

を意味しています。これを**図11**で示しています。しかし、図9の供給曲線と図12の需要曲線の交点は、$p = 1$（100万円）、$Y = 10$（台）ですが、ここでは、品質は買い手の予想（$Q^e = 1$）を満たしません。なぜなら、図10で示したように$p = 1$のときの品質は、$Q = 0.5$だからです。

では、買い手が事後的に計算される、購入者の品質が、購入者の予想した品質に一致するという意味で「合理的期待」（$Q^e = Q^{av}$）を持つ場合の需要曲線を描いてみましょう。(2)式を(3)式に代入すると、

$$p = 2 - Y^d/10 + k(p/2 - 1) \tag{4}$$

となります。

ここで、第2のケースの延長で、第3のケースとして、$k=1$の場合を考えます。

(4)式に$k=1$を代入して、整理すると、

$$p/2 = 1 - Y^d/10$$

図12 市場均衡

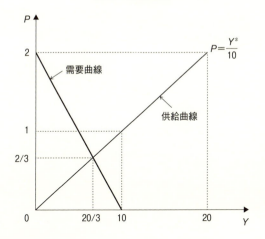

となります。両辺に2を乗ずると、

$$p = 2 - Y^d/5 \tag{5}$$

つぎに、合理的期待を前提として、需要＝供給、という均衡がありうるかどうかを検討しましょう。需要＝供給、つまり $Y^s = Y^d = Y$ は、(1)式と(5)式から、

$$Y/10 = 2 - Y/5 \tag{6}$$

ですから、均衡の取引量と価格は、つぎのように決まります。

$$Y = 20/3$$
$$p = 2/3$$

このような均衡の導出は、**図12**で示しています。右上がりの直線が供給曲線であり、右下がりの直線が、合理的期待を持つ需要曲線です。このような均衡で取引されたあと、買い手は、中古車を実際に手にしてみて、しばらく運転すると、質が分かるので、その時点で、買い手の半分の人たちは期待したほどの質ではないとして落胆しますし、半分の人たちは、予想よりも高い質であることを発見して、よい買い物をしたと歓喜の声をあげるでしょう。しかし、このような落胆や歓喜は、「事後」（ex post）の反応であり、不確実性が判明する前の「事前」（ex ante）には、喜んでこの取引に参加していたわけですから、たとえ落胆した人も取引自体を後悔するわけにはいきません。

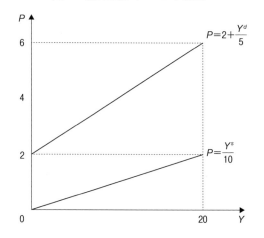

図13 需要曲線（$k=3$の場合）

第4のケースとして、需要の品質に関する不確実性の忌避度（k）がより高い場合を考えましょう。$k=3$を考えます。このときの合理的期待を持つ買い手の需要曲線はつぎのようになります。

$$p = 2 - Y^d/10 + 3(p/2 - 1)$$
$$= 2 + Y^d/5$$

このような需要曲線は、**図13**で表したように、供給曲線とは交点を持ちません。したがって、この場合には取引は実現しません。需要曲線が通常の右下がりではなく、右上がりになっていることに注意してください[11]。

このように、品質について供給者と需要者の間に情報の非対称性（情報格差と呼んでもよいかもしれません）がある場合には、不確実性忌避度の係数の置き方によっては、取引が成立したり、しなかったりすることが分かりました。ここで例示したように価格が変化すると市場に留まる供給（者）の平均の質が変化していくことを「逆選択」（adverse selection）と呼びます（「逆選抜」と

---

11) なお、ここでは詳しく論じませんが、需要曲線が右上がりでも、需要と供給を一致させるような価格（均衡価格）が存在する可能性はあります（そのようなkの値があります）。しかしながら、そのような均衡では、第1のケースでふれた「交渉物語」では、交渉の出発点が、ちょうど均衡にない限り均衡には収束しません。このような均衡を「不安定な均衡」と呼びます。

呼ばれることもあります)。悪い品質の商品が出回るようになって、価格調節で資源配分を行う市場が機能不全に陥る、ということを意味しています。このようなモデルを最初に考案したのが、George Akerlof です[12]。ここでは、不確実性を嫌う程度として、係数を置いていましたが、より厳密には、期待効用仮説で使った効用関数の形状から導くことになります。ここでは、これ以上踏み込みません。なお、ここでのモデルは、かなり簡単化をしていますが、不確実性があっても取引が起きるケースと、起きないケース(市場が消滅)を同じモデルで提示できるように工夫しています。ミクロ経済学の一般的な教科書の「逆選択」の例とは少し異なります。

7 情報の非対称性の克服

情報の非対称性がある場合に、一般に良質の商品を持つ供給者はなんとか良質であることに説得力をもたせる宣伝方法を考えようとするでしょうし、悪質の商品を持つ供給者はなんとか良質である商品の特徴を表面的に真似しようとするでしょう。一方、需要者は、良質と悪質の見極めができるように、いろいろな検査や試運転をしたがるでしょう。もちろん検査にはコストがかかりますし、品質問題は、ちょっとの試運転では、見つかるような不具合ではないかもしれません。このような、情報の非対称性を克服する試みや制度は、上のモデルでは一切無視していましたが、現実には重要です。

現実にはつぎのような制度や慣習があります。第1に、品質によほど自信のある売り手は、品質保証を提供するかもしれません。たとえば1年以内に壊れた場合には、修理代を払います、という契約にすることも考えられます。しかしいくら品質に自信のある売り手といえども、完全に商品の品質を把握してい

[12) Akerlof, G. (1970) "The market for lemons: quality uncertainty and the market mechanism," *Quarterly Journal of Economics* 84(3), pp.488-500. この論文により新しい分野を切り開いたとして、アカロフ教授は、ノーベル賞を受賞しました。ちなみに、この論文のタイトルにあるレモンは、果実のレモンではなく、悪質の中古車という俗語です。また、アカロフ教授にあるとき聞いたのですが、この論文は雑誌に投稿したところ、最初の3誌からは掲載拒否の答えがきて、ようやく4誌目に採用になったのだそうです。いつの世も革命的な考え方はなかなか世の中には認められないようです。

るわけではないですし、買い手が乱暴に扱えば壊れる可能性が高まりますから、完全な品質保証はできません。第2に、第三者機関による品質「検査」です。中古車であれば、点検項目を決めて車検のように、工場で検査してもらうこともできます。中古住宅の場合にも同様の検査が可能です。

つぎに、中古車の状態から、品質を推定することが考えられます。それには品質と相関関係のある変数をみつけることが重要です。車の外見、中の座席などの設備について、綺麗に保たれているのは、これまでも売り手が車を大切にしてきた証拠なので、外見、中身は重要です。しかし、これは、悪質な売り手も、売りに出すときにあわてて洗車、中の掃除をするでしょうから、当てになりません。

まず、中古車の売り手は車の状態について、正直な申告が求められます。重大事故を起こして修理した車（修理箇所が再び壊れる可能性が高い）、それまでの所有者の運転距離が長い車（車の累積走行距離と不具合の発生は相関関係にある）は品質鑑定の基本です。さらに、定期的なメインテナンスが行われてきたか、さらになぜ中古車の保有者は今回この車を手放そうとしているか（不良品と分かった所有者は買い換えたくなる）、なども重要な点です。このような情報をもとに、買い手は本来の価値を見極めようとします。

そこで、走行距離計を不正に操作して、距離を短くすることは禁止されていますし、修復歴のある中古車を「修復歴なし」として販売することも犯罪行為となります。これらの制度は「市場」を「逆選択」から守るためのものですから、公共政策の観点からの適切な規制ということになります。市場メカニズムというのは、そこで取引されている商品・サービスに質の非対称性があるとき、その問題を解消するような制度、規制が必要となるという意味で、「自由放任」は望ましくないのです。

8 大学入試

多くの読者は、厳しい選抜試験を経て選ばれた大学生（あるいは卒業生）であると推測します。では大学入試は何のために行われるのでしょうか。さらに大学で学び、卒業することは、卒業後の人生（とりあえずは最初の就職）にど

のように影響するのでしょうか。

　すこし大上段に構えてしまいましたが、そもそも大学卒業資格、それも（おもに入試の偏差値で示される）ランクの高い大学の卒業資格が労働市場で高い評価を得るのはなぜでしょうか？　さらに言えば、この大学の評価がグローバル化の波に飲まれています。これまでは日本国内の最高峰といわれる東京大学は、これ以上の高評価は存在しない、と思われていました。しかし、東京大学の世界でのランクはトップ10にも入らないということが分かってきましたから、世界で活躍できる人材になるためには、日本の大学を卒業後に東京大学以上の欧米の大学（院）をめざさなくてはいけないようです。

　さて、日本において大学進学・卒業で得られるものは何でしょうか？　通常は、大学で高度な知識を学ぶことで、より高い生産性を持つ人材に育つという答えになると思います。教育とは、人的資本（human capital）の生産性を高める投資（investment）です。経済学になじみがないと、人間を機械のように、資本（capital）と呼ぶことには抵抗があるかもしれません。しかし、商品やサービスを作り出すのは、資本と労働力と技術です。その労働力とは、力仕事もあれば、新商品を企画する創造性、作業に「改善」を加える知恵を必要とする仕事もあります。そのような仕事をする力、知恵の源が人的資本です。この人的資本を高度化させるのが、教育と考えるわけです。

8.1　人的資本のモデル

　ここでは、教育を受ければ受けるほど生産性が上がるものとします。しかし、教育の年限が長くなるにしたがって、教育をもう1年受けることによる生産性の押し上げ効果は次第に小さくなっていくものと考えられます。そこで、数値例を考えてみましょう。個人jの生産性（W_j）は、教育の年限y_jを受けることによって、つぎの式で表されるように上昇していくものとします。ここでは、生産性は、教育を終了してから生涯にわたって得られる賃金の総額（現在割り引き価値）と考えてください。数値例で、つぎのように仮定します。

$$W_j = 2\sqrt{y_j} \tag{7}$$

　教育には授業料などの費用がかかります。学習は、勉強していなければ遊ぶことによって満足度（効用）を高めることができるのにそれを放棄するという

意味で機会費用がかかります。逆に、精神的苦痛を伴うかもしれません。このような教育にかかわる金銭的、精神的、機会的費用をすべて総合して、コスト c_j と呼ぶことにします。このコストは、教育年限に比例すると仮定しましょう。

$$c_j = 1/4 \, y_j \qquad (8)$$

何年間の教育を受けるかというのは、この生涯所得から教育費用を引いた生涯純利益（P_j）を最大化するような教育年数を計算することになります。なお、ここでは教育年数は厳密な意味での年数だけではなく、より入学が難関の大学は実質的に年数が長いと考える、連続的な変数であるとします。

$$P_j = W_j - c_j \qquad (9)$$

ここで重要な仮定を1つ置きます。個人が教育を受けて達成した生産性は、企業が観察できて、生産性に応じた賃金を企業は支払うものとします。そうすると、個人 j は、自分の生涯純利益を最大化するような教育水準を選択することになります。

(7)式と(8)式を**図14**で示しています。生涯純利益を最大化させる y_j とは、図15の W_j 曲線と c_j 直線の差が最大になるような y_j を求めることです。数値例で考えると、生涯純利益を最大化するような教育年数（y_j）は、(7)式、(8)式を(9)式に代入した上で、y_j で微分することで、1階の条件として得られます。つまり、

$$\frac{dP_j}{dy_j} = \frac{1}{\sqrt{y_j}} - \frac{1}{4}$$

この式の値が0になるような y_j は、16ですから、最適の実質教育年数は16年ということになります[13]。このモデルでは、通常の個人の利益最大化で教育をどれくらい受けるかが決まるということが分かります。

さて、このモデルで、(8)式の教育を受ける費用の係数（(8)式では、1/4の値）が個人によって異なる場合に、最適教育年数は、人により異なります。個人の自発的選択によって教育を受ける年数が異なることが説明できます。

しかし、企業は個人個人の生産性を直接観察できるという仮定には2つの問題があります。1つは、生産性を観察して、その生産性に応じた賃金を支払う

---

13) 最大化のための2階の条件は、(7)式が収穫逓減の関数であることから、数値例では自動的に満たされています。

図14 生涯純利益の最大化

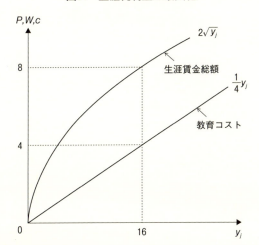

というのは、実際に勤務を開始しないと分かりません。現実には企業は入社の時点で、人数を絞り込んでしまいます。勤務状態から生産性を測定するのは、すでに入社選抜を行ったあとで初めて可能になります。そこで、入社選抜はどのようにして行うのでしょうか。

企業は学歴（大卒か短大卒か高卒か、さらに大卒でもどの大学を卒業したか）を1つの重要な情報として入社判定をします（もちろん、最近は「学歴を問いません」とか、「書類審査の足きりを出身校ではしません」という会社もあるようですが、それはエントリーシート段階の話なのではないでしょうか）。

このように学歴を入社審査に使用することは、人的資本モデルではどのように考えるのでしょうか。結論を先に述べると、多くの人が異なる生産性曲線や費用曲線を保有するときに、教育の年数と生産性が1対1に対応するような場合は、企業は教育の年数から将来の生産性を正確に計測できるために、生産性を観察しなくても教育年数（いわゆる「学歴」）により入社を決定して、賃金も決められます。しかし、この教育年数と生産性の1対1の対応は、一般的には成り立ちませんが、つぎのような場合を含めていくつかの単純化された場合には、成り立ちます。

・(7)式はすべての人に共通であり、(8)式の係数（数値例では1/4）の値が

人によって異なる場合
・(8)式はすべての人に共通であり、(7)式の係数（数値例では2）の値が人によって異なる場合

このような場合には、個人が純利益最大化の結果として選択した教育年数から、企業は完全に真の生産性を推理することができます。生産性に応じた生涯賃金を支払うことで、最初の個人の教育取得の判断が正しく実現することになります。このような場合には、「学歴」で入社判断を行うことはむしろ望ましいことになります。

ただし、教育生産性曲線の形状も、教育費用関数の形状も人によって大きく異なる場合を考えましょう。多くの人それぞれが、教育の結果手にする生産性が正当に賃金に反映されると信じて、生涯純所得最大化を考慮して決めますが、そのようにして決まった教育水準と生産性は、1対1に対応するとは限りません。企業が生産性を観察できれば、生産性を賃金に反映させることができますが、観察する変数が教育水準だけでは、生産性を正しく推測することが難しくなります。

8.2 シグナリング理論

教育は人的資本への投資、とする仮説だけではどうもしっくりいかない現実もあります。大学入学年齢に到達する時点で、人材はある程度多様化しています。高校の成績が飛びぬけてよく、やる気もあって、将来、高生産性を発揮する人材になることが十分に予想される人たちと、高校の成績が普通である人材、そしてその中間の人材というように、分布しているようです[14]。

高校卒業の時点で、大学入試を経て、選抜が行われます。首尾よく入学すると、さらに大学で学習して、特定のブランド名のついた大学卒業の資格を手に入れるわけです。日本の大学関係者あるいは大学生の間でよくいわれるのは、入試は難しいけれども、入学してしまうと4年間は遊んでいても卒業できる、

---

14) そもそも、この高校卒業時点で、どうして成績の分布が出来ているかについては、別に研究、議論があります。もともとの生まれつきの能力、幼児期の家庭環境、小学校、中学校の教育と本人の努力などが考えられますが、それらの要素がどれくらい貢献しているのかは、議論が大きく分かれるところです。

第6章 市場の失敗(3)不確実性：公正な保険とは？

ということです。理科系よりも文科系にその傾向は強いようです。

そこで、たとえば東京大学を卒業した学生の平均生産性が他大学よりも高いとして、その生産性の高さが、東大入試を合格する時点で相関関係が発生するのか、そのあと、東大で高度な授業で学習することが高い生産性に寄与しているのか、難しい問題です。

ここでは、高校卒業後の教育は一切生産性の向上には寄与しない、という極端な仮定を置いたモデルを考えてみましょう。大学の教育が生産性の向上という意味では無駄であるとします。それでも大学教育が存在する意味があるのでしょうか。

この設問に答えるには「シグナリング」（signaling）のモデルが参考になります。ここでは、生産性の高い人（タイプH）と生産性の低い人（タイプL）が存在していると仮定しましょう。そして、ここが論争がありえる第1の仮定ですが、教育を12年受けた段階で、ある人は自分が高生産性（W_H）タイプであることを知り、ある人は低生産性（W_L）タイプであることを知るとします。この2つのタイプは外見が同じなので企業には区別はつかないと仮定しましょう。つまり情報の非対称性があります。高生産性である人は、なんとか自分が高生産性タイプであることを企業に説得的に提示しようとします。これが高生産性であるというシグナルを送るという「シグナリング」です[15]。

次に重要な仮定は、このときに教育を受けるコストが、生産性と反比例する、というものです。つまり高生産性の人は教育を受ける費用が低く（塾に通わなくてもよい、精神的苦痛も小さい）、低生産性の人は教育を受ける費用が高くなる、という仮定です。このときに、高生産性の人は自分が高生産性タイプである、ということを受験勉強、大学の無意味な学問の学習という苦痛を経ても教育年数を延ばすということで証明するのです。もし、同様の教育水準を低生産性の人が受けることで、高生産性の人にみせかけようとしても、それはあまりにも費用がかかり、たとえ、高教育水準を得ても、純利益では割に合わないようになればよいのです。

---

[15] この理論をはじめて提唱したのは、Michael Spence, M.（1973）"Job Market Signaling," *Quarterly Journal of Economics* 87(3), pp.355-374. です。彼も、この業績で、後にノーベル賞を授与されます。

図15 新しいシグナリング解

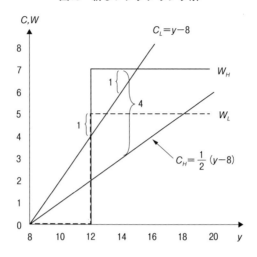

さて、この論理を図15をつかって説明しましょう。12年間の教育が終わったところで、ある人は高生産性 ($W_H = 7$)、ある人は低生産性 ($W_L = 5$) であることが本人には分かったとします。しかし企業側にはこの情報は分かりません。あなたは高生産性ですか、と問えば、全員が高賃金を得たいがために、「高生産性人間です」と返答するでしょう。

そこで、生産性を上げないという意味で「無駄」な大学教育が、この高生産性と低生産性を区別するために必要になります。高生産性人間が教育を受ける費用 (C_H) は比較的安く、

$$C_H = \frac{1}{2}(y-8)$$

低生産性人間が教育を受ける費用 (C_L) は高くなる、

$$C_L = y-8$$

と仮定します。ただし、$y > 12$ の領域だけを考えます。重要なのは、限界費用 (y の係数) が高生産性の人のほうが低生産性の人よりも低い、という点です。

ここで教育が12年で終わるとすると、高生産性人間も低生産性人間も区別がつきませんから平均賃金を支払います。高生産性 ($W_H = 7$) 人間が1に対し

て、低生産性（$W_L = 5$）人間が3の比率でいるとしましょう。平均賃金は、5.5になります。生産性の違いが分からないときに企業がオファーする賃金です。このときに高生産性の人の純利益は、3.5（＝5.5−2）であり、低生産性の人の純利益は、1.5（＝5.5−4）となります。これが、高低生産性混合解です。

ここで、高生産性人間は、なんとか、企業に対して自分は高生産性人間であることをシグナルしようとします。そこで、自分の教育年数を12年から14年まで延ばしたとします。そのときに生産性は変わらず7のままですが、費用は2から3に上がります。これに低生産性人間がついてこられなければ、高生産性であることのシグナリングに成功して、賃金7を獲得、生涯純利益は4になります。さきほどの混合解のときに比べて利益は、3.5から、4に上昇します。一方、低生産性人間は、なんとか高生産性人間と一緒に教育を受け続けたいと頑張るにしても、限界費用が高いため、どんどん費用がかさみます。その結果14年まで教育を受け続けると純利益は1になります。この純利益の水準は、教育を12年でやめて低生産性に見合った賃金を受ける場合の利益です。つまり、高生産性人間が低生産性人間を振り切るための教育年数の限界点が、この数値例では14年なのです（厳密にいえば、14年を少しだけ超えた年数です）。これで、生産性の高低を区別する解が見つかりました。

新しいシグナリング解は、高生産性人間の教育水準が14年、生涯純所得が4、低生産性人間の教育水準が12年、生涯純所得が1、ということになります。このように、12年を超える教育には生産性を高める効果がなくても、高生産性人間は教育を受け続けるインセンティブを持ち、企業は高学歴の人を採用して高賃金を与えることができるのです。

もちろん、このような説明は大学で教鞭をとるものとしては、大変に憤慨ものモデルといわざるを得ませんが、教育の1つの側面として、このような役割があることも否定はできません。とくに、日本の大学入試を考えるときには、分かりやすいのです。大学入試は、同じ条件のもとで、受験生を極限まで試しているわけで、試験の内容が将来、役にたつかどうかが重要なのではなく、受験技術の習得の費用が将来必要とされるスキルと負の相関さえもっていればよいのです。

さらに考えると、このように高生産性の人が、自分が高生産性である、ということを企業に認めてもらうためのシグナルは「教育」である必要はありません。マラソンのタイムでもよいかもしれませんし、座禅を組む時間を競ってもよいかもしれません。重要なのは生産性と負の相関を持つ変数で、低生産性の人と競えばよいのです[16]。

　シグナリング理論の考え方にたつと、生産性との相関を乱すような教育改革や入試改革は、むしろ無駄な教育投資を増やしてしまうことになります。たとえば、受験競争が大変だ、ということで、「ゆとり教育」を導入したことは問題が大きかったといえます。つまり高度な受験技術を要求することで、高生産性と低生産性を区別できていたのに、受験範囲を狭める（「ゆとり」ですから高校の履修範囲をけずったのです）ことは、もちろん必要なことを学ばずに大学にくる学生が増えたという非常に強い批判とともに、生産性との負の相関を弱くした、という批判もあたると私は思います。

　冒頭に掲げた、今回の「入試改革」案では、記述式を増やすということですが、膨大な人数が受験するセンター入試（を改組したもの）で、実際に公平に採点できるのか、という問題が懸念されています。もし採点する人により恣意性が入るようならば、不公平であることと同時に、生産性との負の相関を乱すことになりかねません。

　ただ、現状の入試が正しいというつもりもありません。これまで社会で高生産性と思われていた産業が、これからは衰退していくかもしれません。偏差値だけで職業選択が行われるということも弊害が目立つようになっているからです。

　現実の高等教育は、人的資本理論とシグナリング理論の中間にあるのではないでしょうか。決して一方だけが正しいとは思いませんが、一方をまったく無視してよいとも思えません。また、ここでは一切議論しませんでしたが、生産性といっても文科系の人の生産性と理科系の人の生産性はその計測もシグナルも異なるかもしれません。多次元の議論が必要です。ここでは、生産性につい

---

16) 物語によく出てくる、王様が、王女にプロポーズしている３人の若者に課す試練も、生産性をシグナルさせるためである、と考えられます。たとえば、プッチーニのオペラ『トゥーランドット』。

ては高い、低い、の2タイプ、それぞれのタイプの費用関数は1種類としていたので、2つのタイプの分離解を簡単に求めることができましたが、これもかなり大胆な簡単化ですから、現実を議論するときには改善が必要です。

さらにここで紹介したモデルの大きな問題として、教育コストは前借りできるという暗黙の前提があります。教育費用は人生のなかでは前払い、賃金は企業に就職してからもらうものです。裕福な家庭の子供たちには、前払いは問題がないかもしれませんが、裕福ではない家庭に育った高生産性の子供たちは、高学歴を取得してシグナルを出そうにも、先立つものがないとそれは叶いません。これは社会的な損失になります。アメリカ的な解決は、低利の教育ローンを用意して、高生産性の人が借りて、あとで返済ということでこの問題を解決しようとしてきました。日本の場合には国立大学の授業料を比較的安価に設定することで、この問題を解決してきました。ただ、日米両国も、現状が最適とはいえないことになっています。

公共政策として教育を議論するときには、是非、人的資本論、シグナリング理論の両方を十分に消化吸収したうえで、さらに仮定の妥当性を吟味しながら議論することが大切です。

第7章 ゲーム理論
結託と裏切りはどのように起きるか？

1 イントロダクション

　ここまでの内容は、伝統的なミクロ経済学に沿った内容で、需要と供給が市場を通じて取引される、と仮定していました。そこでは、価格を通じて市場の需給バランスについて知ることができれば、「結託」や「戦略的な行動」は、必要でもなく、可能でもありませんでした。つまり、買い手は大勢いるので、そのなかで「結託」して行動したとしても、価格に影響を及ぼすことはできないのです。また、売り手の行動でも、売り手はたくさんいるので、売り惜しみをして価格を吊り上げることはできない、と仮定していました。また売り手と買い手が、相手の出方を見ながら、買い注文を入れたり、入れなかったり、というような戦略的な行動も、ないものとして議論をすすめていました。本章では、このような「結託」や「戦略的な行動」を明示的に考えることによって、現実でよく起きている事例についての分析の視点、理論を学ぶことにします。つぎのような新聞記事がありました。

「電子部品カルテルで5社に66.9億円課徴金命令
　公正取引委員会は29日、テレビやスマートフォンなどのデジタル機器の部品に使われる電子部品「コンデンサー」の販売で価格カルテルを結んだのは独占禁止法違反（不当な取引制限）だとして、ニチコンなどメーカー5社に計66億9796万円の課徴金納付を命じた。今年度の1事件あたりの課徴金納付命令では

最高額となる。
　　　〈中略〉
　日立エーアイシー（栃木県真岡市）とビシェイポリテック（福島県三春町）もカルテルに加わったが、違反を自主申告する課徴金減免制度（リーニエンシー）の対象となり免除された。」

　　　　　　　　　　　　（『日本経済新聞』電子版2016年3月29日、20:18)

　まず、課徴金とは、「カルテル・入札談合等の違反行為防止という行政目的を達成するため、行政庁が違反事業者等に対して課す金銭的不利益」です。世間では「罰金」というものですが、法律用語では、「罰金」は刑事罰によるもので、行政官庁は罰金を課すことはできません。そこで、「反則金」（軽微の交通違反）や「課徴金」という名称になります。経済学的には、経済主体（家計や企業）に金銭的損失が課されるという意味では同義です。（しかし、本来「課徴金」というべきところを、経済学部出身者がうっかり「罰金」というと、法学部出身者に、おまえは法律の基本がわかっていない、と馬鹿にされてしまいます。このようなところが、公共政策大学院では、経済学部出身者と法学部出身者の間での、相互発見になります。)
　さて、この記事のキモは、「課徴金減免制度（リーニエンシー）」です。「リーニエンシー」(leniency)とは、罪はあるのだけれども（悔い改めているので）寛大な措置をとる、ということです。ここで、悔い改めているのは、価格カルテル（談合）を行ったということを認めて、積極的に通報することです[1]。カルテルに参加している会社のなかで、当局に通報して、調査に協力する最初の5社に限り課徴金を減免する制度で、2006年1月に導入されました。調査が開始される前に、最初に通報した会社は100％免除、第2位に通報した会社は50％減額、以下第3位から第5位は、30％減額となります。（ただし、調査開始後は、最大3社まで。）目的は、「事業者自らがその違反内容を報告し、更に資料を提出することにより、カルテル・入札談合の発見、解明を容易化して、

---

[1] かつては、「密告」という言葉もありました。さすがに言葉の響きがよくないので早期通報という言葉になっています。しかし、カルテル仲間を「裏切って」の通報であることが重要です。

競争秩序を早期に回復することを目的としています。」と書かれています[2]。

導入当初は、カルテル仲間の「裏切り」をする会社が出てくるか、日本ではこの制度は機能しないのではないか、と効果について、非常に懐疑的な人が多かったようです。ところが導入直後から、カルテルの摘発件数が増加したようです。つまり、企業は、経済的利益に反応して、行動を変えたようなのです。

2　利得行列

2.1　数学の行列からゲーム論の利得行列へ

このような通報（自白）か、黙秘かという状況を考える上で重要な分析枠組みが「ゲーム理論」です。まず、ゲーム理論を分析するうえで、基本的な利得行列を説明した上で、有名な「囚人のジレンマ」を説明しましょう。そのあとで、上の課徴金減免制度との関連を説明します。

高校や大学の数学の「線形代数」の授業で、「行列」（matrix）というのを見たことがある人も多いと思います。2行×2列の行列は、つぎのような形をしています。

$$M = \begin{pmatrix} 2 & 4 \\ 1 & 6 \end{pmatrix}$$

数学の行列では、行と列を決める（「住所」を決めるようなものです）とそこに数字（あるいは記号）が一つ存在しています。行列は将棋盤や碁盤の升目状の四角の集まりです。「行」（row）や「列」（column）は、エクセルなどの表計算でおなじみかと思いますが、「行」は升目を横にみていく、「列」は縦に見ていく、と覚えてください。より一般的に、数字が入る場所の名前を記号であらわすと次のようになります。

$$M = \begin{pmatrix} m_{1,1} & m_{1,2} \\ m_{2,1} & m_{2,2} \end{pmatrix}$$

ここで、記号の $m_{2,1}$ というのは、2行目1列目に入っている要素（ele-

---

[2] 制度の詳細に興味があれば、公正取引委員会のホームページで確かめてください。
http://www.jftc.go.jp/dk/seido/genmen/genmen.html

表1　数値例

Aの戦略＼Bの戦略	戦略1	戦略2
戦略1	3, 3	6, 2
戦略2	2, 6	2, 2

表2　利得行列の見方、言葉

Aの戦略＼Bの戦略	戦略1	戦略2
戦略1	A, Bの戦略が (1, 1) のときのAの利得, Bの利得	A, Bの戦略が (1, 2) のときのAの利得, Bの利得
戦略2	A, Bの戦略が (2, 1) のときのAの利得, Bの利得	A, Bの戦略が (2, 2) のときのAの利得, Bの利得

ment) です。線形代数では、行列とベクトルを使って、多次元の連立方程式を簡単に解く方法を勉強したことでしょう。さて、ゲーム論で使用する行列の構造や「住所」の決め方は基本的に線形代数の行列と同じ構造をもっていますが、ひとつ重要な違いがあります。住所で決まる「要素」の場所に、数字が1つではなく、2つ入るのです。詳しく説明します。

行列の構造を使って、ゲーム論の分析用具を作ります。行の選択をする人をA夫、列の選択をする人をB子と呼ぶことにします。A夫それぞれのセルには、A夫、B子それぞれの利得を書きます。Aの利得を左側、Bの利得を右側に書きます。この左がA、右がBとなるのが慣習です。セルの名称も、セル (2, 1) というときには、2は行をさしていて、1は列をさしているのと対応しています。行、列という名称と同じです。

まずゲーム論の利得行列の数値例を**表1**で示します。

1つの「住所」に2つの数字が入るのは、線形代数を知っている学生が、初めて「ゲーム論」を勉強すると、ギョッとするところかもしれません。そこで、1つの住所を、「要素」とよばずに、2つの数字の組が入っているマス目を「セル」と呼びます。セルの中の2つの数字は、左側がAの利得、右側がBの利得です。つまり、これを書き出してみると、つぎのような**表2**になります。

これを記号で書くとつぎのような**表3**になります。

第7章 ゲーム理論：結託と裏切りはどのように起きるか？

表3　利得行列の見方、記号

A の戦略 \ B の戦略	戦略 1	戦略 2
戦略 1	$a_{1,1}, b_{1,1}$	$a_{1,2}, b_{1,2}$
戦略 2	$a_{2,1}, b_{2,1}$	$a_{2,2}, b_{2,2}$

ここで、$(a_{1,2}, b_{1,2})$ とは、A の戦略が 1、B の戦略が 2 のときの（A の利得、B の利得）です。ほかの下付き数字の組み合わせはそれぞれのセルを決めている住所に対応する利得になります。小文字の a は戦略を決める人 A の利得、小文字の b は戦略を決める人 B の利得です。

ゲーム理論は、プレイヤー（消費者、企業、政治家、将棋棋士、など）のとる戦略（購入行動や生産行動の決断、手、プレイ）のぶつかり合いが起きて、それぞれのプレイヤーの利得（儲け、満足、勝敗、など）が決まると考えます。初歩的な説明では、2 人のプレイヤー（A と B）、2 つの戦略（1 と 2）の選択肢のケースを考えますが、もちろん、多数の戦略選択肢や多数のプレイヤーに拡張することもできますし、戦略が 1、2、というようなはっきりしたものではなく、連続変数のなかから選ぶ、というように考えることもできます。

このように、ゲーム論では、A 夫の戦略と B 子の戦略が打ちだされたときの経済的結末の結果の記述を上で説明したような「利得行列」(payoff matrix) で書きます。

2.2 戦略（手）と利得行列

まず、利得行列の読み方と、戦略の選択を解説します。まず、A 夫と B 子の対戦するゲームを記述します。A 夫と B 子は、それぞれ、ゲームの戦略（プレイの手）を選択します。その戦略の組み合わせの結果として、A 夫と B 子それぞれへの利得（報酬または罰金）が決まるものとします。A の戦略を「行」の選択として、B の戦略を「列」の選択として表現します。行列のそれぞれの「セル」（マス目）に、A の利得（を左）と B の利得（を右）に記入することができます。上で見た表3のようになります。

ここで、たとえば、$a_{1,1}$ は、A の戦略が 1 で、B の戦略が 1 であるときの A

表 4　利得行列、数値例（再掲）

A の戦略 \ B の戦略	戦略 1	戦略 2
戦略 1	3, 3	6, 2
戦略 2	2, 6	2, 2

の利得を表しています。また、$b_{2,1}$ は、A の戦略が 2 で、B の戦略が 1 であるときの B の利得を表しています。戦略が各自 2 つあるので、表 4 のように 4 通りの利得の組み合わせが 4 つのセルに書き込まれます。ここで、$a_{2,1}, b_{2,1}$ は、A の利得、B の利得を表す記号ですが、実際の利得は数字（単位は多くの場合、円）が記入されています。あとで説明する表をここに書いて、イメージをつかんでもらいます。つまり、この数値例では、$a_{1,1} = 3$、$b_{1,1} = 3$、$a_{1,2} = 6$、$b_{2,1} = 2$、... という対応があります。

3　戦略の選択

3.1　相手の戦略が分からないときに自分の戦略を選択できるか？

では、B の戦略に応じて、A がどのように戦略を選択するかを説明します。B が戦略 1 を選択している（と A が予想する）ときには、B の戦略 1 の列を縦に比較して、そのなかで、A はより利得を得る戦略を選択すると考えます。この A の選択過程を薄い網掛けで表しています。同様に、B が戦略 2 を選択している（と A が予想する）ときには、B の戦略 2 の列を縦に比較して、A は利得がより高いほうの戦略を選択すると考えます。これが、濃い網掛けで表しています。この比較が表 5 で書かれています。等号・不等号は網掛けの部分にかかっています。

つぎに、A の戦略に応じて、B がどのように戦略を選択するかを説明します。A が戦略 1 を選択するとき、B は、A の戦略 1 の行を横に見て、B の戦略 1 か 2 に応じた B の利得を比較します。つぎに、A の戦略 2 の行を横に見て、B の戦略 1 か 2 に応じた B の利得を比較します。この比較が表 6 で書かれています。

表5　Bの戦略を一定として、Aの戦略を選択する

Aの戦略＼Bの戦略	Bの戦略 1 ↓	Bの戦略 2 ↓
Aの戦略 1 →	$a_{1,1}$, $b_{1,1}$	$a_{1,2}$, $b_{1,2}$
Bの戦略は一定、Aの利得を比較	∧ ‖ ∨	∧ ‖ ∨
Aの戦略 2 →	$a_{2,1}$, $b_{2,1}$	$a_{2,2}$, $b_{2,2}$

表6　Aの戦略を一定として、Bの戦略を選択する

Aの戦略＼Bの戦略	Bの戦略 1 ↓	Aの戦略は一定、Bの利得を比較	Bの戦略 2 ↓
Aの戦略 1 →	$a_{1,1}$, $b_{1,1}$	<　=　>	$a_{1,2}$, $b_{1,2}$
Aの戦略 2 →	$a_{2,1}$, $b_{2,1}$	<　=　>	$a_{2,2}$, $b_{2,2}$

等号・不等号は網掛けの部分にかかっています。

3.2　支配的戦略（dominant strategy）

　では、このような戦略の選択の基本を理解したうえで、戦略選択が簡単に決まる特殊な状態を考えます。Aにとって、Bの戦略がどのようなものであれ、自分の戦略を一義的（ひとつに絞り込むことができる）に決めることができる例を考えます。それは、たとえば、表6において、不等号の向きが列1と列2で同じ場合を考えます。つまり、$a_{1,1} > a_{2,1}$ かつ、$a_{1,2} > a_{2,2}$ です。A夫は、迷いなく（Bの戦略がどちらになるかを気にすることなく）、戦略1を選びます。このように相手の戦略の選択がどれであるかにかかわらず、合理的に利得の大小から自分の戦略を一義的に決めることができるときに、その選択される戦略を「支配的戦略」（dominant strategy）と呼びます。支配的戦略が存在するか、どうかは、利得行列によって決まります。Aにとって支配戦略が存在するというのは、Bの戦略それぞれに（それぞれの列）に対して自分の最大の利得をもたらす自分（A）の戦略が同じになる、ということです。Bにとっての支配戦略はAの戦略それぞれに（それぞれの行）に対して自分の最大の利

得をもたらす自分（B）の戦略が同じになる、ということです。特殊な利得行列でなければ、このようなことは起こりません。

3.3 「じゃんけん」というゲーム

通常のゲームでは、相手の戦略によって、自分の戦略が変わる場合が多いと思います。もちろん、相手の戦略を事前に知ることはできない場合が多いので、この利得行列で、自分の戦略が一義的に決まるゲームは数多くないでしょう。（その例外的な場合が、あとで説明する「囚人のジレンマ」です。）たとえば、このような戦略に応じた利得の例をよく知られた「じゃんけん（グー、チョキ、パー）」で例示してみます。グー（石）はチョキ（鋏）に勝つ、チョキはパー（紙）に勝つ、パーはグーに勝つ、というゲームです。勝ち（＋1）、負け（－1）を数字で表します。出した手が同じであれば引き分け（0, 0）です。利得行列は自明だとは思いますが、一つだけ例を挙げます。Aの戦略がチョキで、Bの戦略がグーの場合には、Bの勝ちですから、（－1, ＋1）になります。これは**表7**で、網掛けしてあるセルで表現されています[3]。

この「じゃんけん」の例では、相手の出す手が分からない限り、自分の出す手で、これが有利というものはなく、ランダムに出す（運を天に任せる）しかありません。支配的戦略は存在しません。もちろん、「後出しじゃんけん」というのは、相手の戦略をみてから自分の戦略を決めることができるので、「じゃんけん」のゲームでは、必勝です。

3.4 ナッシュ均衡とパレート最適のやさしい説明

戦略の選択がどのようにして行われたのかは、とりあえず不問に付した上で、A夫もB子が戦略を決めて特定のセルが選択されたとします。そこでそのセルを前提にして、そこから、A夫とB子のそれぞれが、戦略を「変更するインセンティブ」をもつかどうかを検討します。これは表2と表3を組み合わせた**表8**で、答えを得ることができます。

いま、Aが戦略2を採用、Bが戦略1を採用することで、セル（2, 1）の利

---

[3] 負けの利得を0としている例がありますが、「アイコ」が0で、「負け」も0というのは、「じゃんけん」のゲームの直感に合致しないので、ここでは、負けは「－1」としています。

第7章 ゲーム理論:結託と裏切りはどのように起きるか?

表7 じゃんけん(グー、チョキ、パー)

Bの戦略 Aの戦略	グー(石)	チョキ(鋏)	パー(紙)
グー(石)	0, 0	+1, −1	−1, +1
チョキ(鋏)	−1, +1	0, 0	+1, −1
パー(紙)	+1, −1	−1, +1	0, 0

表8 セル (2, 1) はナッシュ均衡か?

Bの戦略 Aの戦略	Bの戦略 1 ↓	Aの戦略は一定、 Bの利得を比較	Bの戦略 2 ↓
Aの戦略 1 →	$a_{1,1}, b_{1,1}$		$a_{1,2}, b_{1,2}$
Bの戦略は一定 Aの利得を比較	∧∥∨		
Aの戦略 2 →	$a_{2,1}, b_{2,1}$	< = >	$a_{2,2}, b_{2,2}$

得 ($a_{2,1}, b_{2,1}$) が決まっているものとします(枠をつけて表示)。そこを出発点として、AとBはそれぞれ、独立に、戦略を変更するインセンティブを持つかどうかを検討します。Aにとっては、Bの戦略1は変わらないものとして自分の戦略を見直すということは、薄い色の網掛けの不等式を比べることになります。つまり、$a_{1,1}$ と $a_{2,1}$ の大小を検討することです。ここで、$a_{1,1} \leq a_{2,1}$ であれば、Aは戦略を変えるインセンティブを持たない、といいます。同様に、Bにとっては、Aの戦略2が変わらないものとして、自分の戦略を変えるインセンティブを持つかを検討することになります。これは、濃い網掛けのように、$b_{2,1}$ と $b_{2,2}$ を比較することになります。ここで、$b_{2,2} \leq b_{2,1}$ ならば、Bは戦略を変更するインセンティブをもたない、といいます。

つまり、セル (2, 1) は、次の条件をみたしているときに、AもBも、それぞれの判断で戦略を変更するインセンティブをもたない、と考えます。

$a_{1,1} \leq a_{2,1}$
$b_{2,2} \leq b_{2,1}$

このような条件の成り立つセルを、「ナッシュ均衡」(Nash equilibrium)と呼

びます。

3.5 数値例

では、数値例を考えてみましょう。いま、一人区の選挙で、Z党から立候補が噂されている有力候補2人（A夫、B子）がいるものとします。2人とも立候補する気は満々ですが、2人とも立候補すると、どちらかが勝つ可能性は残るものの共倒れになって、当選できない可能性が高いのです。Z党は、候補者を一本化することができれば、勝つことができるとしましょう。いま、2人の立候補する、しないの組み合わせの結果をつぎのように表してみます。立候補しなければ当選しないのでそのときの価値を、2、で表します。1人だけ立候補して当選すると6の価値があります。圧倒的人気のZ党からの統一候補ですから当選確率は1です。ところが、2人が立候補すると、どちらかが当選する、あるいは、共倒れになる確率があることから、当選価値、6、に当選確率をかけて、（期待）利得は、3になるとします。利得行列はつぎの**表9**のようになります。

Aにとっては、Bがどちらの戦略をとっても、自分は立候補するほうが利得が高いので（つまり「立候補する」が支配的戦略）、立候補します。Bにとっても同様で、Aがどちらの戦略をとっても「立候補」する利得が高いので（「立候補する」が支配的戦略）、立候補します。その結果、2人とも立候補して、Z党の分裂選挙になります。セル（1,1）が支配戦略の結末になり、ここがナッシュ均衡です。

このような事態を予想して、Z党は、分裂選挙による共倒れを避ける方法を考えます。候補者が一本化できたときには、立候補しないほうの人には、Z党の要職や次の選挙での優遇を約束するという「処遇」をすることにします。立候補を取りやめたほうには、利得で2に当たる「処遇」を約束すると、セル（2,1）とセル（1,2）で立候補しないほうの候補の利得に2が加算されます。AとBのそれぞれの利得（当選確率を考慮にいれた当選した場合の満足度に、立候補しない場合には党からの要職での処遇の価値、2、を加算したもの）がつぎのようになります。表6との違いは、セル（2,1）とセル（1,2）で、立候補しないほうの人の利得が、2から4に変更されたことです。これが**表10**で

第7章　ゲーム理論：結託と裏切りはどのように起きるか？

表9　ナッシュ均衡、立候補ゲーム

Aの戦略＼Bの戦略	立候補する	立候補しない
立候補する	3, 3	6, 2
立候補しない	2, 6	2, 2

表10　ナッシュ均衡、立候補ゲーム、「処遇」つき

Aの戦略＼Bの戦略	立候補する	立候補しない
立候補する	3, 3	6, 4
立候補しない	4, 6	2, 2

表されています。

　この変更によって、ゲームにどのような変化が起きたのでしょうか。表6でナッシュ均衡だったセル（1,1）はもはやナッシュ均衡ではありません。Bの戦略が一定（とAが考える）なら、Aは「立候補しない」戦略に転換することで利得が高まります。同様に、Aの戦略が一定（とBが考える）なら、Bは「立候補しない」戦略に転換することで利得が高まります。党の「処遇」戦略が功を奏したように見えます。両者が立候補を表明しても、どちらかが立候補を降りる、というインセンティブがあるように見えます。そうでしょうか。これはあとで説明します。

　ここで、どのセルが「ナッシュ均衡」であるかをみつける方法を説明します。まずAの利得から、ナッシュ均衡にはなりえないものを消去します。つまりBの戦略を一定として（特定の列に沿って縦に）Aの利得を比較します。Bの戦略が「立候補」の場合には、Aの戦略として、立候補する（利得、3）は、立候補しない（利得、4）に劣りますから、セル（1,1）はナッシュ均衡ではないことが分かります。つぎにBの戦略が「立候補しない」の場合には、Aにとって、立候補する利得（6）が立候補しない利得（2）を上回るので、セル（2,2）はナッシュ均衡ではないことが分かります。ここで、Aにとっての利得の検討からナッシュ均衡の候補は、セル（2,1）とセル（1,2）に絞られました。

セル（2, 1）がナッシュ均衡かどうかは、Bの利得の比較にかかっています。Aの戦略2を一定として、Bの戦略選択による利得の比較をします。つまりセル（2, 1）のBの利得（6）と、セル（2, 2）のBの利得（2）を比較すると、セル（2, 1）の利得が高いことが分かります。つまり、セル（2, 1）は、Aにとっても、Bにとっても、そこから別の戦略を選択するインセンティブをもたないことが分かります。つまり、セル（2, 1）はナッシュ均衡です。同様にセル（1, 2）も、Bにとっての利得は、セル（1, 1）よりも高いので、セル（1, 2）もナッシュ均衡であることが分かります。

ナッシュ均衡の概念が理解できたところで、じゃんけんの例（表4）を思い出してください。ここにナッシュ均衡はあるでしょうか？ 上で説明したように、Bの戦略を一定として（縦に比較）、Aの利得が細大にあるセルを見つけていくと、セル（3, 1）、(1, 2)、(2, 3) になります。しかし、そのいずれのセルも、Aの戦略を一定として（横に比較）、Bの利得を考えるとほかのセルに劣ることが分かるので、じゃんけんの例ではナッシュ均衡は存在しません。

3.6 先出しじゃんけん

さて、「立候補ゲーム、処遇つき」の例をもう一度、考えて見ましょう。Z党の思惑どおり、A夫とB子は、譲り合いをして、一本化に成功するでしょうか。いま、Z党が立候補しない人への「処遇」を発表した時点で、A夫とB子がどのような行動にでるかを考えてみましょう。実は、この時点で、A夫もB子も競って、「先に」立候補宣言をするインセンティブを持っています。A夫は、立候補宣言すると、B子の選択は「自分は立候補をしない（利得は4）」か、「自分も立候補する（利得は3）」になることを理解します。つまり、A夫は自分は立候補する、絶対に取り下げない、と宣言してB子の判断に圧力を掛ければ、B子は、立候補しないという合理的な選択をするだろう、と考えます。B子も同様に、先に立候補宣言をしたほうが良い、と考えます。つまり、このような利得行列の場合には、「先に」立候補宣言をしたほうが有利、という結論になります。このような状況を、一部マスコミが「先出しじゃんけん」と呼んだ例（2016年東京都知事選挙）があります。

第 7 章　ゲーム理論：結託と裏切りはどのように起きるか？

3.7　パレート最適

　ここで利得行列における「パレート最適」の概念を定義します。「パレート最適」はすでに、「厚生経済学」の章で導入した概念です。厚生経済学では、ある資源配分の各人への組み合わせが「パレート最適」であるとは、ある人の効用（満足度）を下げなければ、他の人（達）の効用を高めることができない、ということである、と説明しました。エッジワースのボックス図では、無差別曲線が背中合わせになった状態であったことを思い出してください。

　では、ゲーム論では、「パレート最適」をどのように表現すると良いでしょうか。利得行列では、有限個のセルの利得間の比較になるので、厚生経済学のときよりも理解しやすいかもしれません。あるセルがパレート最適かどうかは、つぎのように判定します。いま、検討対象のセルの利得を、$(a_{j,k}, b_{j,k})$ と表現すると、この利得のそれぞれを、2人同時に高くするような他のセルがあるかどうかが判断基準になります。（正確には、少なくとも1人は利得が高く、他の人は同等もしくは高くなるようなセルがあるかどうか、という表現になります。）つまり、セル (j, k) がパレート最適であるとは、つぎのようなほかのセル (m, n) が存在しない、ということです。

$$a_{j,k} \leq a_{m,n}$$

かつ

$$b_{j,k} \leq b_{m,n}$$

ただし、不等号のうちひとつは、＜で成立。

　具体的な見つけ方はつぎのようになります。以下の比較はすべてのセルが対象です。ナッシュ均衡のときのようなAの戦略を一定として、という比較ではありません。まず、$a(j, k)$ よりも値が同じか高いAの利得を持つセルを検討候補に残します。つぎに、そのAの利得から得られた「検討候補」のセルのなかで、$b(j, k)$ よりも値が同じか高いBの利得を持つセルを探します。もし、この段階的な2つの条件がみたされるようなセルが見つかれば、当初の $a(j, k)$ は「パレート最適」ではなかったことになります。一方、もし、段階的

な2つの条件がみたされるようなセルが見つからなければ、当初の $b_{j,k}$ は「パレート最適」である、ということです。

厚生経済学の例でも説明したとおり、「パレート最適」は、直感的には「効率的」である、ということはできますが、「社会的に唯一のベストなもの」という意味はありません。パレート最適な資源配分、利得行列のセルは、複数個ある可能性が高いからです。

もしゲームのプレイヤー（A夫とB子）が協力できるならば、パレート最適ではないセルは選択されないでしょう。2人にとって同時に利得を高めるようなセルが存在するからです。しかしながら、パレート最適なセルがたくさんある場合には、パレート最適ではないセルから、どのパレート最適なセルに移動するかで、合意ができないかもしれません。

復習の問題として、ここまで紹介した「じゃんけん」ゲーム、立候補ゲーム、立候補ゲーム（処遇つき）のそれぞれにおいて、ナッシュ均衡のセル、パレート最適のセルを探してみてください。それぞれのナッシュ均衡、パレート最適のセルが、経済学的（あるいは政治的）にどのような意味も説明できると完璧です。

4 囚人のジレンマとその応用

4.1 囚人のジレンマ

では、いよいよゲーム論でいちばん有名な例である「囚人のジレンマ」（prisoner's dilemma）を説明します。2人の被疑者は、共謀して宝石店に窃盗に入った疑いで捕らえられています。しかし、なかなか決定的な証拠がなく、取調官達は2人を別々の部屋で、次のような条件（司法取引）を出して、取り調べることにしました。

(1) もし、Aが自白して、Bが黙秘の（自白しない）場合には、Aの供述に基づいて2人を起訴する（そして有罪になる）。ただし、捜査に協力してくれたAにはリーニエンシー（寛容な処分）とする。具体的には利得を、Aについては0、Bについては、−10（10年の刑期）とする。

第7章　ゲーム理論：結託と裏切りはどのように起きるか？

表11　囚人のジレンマ

Aの戦略＼Bの戦略	罪を自白	黙秘
罪を自白	−5, −5	0, −10
黙秘	−10, 0	−2, −2

(2) 逆も同じで、Aが黙秘でBが自白であれば、Aの利得が−10、Bの利得が0とする。

(3) Aが黙秘を続け、Bも黙秘を続ければ、捜査は状況証拠だけで起訴することになるので有罪にはなるものの刑は軽くなる可能性が大である。利得は、AもBも、−2（2年の刑期）とする。

(4) AもBも自白した場合には証拠が十分に揃って2人とも起訴できるし、とくにどちらかを寛容な処分にする必要もない。そこで利得は、AもBも−5（5年の刑期）となる。

この4つの可能性は**表11**の利得行列として表すことができます。

　表11の読み方はつぎのとおりです。Aが、Bが自白するケースを想定すると（Bが「自白」の列を縦にみて）、自分だけ黙秘すれば−10、自分も自白すれば、−5になります（1行目の−5と2行目の−10と比較する）。したがってAは、自白を選択します。また、Aが、Bは黙秘するケースを想定すると（Bの「黙秘」の列を縦にみて）、自分も黙秘すれば、−2ですむが、自白すれば、0で無罪放免になるので、これは自白したほうが得だ、ということになります。つまり、Bの戦略のいかんにかかわらず、Aは「自白」を選択するでしょう。相手の戦略にかかわらず（つまり支配的戦略として）、というところが、重要です。

　こんどは、Bの立場になって考えてみましょう。同じように、Aが自白する（第1行）とBが考えれば、B自身の利得は、自白すれば−5、黙秘すれば−10ですから、自白したほうが得です。BがAは黙秘する（第2行）と考えれば、Bの利得は（Aを裏切って）自白すれば0、黙秘すれば、−2ですから、これも自白したほうが得ということになります。したがって、どちらの場合でも、相手の戦略にかかわらず（支配的戦略として）自白してしまうほうが得になるわけです。

さらに、AとBの戦略ペアが、(自白、自白)であるときには、そこからA だけで、あるいはBだけで、戦略を変えるインセンティブを持ちません。つまり、(自白、自白)は、上で定義した「ナッシュ均衡」(Nash equilibrium)です。

ところが、このような(自白、自白)の戦略ペアは、AとBにとって、必ずしも望ましい均衡ではありません。(自白、自白)の利得は、(−5, −5)であり、(黙秘、黙秘)の利得は(−2, −2)でありこちらのほうが、2人の利得はともに上昇します。つまり、(自白、自白)は、上で定義した「パレート最適」ではないのです。一方、2人にとってパレート最適である(黙秘、黙秘)は、そこは安定的な状態ではない、つまり常に一方が、裏切るインセンティブを持つ、という意味でそこにはとどまれない、という「ジレンマ」がある、ということからこの名称がつけられました。

要約すると、「囚人のジレンマ」のケースとは、AもBも支配的戦略をもっていて、その結果としてセルは、(当然)ナッシュ均衡であるものの、パレート最適ではない、という利得行列の例です。

4.2 課徴金減免制度

では、課徴金減免制度にもどって、この囚人のジレンマを応用して、利得行列を書いてみましょう。実は利得行列は、囚人のジレンマと同じです。一社だけが、通報(自白)すると、課徴金は免除になりますから利得は0。そのときの黙秘(非協力)企業は、課徴金を−10(億円)と課されるものとします。両社が同時に通報すると(現実とは少し違いますが)両社ともに、完全に免除ではなく、ある程度の減額を受けることができますから、−5(億円)であるとします。そして、両社ともに黙秘を選んだ場合には、公正取引委員会の独自の調査で、ある程度の証拠が挙げられるものの、全貌は解明されず、課徴金も軽微−2(億円)で済むものとしましょう。利得行列は**表12**のように書かれます。

戦略の選択の思考プロセスは、「囚人のジレンマ」とまったく同じです。つまり、相手が(別の取調室で)どのように戦略を選択していても、自分は「自白」することがよりよい選択になることが分かります。こうして、両者は、競って自白します。通報が一番だと、課徴金が0(円)で、通報が遅れて、相手

表12　課徴金減免制度

Aの戦略 ＼ Bの戦略	カルテルを通報（自白）	知らん顔（黙秘）
カルテルを通報（自白）	−5, −5	0, −10
知らん顔（黙秘）	−10, 0	−2, −2

が先に通報してからでは課徴金は10（億円）になりますから、早いほうが良いからです。

　もう少し、現実味のある例を考えましょう。既に述べたように、数社以上が結んだカルテルで、公正取引委員会の調査が入る前に、第1位で「通報」すれば課徴金は0円で済みます。カルテルが崩壊する、あるいは公正取引委員会が調査に入りそうな気配があれば、迅速に行動するのが肝要です。あるいは、営業部隊が他社とカルテル（談合）を行っていて、それを社内で幹部にも知らせていなかったということを、内部監査で発見したとします。この事実が幹部に報告され、通報か否かの判断を仰ぐことになります。ここで、幹部が迅速に「通報」を選べば、課徴金は0円で済みますが、通報をためらうと、他社が通報してしまい課徴金を課されてしまいます。会社ぐるみ、という糾弾も受けるかもしれません。

　こんな簡単な理論モデルが現実に当てはまるのか、と思う人も多いことでしょう。しかしながら、この制度の導入により、「通報」が増加して、その後もコンスタントに通報はあるようです。**図1**は、課徴金減免制度が導入されて以降のこの制度への「申請件数」「適用が公表された法的措置件数」と、その適用が決まった事業者数（一件につき、最大5社まで適用可能なので、件数よりは多い）を図表にしています。なお、個別の事例と企業名も、公正取引委員会のホームページで公表されています。

　このような課徴金減免制度の導入によって、カルテルや談合の発見率が高まったか、事件審査を迅速化してきたか、そもそも抑止効果があったか、などは厳密に証明するのは難しい課題ですが、興味深い研究になるでしょう。

図1　課徴金減免制度

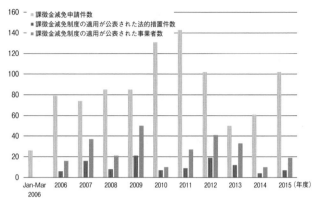

出所　公正取引委員会報道資料より作成。

5　独占、複占、寡占

5.1　独占者利益

カルテルとは、本来、競争すべき企業同士が、結託（談合）して、供給量を絞る、あるいは、価格を吊り上げるということに合意することです。では、そもそも独占者の行動と、完全競争の行動、その中間である寡占者の行動はどのような結果をもたらすのかを考えてみましょう。そのあとで、もう一度ゲーム論の問題に戻ります。

まず、供給者が一社である場合の価格づけの行動を考えます。たとえば、特殊な源泉をもつミネラル・ウォーターの製造元、秘密のレシピを持つドリンク・メーカー、特許をもつコンピューターのOS（オペレーティング・システム）のメーカーなどがこれにあたります。この供給者の直面する需要曲線を、数値例として、

$$D = 100 - p$$

であるとしましょう。あるいは同義ですが、

$$p = 100 - D$$

第7章　ゲーム理論：結託と裏切りはどのように起きるか？

で表すものとします。需要（D）は、価格（p）の関数です。市場にいる需要者の購入量が、この独占企業が決める価格（p）によって決まる、ということです。完全競争にさらされている供給者の場合は、価格は市場から与えられていて、自分の行動では変わらない（変えられない）として行動するのに対して、独占者の場合には、自社の総販売量（x）がそのまま市場の総供給量＝需要（D）となり、自分の供給量の増減で、市場価格が変動することを認識しています。つまり、$D=x$であり、xの意思決定のときにpがxの関数になることを認識しています。

つまり、独占者の行動が、完全競争の下での供給者と異なるのは、その総販売量を変化させると、価格も変わるということを理解して利潤最大化の計算に入れている、ことになります。

価格とはある財の一単位（たとえばリットル）あたりの値段（円）で、販売量とは、その単位がどれくらいの量になるか（何リットル）ということです。総収入は、価格と販売量を掛け合わせたもの（円）になります。

この独占者をM社と呼ぶことにすると、M社の総収入額TRは販売量×価格であり、

$$TR = px$$
$$= (100-x)x$$

で表されます。pに需要曲線を代入できる、というのが、独占者の行動を表しています。

一方、A社の製品製造コストは、単価一定で、製造量（＝販売量）に比例して決まり、

$$TC = 20x$$

であるとしましょう。利潤（π）は、$TR-TC$で決まりますから、上からきまる式を代入してxの関数になります。

$$\pi = TR-TC$$
$$= (100x-x^2-20x)$$
$$= 80x-x^2$$

利潤最大化の一階の条件は $\frac{d\pi}{dx} = 0$ で、これを満たすような x が独占的供給者であるM社の最適解になります。そこでこれを計算すると、

$$\frac{d\pi}{dx} = 80 - 2x$$

となり、最適解は、$x^* = 40$ となります。このときの価格は $p^* = 60$ です。

なお、一階の条件は限界収入（$MR = d(TR)/dx$）が限界コスト（$MC = d(TC)/dx$）に一致する、と表すこともできます。なぜなら、

$$\frac{d\pi}{dx} = \frac{dTR}{dx} - \frac{dTC}{dx}$$
$$= MR - MC$$

したがって、$\frac{d\pi}{dx} = 0$ と、$MR = MC$ は、同義となります。

ここで、MR と MC を別々に計算すると、

$$MR = 100 - 2x$$
$$MC = 20$$

です。

このような、需要曲線、MC、MR を表したのが、**図2** です。この交点できまる x と p がこの独占者が決める供給量と価格になります。

消費者余剰は、消費者が払ってもよいと考える価格（需要曲線を形成するもの）から実際に払った価格（p^*）の差になりますから、p^* よりも上で、需要曲線（$p = 100 - D$）より下の三角形の面積です。

$$消費者余剰 = \frac{40 \times 20}{2} = 400$$

また、独占者利益（π^*）は、総収入（$p^* x^*$）から総費用（$20x^*$）を引いたものになりますから、単位あたりの純利潤 $[20, 60]$ と数量 $[0, 40]$ で囲まれた四角形の面積となります。そこで、総利潤（独占者利益）は、

$$\pi^* = 40 \times 40 = 1600$$

となります。

なお、独占者利益は、供給量を絞ることで得られる利益部分という意味で、

第7章 ゲーム理論：結託と裏切りはどのように起きるか？

図2　独占者の行動

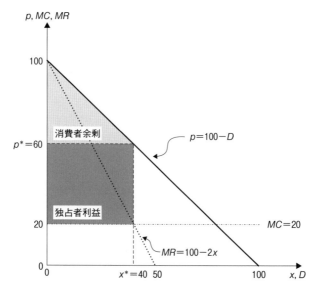

同じ供給者の利潤ではあっても、生産者余剰とは少し異なる概念となります。

5.2　複占

さて、この市場に新規参入者であるB社が登場したとしましょう。A社とB社が、同じ需要（D）を競って取りに行くことになります。A社の供給量をx_A、B社の供給量をx_Bで表します。総費用関数は、まったく同一であるものとします。A社の総費用（TC_A）とB社の総費用（TC_B）は、

$$TC_A = 20x_A$$
$$TC_B = 20x_B$$

と表されます。市場全体の需要はA社とB社の供給量から満たされて価格が決まりますから、

$$p = 100 - D$$
$$= 100 - (x_A + x_B)$$

A社にとっての販売量は、市場全体の需要から、B社の供給量を差し引いたものになります。A社にとって、B社の供給量は与えられたもの（外生変数）

として考えます。
$$TR_A = px_A = (100-x_B)x_A - (x_A)^2$$
同様にして、B社にとっては、A社の供給量は外生変数とみなします。
$$TR_B = px_B = (100-x_A)x_B - (x_B)^2$$
ここで、Aの利潤（$\pi_A = TR_A - TC_A$）の最大化を考えますが、あくまでもB社の供給量はA社の行動とは独立に決まっていると考えます。1階の条件は次の式が0になることです。
$$\frac{d\pi_A}{dx_A} = (100-x_B) - 2x_A - 20$$
これを解くと、A社にとって最適な生産量（x_A^*）が求められます。
$$x_A^* = \frac{80-x_B}{2}$$
B社の最適生産量も、A社の生産量を与えられたものとして考えると、
$$x_B^* = \frac{80-x_A}{2}$$
と決まります。さて、ここで、A社の生産量は、B社の生産量が決まれば決まります。一方、B社の生産量はA社の生産量が決まれば決まります。つまり、B社の生産量に対して、A社が反応する、A社の生産量に対してB社が反応する、という「反応関数」として考えることができます。そこで、この反応関数を図3に描きました。

ここで、均衡がどのように発見されうるかということを表すために次のような「思考実験」をしてみましょう。A社とB社がお互いに生産量の計画を伝達するとします。A社が60単位の生産をするつもり、とB社に通告したとします。そうすると、B社は、反応関数に $x_A = 60$ を代入します。最適生産量は10単位であることが分かります。B社が10単位である場合に、これをA社の反応関数に代入すると、Aの最適生産量は35であることが分かります。このように、繰り返し、お互いの反応関数に代入を繰り返していくと、やがて、収束していくことが図3から分かります。もちろん、この思考実験は、A社とB社が戦略的には行動しないで、反応関数にしたがって返答を繰り返す、といういささか非現実的な前提によっています。単に反応関数の性質をしめすための「思考実験」です。

第7章　ゲーム理論：結託と裏切りはどのように起きるか？

図3　複占（2社）のモデル

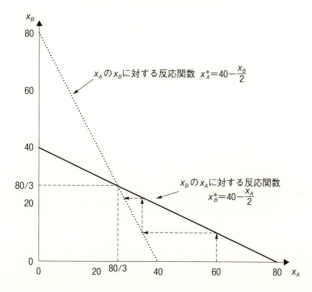

　実際にこの「思考実験」のいきつく先は、A社もB社も、お互いに想定の生産量が最適の反応であるという状態です。つまり、相手の生産量の想定のもとに決める自分の生産量が、相手の生産量を決める際の自分の生産量になっている状態といえます。つまり図3でいうと、2本の反応関数が交わる点です。これは、代数的には、さきほどの2本の反応関数の右辺の変数を最適生産量（*印のついた変数）としたうえで、連立方程式として解くことで次のように計算されます。

$$x_A^* = x_B^* = \frac{80}{3}$$

　これは、囚人のジレンマで定義した、「ナッシュ均衡」の性質を有しています。つまり、相手の行動（この場合生産量）が変わらない限り、自分は行動を変えるインセンティブを持たない、という性質です。このような2社による、それぞれが独立に利潤最大化する場合の解は、「クールノー解」（Cournot solution）と呼ばれることがあります。そこで、「クールノー・ナッシュ均衡」と呼ぶことが多いです。1社の場合は「独占」（monopoly）で、2社の場合を「複占」

図4　複占均衡

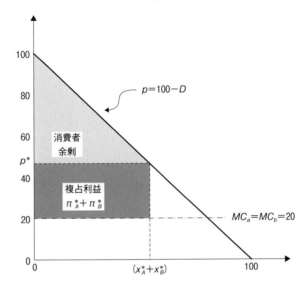

(duopoly) と呼びます。(ちなみに、数社の場合には、「寡占」(oligopoly) とよびます。)

では、複占の場合の消費者余剰と独占（複占）利益を計算してみましょう。「クールノー・ナッシュ均衡」から決まるA社とB社の生産量を合計すると $\left(\dfrac{160}{3}\right)$、これが、全体の生産量となります。これを需要関数に代入すると、価格は、次のように決まります。

$$p^* = \frac{140}{3}$$

この均衡価格を**図4**で示しています。クールノー・ナッシュ均衡におけるA社とB社の利益の「合計」はつぎのように計算されます。

$$\begin{aligned}
\pi_A^* + \pi_B^* &= (p^* - 20)(x_A^* + x_B^*) \\
&= \frac{80}{3} \times \frac{160}{3} \\
&= \frac{12800}{9} \cong 1422.2
\end{aligned}$$

したがって、一社あたりの（複占）利益はおおよそ711（円）ということになります。

図2と図4を比べてすぐに分かるように、複占のクールノー・ナッシュ均衡は、独占の結果よりも、総生産は拡大して、価格は下がり、消費者余剰は増加しています。消費者にとっては、競争が現れることは歓迎すべきことなのです。社会的余剰（＝消費者余剰と独占利益の合計）からみても、より効率的になったと言えます。

5.3　談合（カルテル）の経済学的帰結

では、A社とB社が集まって相談して、生産量を合同で決める（つまり「談合」する）とすると、クールノー・ナッシュ均衡とは異なる生産をするでしょうか。最初から、合計利潤を最大化するということは、生産関数が同一であることから、実は1社として行動する、つまり「独占」の場合と最大化問題は同じです。図2を思い出してください。この場合独占者利益は、1600（円）であったので、これを2社で山分けするので、一社あたりの「談合解」は、800（円）ということになります。クールノー・ナッシュ均衡の711円よりも大きくなります。この差が、カルテルをおこなって、供給量を絞るためのインセンティブになっています。つまり、2社が、それぞれの生産数量を自主的に抑制する合意を取り決めて守ることができれば、利潤を高くすることができるのです。

一方、消費者にとっては、2社が「談合」して独占企業のように行動すると、価格が高くなって、消費者余剰が減るという意味で、損失を被ります。社会的にみると供給量が減り、社会的余剰が減ることから効率的ではありません。このように競争制限的な談合では、消費者あるいは社会全体でみても不利益を発生させます。したがって、このような価格へ影響をあたえるようなマーケットシェアの高い大企業の価格戦略は、公共政策として注意深く規制、監督する必要があるのです。これが、独占禁止法の関心事項のひとつになります。

5.4　自由な参入のケース

つぎに、独占から、複占に進行したあと、さらに企業の参入が続き、供給者の数がどんどん増加していったとしましょう。そうすると、しだいに一社の行

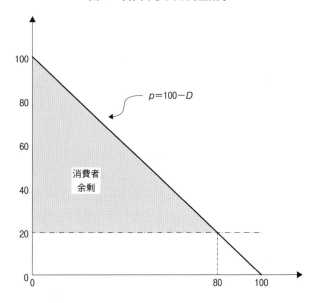

図5 自由な参入と完全競争

動が価格にあたえる影響が小さくなっていくことが分かります。さらに、少しでも利益が出ている限り、参入が続くと仮定すると、やがて、すべての独占者利益は消滅します。総生産量は80（トン）に達して、価格は限界費用である20（円）まで下落します。このような状況は、図5で示すことができます。つまり、独占を許すような状況が変化して、参入が自由に起きるような状況が生まれれば、社会にとっても、消費者にとってもとても良い状況が生まれることになります。独占が成立しなくなる状況とは、たとえばパテントが期限切れになるとか、参入規制という行政の方針が変化するとか、他社が似たような品質をもつ商品の開発に成功するとか、が考えられます。もちろん、それまで独占利益を享受していた企業はそのような状況の変化が起きないようなさまざまな政治的・経済的努力をすることになるでしょう。

6　協力が社会的に望ましい場合

囚人のジレンマのケースをもう一度思い出してください。〈自白、自白〉が

第7章　ゲーム理論：結託と裏切りはどのように起きるか？

表13　漁獲ゲーム

A の戦略＼B の戦略	非協力（乱獲）	協力（漁獲自主規制）
非協力（乱獲）	5, 5	10, 0
協力（漁獲自主規制）	0, 10	8, 8

ナッシュ均衡で、〈黙秘、黙秘〉はナッシュ均衡ではないので、協力は成立しない、というのが結論でした。しかし、現実には、上で紹介したとおり、カルテル（談合）が横行しているようです。「通報」がコンスタントにあるということは、まだカルテル行為が常に行われていて、たまたま、何らかの理由で、囚人のジレンマのような「裏切り」をする企業が現れる、と考えられます。

　囚人のジレンマのゲーム、および談合のゲームでは、談合（協力）を阻止することが社会的効率性としては望ましい、ことです。しかし、応用例の組み立て方によっては、「協力」（囚人のジレンマの「黙秘、黙秘」解）が社会的には望ましい場合があります。ごく簡単にそのような例を示しておきます（表13）。

　利得行列は同じですが、現実味をだすために、すべての利得に10を加えています。囚人のジレンマでは-10だった利得を0で表現、-2は8になります。全ての利得を10だけ底上げしても、戦略の判断は大小の比較ですから、変わりません。いま、A社とB社は、同じ湖で魚をとる漁業者であるとします。魚を乱獲すると資源が枯渇するので、漁獲量をお互いに制限しています。お互いに漁獲量の自主規制に従うと、漁獲時間も短くてすみ、8（万円）相当の（コストを引いたあとの）漁獲販売高があります。ところが一方だけが、この協力を破り、漁獲時間を延長して大量に漁獲をすると、規制破りは、10（万円）の漁獲販売高がありますが、自主規制したほうは漁獲販売高が0（万円）になるとしましょう。双方が乱獲に走ると5万円ずつの漁獲販売高となるとします。

　ロジックは、囚人のジレンマと全く同じです。乱獲が支配的戦略になります。ナッシュ均衡は、（乱獲・乱獲）になります。長期的には資源は枯渇してしまいます。ところがこれは、パレート最適ではありません。パレート最適は、（協力・協力）です。

7 繰り返しゲーム

　カルテルの誘惑は、複占の２社が相談・談合（生産量カット）することで、利潤を引き上げることができることから分かると思います。では、談合するのかしないのか、裏切るのか裏切らないのか、はどのような要因で決まるのでしょうか。

　囚人のジレンマが成り立たない（裏切らない）で、カルテル行為がしばらく継続する、という可能性は、この「ゲーム」が一回限りではなく、無期限に継続する可能性がある、つまり「繰り返しゲーム」であることで説明することができます。つまり、カルテルを壊すような「通報（裏切り）」をすれば、その期以降の協力（談合）は不可能になるでしょう。通報をした期には、利益は上がるものの、そのつぎの期からは非協力（囚人のジレンマ）のナッシュ均衡になるために、長期でみると「通報」は、割りにあわない、と考える可能性があるのです。

　一方、漁獲ゲームの場合には、ふたりの漁業者が協力することが、社会的にも望ましいことになります。この場合には、政策は、協力が続くようにすることが重要です。ところが、両者には、自主規制破りをする誘惑が常にあります。この誘惑を断ち切って、協力関係（漁獲高自主規制）を継続する可能性があるのが、繰り返しゲームです。たとえば、「相手が協力を続けるうちは、自分も協力する」、という行動パターンをとってゲームを（無限回）続けると、協力が望ましい、という結論を導くこともできます。このように、繰り返しゲームでは、一回限りのゲームとは異なる解になる可能性がありますが、これは紙幅の関係でとりあげません。「ゲーム論」の入門書に進んでください。

　以上のように「ゲーム論」は応用範囲が非常に広い分析ツールです。また、政策論にも幅広く適用できます。深く学ぶことがお勧めです。

索　引

あ　行

一般均衡分析　119
因果関係　41, 154
インセンティブ（incentive）　8
インフラ（infrastructure）　151
　——輸出　174
ヴィッカリー・グローブズ・クラーク・メカニズム（Vickrey-Groves-Clarke Mechanism）　189
裏切り　281
エッジワース（Edgeworth）のボックス図　123, 126-127
凹関数（concave function）　53, 85, 217
応用経済学（applied economics）　6
温暖化ガス排出削減　201

か　行

外交（diplomacy）　2
外部性（externality）　134, 150, 152
　——の内部化（internalize externalities）　170
　負の——　152
価格カルテル　256
寡占（oligopoly）　278
課徴金　256
　——減免制度　256
環境　177
完全競争（perfect competition）　8, 131
完全代替財　67
完全補完財　66
官民パートナーシップ（Public Private Partnership, PPP）　173
機会の平等　141
希少資源（scarce resources）　59
期待効用（expected utility）　215
　——仮説（expected utility hypothesis）　218
ギッフェン財（Giffen goods）　102, 104
既得権（grandfather）　210
規範的（normative）な考え方　3
規模の経済　134
　——性（scale economies）　150
逆選択（adverse selection）　230, 242
供給（supply）　8
　——関数（supply function）　9
　——曲線　14
競争均衡（Competitive Equilibrium）　131
京都議定書（Kyoto Protocol）　201
競売人　131-132

283

ワルラスの――（Walrasian auctioneer） 29
行列（matrix） 257
極小値 47
極大値 47
局所的最小 47
局所的最大 47
均衡価格（equilibrium price） 9, 15, 131
金銭的外部性 170
クールノー解（Cournot solution） 277
くじ 217
クラーク・メカニズム（Clarke Mechanism） 189
クリーム・スキミング（cream skimming） 230, 234
繰り返しゲーム 282
グローバリゼーション（globalization） 3
計画経済 38
経済財政諮問会議 198
契約曲線 130
ゲーム論 267
結果の平等 141
限界効用（marginal utility） 67
限界費用（marginal cost） 14, 116
減少関数 44
小泉政権 198
公害 147
公共財（public goods） 134, 150, 177
――の過大供給 196
公共政策（public policy） 2

厚生経済学（welfare economics） 122
――の第1定理 122, 132
交通事故減少便益 194
公平性（衡平性） 138
効用（utility） 41, 61
――関数 49, 63
合理的期待 240
コースの定理（Coase Theorem） 153-154
コーナー解（corner solution） 84
国益（national interest） 2
国際関係（international relations） 2
国家管理貿易品 12
コブ・ダグラス型（Cobb-Douglas） 64
個別供給曲線 17, 25
個別需要曲線 25
個別排出規制（emission quota） 204
雇用（employ） 8

さ 行

サービス（services） 59-61
財（goods） 59-61
最小化 41
最大化 41
死荷重（dead weight loss） 34
時間短縮効果 193
シグナリング（signaling） 249
資源配分（resource allocation） 134

索　引

自己負担分　237
市場供給曲線　17
市場均衡　122
市場メカニズム　137
自然独占　134
次善の策（second best）　154
実質賃金　114
実証経済学（empirical economics）　6
指定生乳生産者団体制度　12
支配的戦略（dominant strategy）　261
自白　268
支払ってもよいと考える最高価格（willingness to pay）　19, 179
至福の点（bliss point）　68
司法取引　268
社会的計画者（social planner）　169
社会的厚生（social welfare）　3
社会的需要曲線　182
社会的損失（dead weight loss）　35
社会的な総合価値　179
社会的余剰（social surplus）　33
じゃんけん　262
囚人のジレンマ（prisoner's dilemma）　257, 262, 268
十分条件　41
需要（demand）　8
　——関数（demand function）　9, 42
　——曲線　19
　——の価格弾力性　108
上下分離方式　172

消費者余剰（consumer surplus）　20
消費税　34
消費バスケット（consumption basket）　64, 123
情報の非対称性（informational asymmetry）　150, 215, 237
初期賦存量（initial endowment）　71
初期保有量（initial endowment）　126
処遇　264
食糧管理制度　36
所得効果（income effect）　95
所得分配（income distribution）　134
所得補填　90
所有権　153
申告価値　180
申告需要関数（ウソの）　185
新古典派経済学　136
人的資本（human capital）　245
生産関数（production function）　42
生産者の利潤最大化（profit maximization）　110
生産者余剰（producer surplus）　33
生産物（products）　8
セル　258
羨望（envy）　145
戦略　259
増加関数　44
総供給曲線　25

285

走行時間短縮便益　194
走行費用減少便益　194
総需要曲線　25
総費用（total cost）　116
　──関数　275

た　行

大気汚染　147
大数の法則（law of large numbers）　228
代替効果（substitution effect）　95
ただ乗り（free rider）　180, 184
炭素税（carbon tax）　204
弾力性（elasticity）　108
地球温暖化問題　201
中古車市場　237
超過供給（excess supply）　131
超過需要（excess demand）　131
超過利潤（excess profit）　15
賃金（wage）　8
通報（自白）　257, 270
同値の確実な所得（certainty equivalent）　223
道徳的陥穽（moral hazard）　235
道徳的危険　235
独占（monopoly）　277
独占者利益（monopoly profit）　272, 274

な　行

ナッシュ均衡（Nash equilibrium）　264

年金支給額　90
　──のインフレ調整　101
農道空港　196

は　行

バター　103
　──不足　11
罰金　256
パリ協定　177
パレート最適（Pareto Optimum）　128, 267
反則金　256
反応関数（reaction function）　276
非競合性　178
ピグー税（Pigouvian tax）　167
必要条件（necessary condition）　41
非排除性　178
微分　41
費用（コスト）　41
費用便益分析（cost-benefit analysis）　193
品質調整済みの価格　102
封印1位価格入札（first-price sealed-bid auction）　186
封印2位価格入札（second-price sealed-bid auction）　186
プール（pool）　233
不確実性　215
　──の忌避度　239
　ナイトの──　217
複占（duopoly）　277

索　引

部分均衡（partial equilibrium）
　119
プレイヤー　259
分析道具　6
米価審議会　37
平均費用（average cost）　116
偏微分　52
保険数理的公正（actuarially fair）
　228
保険料（insurance premium）　228
本州四国連絡橋　197

　　　　　ま　行

マーガリン　103
見えざる手（invisible hand）　133
無差別曲線（indifference curve）
　66, 122-123
無羨望の条件（no envy condition）
　145
無知のベール（veil of ignorance）
　142
黙秘（非協力）　257, 268, 270
モラル・ハザード（moral hazard）
　229, 231, 235

　　　　　や　行

『ユートピア』　120

要素（element）　257
余暇（leisure）　74
予算制約式（budget constraint）
　51, 68
余剰分析　62

　　　　　ら　行

ラグランジュ乗数法（Lagrange multiplier）　51
ラスパイレス型指数（Laspeyres Index）　91
利己的な（selfish）　136-137
利子率（interest rate）　76
リスク（risk）　217
　——回避（risk aversion）　220
　——指向的（risk-loving）　223
　——中立的（risk-neutral）　223
リスク細分化　230
　——商品　234
利得行列（payoff matrix）　258
留保価格（reservation price）　14
劣等財（inferior goods）　102-103
労働者（worker）　8
労働需要　115

287

著者紹介

伊藤隆敏（いとう・たかとし）

1973年一橋大学経済学部卒業。1979年ハーバード大学経済学博士課程修了（Ph.D.）。ミネソタ大学、一橋大学経済研究所、東京大学先端科学技術研究センター等を経て、2004年東京大学大学院経済学研究科兼公共政策大学院教授（2012年同院長）に就任。2015年よりコロンビア大学国際公共政策大学院教授（兼任）政策研究大学院大学客員教授。

1994年～1997年国際通貨基金（IMF）調査局上級審議役、1999年～2001年大蔵省副財務官、2006年～2008年経済財政諮問会議民間議員。

主な著書：『不均衡の経済分析―理論と実証―』東洋経済新報社、1985年（第29回日経経済図書文化賞）。*The Japanese Economy*, MIT Press, 1992。『消費者重視の経済学』日本経済新聞社、1992年。*The Political Economy of Japanese Monetary Policy*（共著 Thomas F. Cargill and Michael M. Hutchison）, MIT Press, 1997。*Financial policy and Central Banking in Japan*（共著 Thomas F. Cargill and Michael M. Hutchison）, MIT Press, 2000。『インフレ・ターゲティング』日本経済新聞社、2001年。『インフレ目標と金融政策』（林伴子と共著）東洋経済新報社、2006年。『インフレ目標政策』日本経済新聞出版社、2013年。『日本財政「最後の選択」』日本経済新聞出版社、2015年。*The Japanese Economy, 2nd Edition*（共著 Takeo Hoshi）, MIT Press, 2020ほか。

公共政策入門
ミクロ経済学的アプローチ

2017年7月20日　第1版第1刷発行
2023年12月30日　第1版第2刷発行

著　者――伊藤隆敏
発行者――串崎浩
発行所――株式会社日本評論社
　　　　〒170-8474　東京都豊島区南大塚3-12-4
　　　　電話 03-3987-8621（販売）、03-3987-8595（編集）、振替 00100-3-16
　　　　https://www.nippyo.co.jp/
印刷所――精文堂印刷株式会社
製本所――株式会社難波製本
装　幀――林健造
検印省略 © Takatoshi Ito, 2017
Printed in Japan, ISBN978-4-535-55875-5

JCOPY 〈(社)出版者著作権管理機構 委託出版物〉

本書の無断複写は著作権法上での例外を除き禁じられています。複写される場合は、そのつど事前に、(社)出版者著作権管理機構（電話03-5244-5088、FAX03-5244-5089、e-mail：info@jcopy.or.jp）の許諾を得てください。また、本書を代行業者等の第三者に依頼してスキャニング等の行為によりデジタル化することは、個人の家庭内の利用であっても、一切認められておりません。

経済学の学習に最適な充実のラインナップ

入門 経済学 [第4版]	伊藤元重／著	(3色刷) 3300円
ミクロ経済学 [第3版]	伊藤元重／著	(3色刷) 3300円
ミクロ経済学パーフェクトガイド	伊藤元重・下井直毅／著	(2色刷) 2420円
しっかり基礎からミクロ経済学 LQアプローチ	梶谷真也・鈴木史馬／著	2750円
ミクロ経済学の力	神取道宏／著	(2色刷) 3520円
ミクロ経済学の技	神取道宏／著	(2色刷) 1870円
マクロ経済学 [第2版]	伊藤元重／著	(3色刷) 3080円
入門 マクロ経済学 [第6版]	中谷巖・下井直毅・塚田裕昭／著	(4色刷) 3080円
例題で学ぶ 初歩からの計量経済学 [第2版]	白砂堤津耶／著	3080円
例題で学ぶ 初歩からの統計学 [第2版]	白砂堤津耶／著	2750円
入門 公共経済学 [第2版]	土居丈朗／著	3190円
入門 財政学 [第2版]	土居丈朗／著	3080円
行動経済学	室岡健志／著	2750円
[改訂版] 経済学で出る数学	尾山大輔・安田洋祐／著	2310円
計量経済学のための数学	田中久稔／著	2860円
実証分析入門	森田果／著	3300円
最新 日本経済入門 [第6版]	小峰隆夫・村田啓子／著	2750円
経済学を味わう 東大1、2年生に大人気の授業	市村英彦・岡崎哲二・佐藤泰裕・松井彰彦／編	1980円
経済論文の書き方	経済セミナー編集部／編	2200円

日評ベーシック・シリーズ

経済学入門	奥野正寛／著	2200円
ミクロ経済学	上田薫／著	2090円
計量経済学	岩澤政宗／著	2200円
計量経済学のための統計学	岩澤政宗／著	2200円
財政学	小西砂千夫／著	2200円
ゲーム理論	土橋俊寛／著	2420円
マーケティング	西本章宏・勝又壮太郎／著	2200円

シリーズ・新エコノミクス

ミクロ経済学入門	清野一治／著	(2色刷) 2420円
マクロ経済学入門 [第3版]	二神孝一／著	(2色刷) 2420円

※表示価格は税込価格です。

〒170-8474 東京都豊島区南大塚3-12-4　TEL:03-3987-8621　FAX:03-3987-8590　日本評論社
ご注文は日本評論社サービスセンターへ　TEL:049-274-1780　FAX:049-274-1788　https://www.nippyo.co.jp/